国家社科基金
GUOJIA SHEKE JIJIN HOUQI ZIZHU XIANGMU
后期资助项目

中国地方政府债务风险研究
——基于资产负债的视角

Research on the Risk of Chinese Local Government Debts
— From the Perspective of Assets and Liabilities

潘志斌 著

中国财经出版传媒集团

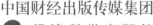

经济科学出版社
Economic Science Press

图书在版编目（CIP）数据

中国地方政府债务风险研究：基于资产负债的视角/潘志斌著.
—北京：经济科学出版社，2020.11
（国家社科基金后期资助项目）
ISBN 978 - 7 - 5218 - 2066 - 9

Ⅰ.①中… Ⅱ.①潘… Ⅲ.①地方财政 - 债务管理 -
风险管理 - 研究 - 中国 Ⅳ.①F812.7

中国版本图书馆 CIP 数据核字（2020）第 223034 号

责任编辑：张立莉
责任校对：郑淑艳
责任印制：王世伟

中国地方政府债务风险研究
——基于资产负债的视角

潘志斌 著

经济科学出版社出版、发行 新华书店经销
社址：北京市海淀区阜成路甲 28 号 邮编：100142
总编部电话：010 - 88191217 发行部电话：010 - 88191522
网址：www. esp. com. cn
电子邮箱：esp@ esp. com. cn
天猫网店：经济科学出版社旗舰店
网址：http：//jjkxcbs. tmall. com
北京季蜂印刷有限公司印装
710 × 1000 16 开 16.75 印张 300000 字
2021 年 4 月第 1 版 2021 年 4 月第 1 次印刷
ISBN 978 - 7 - 5218 - 2066 - 9 定价：89.00 元
（图书出现印装问题，本社负责调换。电话：010 - 88191510）
（版权所有 侵权必究 打击盗版 举报热线：010 - 88191661
QQ：2242791300 营销中心电话：010 - 88191537
电子邮箱：dbts@ esp. com. cn）

国家社科基金后期资助项目
出版说明

后期资助项目是国家社科基金设立的一类重要项目，旨在鼓励广大社科研究者潜心治学，支持基础研究多出优秀成果。它是经过严格评审，从接近完成的科研成果中遴选立项的。为扩大后期资助项目的影响，更好地推动学术发展，促进成果转化，全国哲学社会科学工作办公室按照"统一设计、统一标识、统一版式、形成系列"的总体要求，组织出版国家社科基金后期资助项目成果。

全国哲学社会科学工作办公室

前　言

2008 年后，中国地方政府债务问题快速累积，杠杆率快速提高，其他负面效果也逐渐显露，包括产能过剩、通货膨胀、企业库存高企、资产泡沫上开问题等。2012～2014 年间，国内经济增长放缓，地方在保增长形势较为严峻的情况下，地方政府相继出台了稳增长的刺激政策，主动采取逆周期的财政政策，加大投资，导致过度负债。根据审计署发布的公告显示，截至 2010 年底，全国地方政府债务余额 10.7 万亿元，截至 2013 年 6 月底，全国地方政府债务余额 17.89 万亿元。财政部公告显示，2019 年 12 月末全国地方政府债务余额 21.32 万亿元。可见，中国地方政府债务快速膨胀是不争的事实。为此，2019 年底全国财政工作会议中明确指出，有效遏制隐性债务增量，防范化解地方政府隐性债务风险。

关于地方政府债务，目前仍有不少质疑。时至今日，各省份地方政府各类债务规模如何？内部构成如何？地方政府可用于偿还债务的资产规模有多大？各省份地方政府债务风险如何？地方政府债务是否会导致系统性金融风险？在极端市场条件下地方政府债务风险如何变化？地方政府资产和负债规模如何影响地方政府债务风险？地方政府债务内部构成与期限结构如何影响地方政府债务风险？上述问题表明，对于地方政府各类债务问题，尚未建立起一个完备的债务统计、分析、评价和风险管理机制，如何识别、评估、预警、治理、防范和化解这一风险已经成为当务之急。

为此，本书运用或有权益、期权定价和风险价值等理论，在多方整编和汇总数据的基础上，对我国 30 个省份地方政府债务风险进行识别、测度和预警，研究我国地方政府债务的系统性风险，探索地方政府债务风险防范、治理和化解渠道，试图为我国地方政府债务风险管理提供理论依据和参考。具体内容和结论如下：

（1）在分析我国地方政府资产负债表现状基础上，提出改进我国地方政府资产负债表的具体建议，构建简化的地方政府或有权益资产负债表，研究全国地方政府资产和负债规模与构成，运用综合法估算 2010～2013 年全国各省份地方政府债务规模，运用地方政府融资平台估算地方政府隐性债务规模，得出 2014～2018 年地方政府债务规模，并在此基础上，分析了各省份地方政府债务期限结构以及主要特征。

（2）从制度和政策两个方面探究我国地方政府债务风险深层次的形成机理，分析我国当前地方政府债务风险具体表现形式，选用债务负担率、债务依存度、财政赤字率、新增债务率、债务率等指标来识别各省份地方政府的债务风险。研究结果表明，各省份地方政府债务风险状况差异较大。北京、天津、吉林、江苏、安徽、江西、湖北、湖南、广西、重庆、四川、贵州、云南、陕西、甘肃和青海等省份，尤其是天津、云南、贵州和湖南 4 个省份，债务规模相对较高或经济欠发达，债务指标表现较差，债务风险较高；上海、广东和山东债务指标表现相对领先，尽管债务规模相对较大，但这些省份经济和财政规模也相对较强，因此整体债务指标表现也较弱。浙江、福建和海南等地整体债务指标表现适中。新疆、辽宁、西藏、宁夏、山西、内蒙古、黑龙江、河北、河南省份虽然区域经济不发达，但转移支付较高，加之债务规模较小，债务指标表现较好。此外，尽管债务总量水平相对安全，期限错配、信用风险定价扭曲容易造成流动性紧缩，从而可能引发地方政府债务的系统性风险。

（3）从资产负债角度研究地方政府债务风险，应用或有权益理论，构建简化的地方政府或有权益资产负债表，将政府负有直接偿还责任的债务视为优先偿还债务，政府相关的其他债务视为以政府资产为标的物的看涨期权，考虑政府负有担保责任的或有债务，度量地方政府债务风险指标违约距离和违约概率。对 2018 年底 30 个省份地方政府的实证研究表明，考虑到地方政府负有担保责任的债务时，我国地方政府债务风险较为严重。北京、上海、福建、甘肃、江苏、河南、湖北、广东、安徽、浙江、湖南、陕西、云南、河北和山东省份违约概率均为零，地方政府债务风险状况良好，基本不存在违约的可能。江西、天津、宁夏、贵州、西藏、广西和青海省违约距离位于 -1.5～2.45 之间，表明这些省份地方政府存在违约风险。然而，山西、四川、新疆、内蒙古、重庆、黑龙江、吉林、辽宁和海南 9 个省份地方政府违约概率基本都接近或等于 100%，很有可能处于债务危机之中。然而，事实上这些省份并没有出现违约行为。这主要是由于，在计算违约距离和违约概率时，我们将各省份地方政府负有担保责任的债务从对应的地方政府资产中扣除，而实际上，这些债务并没有出现大规模的违约现象。

（4）应用或有权益理论，采用由上至下的研究方法，研究全国、东部、中部和西部区域地方政府债务系统性风险，通过度量各区域违约距离系列指标与测算中央政府为地方政府隐性担保债务的规模，来评估各区域地方政府债务的系统性风险，得到以下几点有益的结论：从违约距离指标来看，2018 年底，全国、东部和中部区域地方政府债务的系统性风险状况较好，即使考虑处于技术性违约状态的天津和山西，也基本不存在系统性违约的可能。从中央政府隐性担保指标来看，我国地方政府债务系统性风险无论整体还是区域，都是可控的。从中央政府隐性担保指标来看，中部区域中央政府隐性担保最少，不足中部和西部的 1/3。东部地区隐性担保规模在期略低于西部地区，但西部地区增长相对较快。全国范围内中央政府隐性担保已接近我国一般预算收入的 1/5。我国地方政府债务的系统性风险已经很显著，对地方政府隐性债务治理整顿迫在眉睫。综合所有指标来看，总体上我国地方政府债务不存在系统性金融风险，但存在结构性的局部风险。

（5）通过情景分析度量在资产负债规模和结构发生变化等条件下的我国地方政府债务风险，运用压力测试技术，对全国，东部、中部和西部区域地方政府体系层面以及 30 个省份地方政府层面进行蒙特卡洛模拟，研究极端市场条件下地方政府债务性风险及其可能引发的局部或全国范围内的系统性风险。情景分析发现，地方政府债务规模持续增长、资产价值不断缩减或政府负有担保责任的债务违约比例增加，债务风险状况都会加速恶化，甚至很有可能出现违约。地方政府债务风险与地方政府资产价值、隐性债务规模呈显著的负相关，债务风险随着地方政府资产价值或隐性债务规模增加而显著减小。随着地方政府显性债务占比增加时，对于不存在债务风险的省份地方政府违约距离均出现了不同幅度的下降，违约风险明显恶化，对于存在债务风险的省份地方政府债务风险出现改善。

压力测试结果表明，全国范围的地方政府债务的系统性风险上升，且随着宏观经济冲击的进一步加强，系统性风险会逐步提高，在 95% 和 99% 置信水平下，全国地方政府债务发生系统性风险仍为小概率事件。东部区域由于良好的财政状况和优质的地方政府资产使得其具有较好的偿债能力，不会出现系统性违约行为，而中部区域出现系统性违约行为是小概率事件。西部区域在受到宏观经济冲击时，由于各省份地方政府财政收入匮乏和资产价值的缺失，很可能出现系统性的违约现象。

（6）结合地方政府债务信息的可获得性，选取了违约距离、债务负担率、债务依存度、财政赤字率、新增债务率和债务率指标，构建地方政府债务风险预警体系。对我国 30 个省份地方政府实证研究表明，2015 ~ 2018 年间，地方政府债务风险整体是不断恶化的，但地方政府债务风险整体仍处于可控范围。上海始终处于较安全区域，辽宁和宁夏除个别年份也一直处于较安全区域，河北、内蒙古、吉林、黑龙江、山东、河南、河南、广东、广西、海南、贵州、甘肃、青海和新疆等省份基本都处在较危险区域。四川、山西、江西和重庆等省份处于危险区域，其余年份均处于较危险区域。而北京、天津、江苏、浙江、安徽、福建、湖北、云南、陕西和新疆等省市大多处于较危险区域。

（7）研究我国历史债务问题治理方式，探究经济转型和我国地方政府债务治理的路径安排，从中央政府和地方政府层面提出短期和长期的治理目标与举措，分析地方政府债务治理对银行业和经济增长的影响机理。研究与借鉴欧美发达国家、印度和巴西等新兴经济体地方政府债务管理经验，提出防范与控制地方政府债务风险策略、具体措施和政策建议。

综合来说，本书的最主要的创新之处在于从资产负债的角度研究了地方政府债务风险问题，将金融工程思维引入财政领域，综合运用数据统计分析、或有权益理论和期权定价理论等研究地方政府债务风险量化和管理的对策措施，并构建地方政府债务监测和预警指标体系，从而从另一个全新视角对地方政府债务风险的识别、评估、预警、情景分析、压力测试和管理进行了展示。具体创新之处如下：

（1）提出透过或有权益资产负债表考察地方政府债务风险的学术思想。从资产和负债的视角，在考虑或有负债的情形下，将地方政府资产视为保障债务偿还的基础，避免了现有研究单纯就债务论债务的局限。

（2）目前地方政府债务风险研究主要集中在定性分析，无法给出风险的具体大小及其给相关债权带来的具体损失。运用或有权益方法，结合金融风险管理的风险价值理论，对此问题进行深入的定量分析研究，目前还没有相关的研究成果。

（3）构建了基于资产负债视角的我国地方政府风险管理的理论分析框架。对地方政府债务风险进行度量、情景分析和压力测试，研究政府担保债务违约、政府财政收支变动和净财政资产增减情景和极端市场条件下地方政府债务风险，结合违约距离和债务负担率等指标对各省份地方政府债务风险进行预警，最后在此基础上给出治理防范和化解地方政府债务风险的具体建议和对策。

（4）从中国经济结构转型的历史阶段来考察地方政府债务问题，研究我国各省级地方政府债务的违约距离和违约概率，考虑各地区发展环境、债务规模和管理等方面存在的差异，给出防范和化解债务风险的具体建议，并提出债务治理的路径安排。

当然，我国当前地方政府债务数据还因时效性、数据完整性等原因而不适于直接用于或有权益方法研究地方政府债务。本书在我国特定的经济与数据背景下，自行汇整编制相应数据，进而展开对我国地方政府债务风险的系统性研究。在年份数据缺失的个别情况下，我们尽可能利用已知数据推算缺失的数据。这些做法虽弥补了数据的不足，但会影响研究结果的精确性。本书通过对债务期限结构、或有债务违约比例、资产和负债规模变化等因素的情景分析，来补充地方政府债务数据披露的不足。总体而言，在考察地方政府债务风险的研究中，采用上述方法对个别数据的一贯性、系统性处理不会影响研究结论的有效性，以及有效分析地方政府债务风险的演变机制。

目　　录

第一章　绪论 …………………………………………………… 1

　第一节　研究背景与意义 …………………………………… 1

　第二节　国内外研究文献评述 ……………………………… 3

　第三节　相关概念界定 …………………………………… 15

　第四节　研究对象、方法和思路 ………………………… 19

　第五节　研究内容和框架结构 …………………………… 20

　第六节　研究创新与不足之处 …………………………… 22

第二章　我国地方政府资产负债表分析与构建 ……………… 24

　第一节　我国地方政府资产负债表构建 ………………… 25

　第二节　我国地方政府资产规模和结构 ………………… 36

　第三节　全国地方政府债务规模与结构 ………………… 43

　第四节　我国各省份地方政府债务规模与结构 ………… 54

第三章　我国地方政府债务风险识别 ………………………… 84

　第一节　我国地方政府债务风险的生成机理 …………… 84

　第二节　我国地方政府债务风险基本表现 ……………… 86

　第三节　我国地方政府债务风险判断 …………………… 88

第四章　我国地方政府债务风险测度 ……………………… 104

　第一节　或有权益理论 ………………………………… 106

　第二节　数据选取、分析与处理 ……………………… 108

　第三节　实证分析 ……………………………………… 113

　第四节　结论与启示 …………………………………… 122

第五章　我国地方政府债务系统性风险度量 ……………… 124

　第一节　地方政府债务系统性风险度量模型构建 …… 126

　第二节　实证分析 ……………………………………… 128

　第三节　结论与启示 …………………………………… 137

第六章 我国地方政府债务风险情景分析 …………………… 140

   第一节 我国地方政府债务风险情景分析方法与步骤 ………… 141

   第二节 地方政府资产与负债规模变化情景分析 …………… 142

   第三节 地方政府债务结构变化情景分析 …………………… 152

   第四节 结论与启示 ………………………………………… 163

第七章 我国地方政府债务风险压力测试 …………………… 166

   第一节 地方政府债务风险压力测试模型构建 …………… 168

   第二节 各省区地方政府债务风险压力测试 ……………… 169

   第三节 地方政府债务系统性风险压力测试 ……………… 172

   第四节 研究结论与启示 …………………………………… 176

第八章 我国地方政府债务风险预警研究 …………………… 178

   第一节 风险预警体系构建 ………………………………… 178

   第二节 实证分析 …………………………………………… 184

   第三节 结论与启示 ………………………………………… 188

第九章 我国地方政府债务治理研究 ………………………… 189

   第一节 我国历史债务问题治理方式与启示 ……………… 190

   第二节 我国地方政府债务治理历程演进 ………………… 193

   第三节 我国地方政府债务风险治理路径 ………………… 199

   第四节 我国地方政府债务治理对经济的影响 …………… 200

   第五节 我国地方政府债务治理对银行业影响 …………… 204

第十章 防范化解我国地方政府债务风险策略建议 ………… 207

   第一节 国外地方政府债务风险管理经验和启示借鉴 ……… 207

   第二节 防范和化解地方政府债务风险策略和建议 ………… 209

附录1 或有权益模型推导 ……………………………………… 217

附录2 审计署公布的2013年6月底全国各省份地方政府
      债务结构 ………………………………………………… 221

附录3 估算2010~2018年全国各省份地方政府债务余额 …… 231

附录4 估算2010~2013年各省份地方政府债务构成 ………… 234

附录5 金融机构人民币存款基准利率 ………………………… 240

附录6 各省地方政府隐含资产价值及其波动率模拟VaR值 …… 242

参考文献 ………………………………………………………… 244

第一章　绪　　论

第一节　研究背景与意义

一、研究背景

2012 年在稳增长的压力之下，地方政府的一系列扩内需、稳增长政策频出。在经济快速下滑、地方保增长形势较为严峻的情况下，2013 年和 2014 年也相继出现了稳增长的刺激政策。为应对国内经济增长放缓和经济转型，地方政府采取逆周期财政政策，加大投资力度，造成了过度负债。

2013 年 7 月，美国底特律市由于债务问题申请破产保护。引发了人们对国内地方政府债务的警觉。根据审计署发布的公告显示，2010 年底，全国地方政府债务余额为 107174 亿元，2013 年 6 月底，地方政府债务余额为 17.89 万亿元。财政部数据显示，2018 年末，全国地方政府债务余额为 183862 亿元，而 2019 年 12 月末全国地方政府债务余额已达到了 213072 亿元。

2014 年后，相继出台《国务院关于加强地方政府债务管理的意见》和新《预算法》，一般债和专项债是地方政府举债融资的唯一合法渠道。但部分地方政府仍然通过违法违规提供担保，相举债进行融资以支持地方建设，形成地方政府隐性债务。一些学者和机构对我国地方政府隐性债务规模进行了估算：国际货币基金组织 2017 年第四条磋商访问报告显示，我国 2016 年底的广义政府债务余额为 46.4 万亿元，狭义的政府债务余额为 27.3 万亿元，也就是说，我国 2016 年底的地方政府隐性债务余额约为 19.1 万亿元。姜超等（2018）通过分析地方政府融资平台的有息负债，估算出 2017 年底我国地方政府的隐性债务规模约为 30.6 万亿元。汪德华和刘立品（2019）估算出地方政府债务资金投向的基础设施建设行业加上保障房建设和土地收储的隐性债务，发现 2018 年底我国地方政府隐性债务规模应在 19.49 万亿～39.43 万亿元。

关于地方政府债务，目前仍有不少质疑。现有地方政府各类债务中，有多少没有纳入地方政府债务限额管理的隐性债务？地方政府债务以及隐性债务期限结构如何？内部构成如何？地方政府所投资的项目收益如何？各类债务形成政府资产有多少？地方政府可用于偿还债务的资产规模有多大？各省份地方政府债务风险如何？地方政府债务是否会导致系统性金融风险？在极端市场条件下，地方政府债务风险如何变化？地方政府资产和负债规模如何影响地方政府债务风险？地方政府债务内部构成与期限结构如何影响地方政府债务风险？以上问题表明，地方政府还未建立针对显性和隐性债务的管理机制，地方政府债务风险已经不容忽视，如何识别、评估、预警、治理、防范和化解这一风险已经成为当务之急。

二、选题意义

本书从理论上提出透过或有权益资产负债表考察地方政府债务风险的学术思想，提出度量我国地方政府债务风险理论分析框架，进一步完善了发展中国家地方政府债务理论。同时，将期权定价理论、或有权益理论和金融风险管理理论等引入地方政府债务风险研究中，并对地方政府债务风险进行情景分析和压力测试，丰富了地方政府债务风险管理理论。此外，从中国城镇化推进、经济结构转型等历史阶段来考察地方政府债务问题，完善了转型经济中的地方政府债务管理理论。

本书构建了我国地方政府债务风险指标体系，从资产负债的视角，运用或有权益方法计算我国省级地方政府债务的违约距离和违约概率，通过情景分析度量在资产负债规模和结构发生变化等条件下的我国地方政府债务风险，运用压力测试技术，对全国、东部、中部和西部区域地方政府体系层面以及各省份地方政府层面进行蒙特卡洛模拟，研究极端市场条件下地方政府债务性风险及其可能引发的局部或全国范围内的系统性风险，提出优化地方政府债务结构的政策和建议。本书建立的地方政府债务风险管理理论分析框架可以为中央政府等决策机构的政策制定与执行提供理论依据。

此外，本书研究了我国历史债务问题治理方式，探究经济转型和城镇化进程中我国地方政府债务治理的路径安排，从中央政府和地方政府层面提出短期和长期的治理目标与举措，分析地方政府债务治理对银行业和经济增长的影响机理。研究与借鉴欧美发达国家、印度和巴西等新兴经济体地方政府债务管理经验，提出防范与控制地方政府债务风险策略、具体措施和政策建议，试图为我国地方政府债务风险管理提供政策建议和理论参考。

第二节　国内外研究文献评述

一、国外研究文献评述

本节对近年来地方政府债务问题研究进行简要的梳理，并展开评论，试图对问题的深入探讨提供一些建议。

（一）地方政府债务及其风险

经典的财政联邦理论认为，通过多层级的政府体系提供公共支出比由单一的中央政府对所有公共支出做出决策更为有效（Tiebout，1956；Musgrave，1959；Oates，1972），在一定的条件下，地方政府利用债务为投资项目融资比使用地方财政收入更为可取，仅通过税收来为公共支出融资的做法并不符合代际公平的原则，通过借款融资可能更为经济，运营成本也会更低，也有助于促进对地方政府问责（Swianiewicz，2004；World Bank，2004）。但由于地方地区经济发展水平等方面不同，如果地方财政完全由本地税收和地方政府借款来进行融资，这会造成地区间的财政不平等（Martinez‐Vazquez，2001），政府间的转移支付可以用来降低不同地区间的财政差距（Collins，2001；Boadway et al.，2002）。如果地方政府的财政收入无法偿还其债务，中央政府将被迫兜底。纵向财政失衡的存在会产生公共池资源（Ostrom，1990；Cai & Treisman，2004）和预算软约束（Kornai，1986；Akai & Sato，2005；Boadway & Tremblay，2005）两类问题。可见，转移支付会扭曲地方政府的举债融资，而财政差异和预算软约束也会使得地方政府债务问题变得更加复杂。

由于转型经济体的地方财政体系并不完善，地方政府债务风险可能更加严峻。首先，随着这些国家市场经济建设中财政分权程度的提高，一些原先由中央政府承担的事务逐渐转移至各级地方政府。由于地方财政收入增加有限，支出压力加大，地方政府的财政赤字与公共支出融资也不断增加 (De Mello, 2000)。其次，发展中国家很难运用发达国家所采取的地方财政融资手段。中央政府财政资助会导致决策低效，不稳定的转移支付导致长期投资基建项目预算困难，地方政府税基不足使得财政收入不足 (Cepiku & Mussari, 2010)。尽管如此，由于政府债务管理能力不足 (Dafflon & Beer‐Toth, 2009) 和地方政府债务所投资的公共事业项目盈利能力低下 (Leigland, 1997) 等原因，发展中国家地方政府的平均负债规模依然低于发达国家。研究发展中国家地方政府债务可持续性，需要综合考虑宏观经济、财政制度和法律制度等技术性因素，还需要考虑政策制定者、投资者等对于地方政府债务问题的态度 (Bietenhader & Bergmann, 2010)。特别是在次贷危机发生之后，人们看待地方政府进入金融市场更加谨慎 (Bailey et al., 2009)。

（二）地方政府债务风险管理

汉娜 (Hana, 1998) 提出了基于财政风险矩阵的政府债务风险分析框架。此后，或有权益方法 (contingent claims analysis, CCA) 被用来评估政府债务风险。该方法源于布莱克 (Black, 1973)、斯科尔斯 (Scholes, 1973) 和默顿 (Merton, 1974) 对期权定价理论的开拓性研究，后来得到逐步完善。格雷 (Gray, 2001, 2002, 2006, 2007, 2008, 2010) 等提出了运用或有权益分析方法监测、分析和管理主权债务风险理论框架，将该方法的适用范围从微观提升到宏观。在实证应用方面，格雷 (2004, 2007) 和加彭 (Gapen, 2008) 等分别应用该方法讨论了主权风险评估和主权债务可持续性等问题。范登恩和塔巴 (J. W. Van Den End & Tabbae, 2005) 利用该方法通过违约概率和预期损失两个风险指标测度了荷兰的金融稳定状况；而克里斯汀 (Christian, 2007) 等、卡斯特伦和卡沃纽斯 (Castren & Kavonius, 2009) 分别运用或有权益方法分析了土耳其和欧元区的主权债务风险。

为了防范地方政府债务风险，各国中央政府分别采取了市场约束、中央直接控制、规则管理和协商管理等手段对地方政府债务进行限制。在欧美发达国家，资本市场本身就会对地方政府的借债行为形成约束。市场约束要能够产生效果，需要自由、开放和完善的金融市场、政府无法通过对金融中介的管制或者干预、地方政府的债务信息及时披露与中央政府不会在地方政府濒临破产援助的制度基础 (Lane, 1993)。印度、墨西哥和印度尼西亚等国家会对地方政府借款实施禁止借款、限制额度、严格监督审查或中央政府转借等方式的行政控制。而德国、日本和韩国等国家中央政府利用法律法规对地方政府债务进行管理（Singh & Plekhanov，2005）。澳大利亚等国家提出中央政府和地方政府可以就地方的债务问题进行协商，但这种模式会为了协调各方利益而对经济变化反应迟缓（Balassone et al.，2003）。当然对于地方政府而言，针对中央政府的债务约束管理，可以通过预算外融资（Farber，2002）、售后回租（Jorgen & Pedersen，2002）和地方国有企业融资（Ahmad et al.，2006）等方式来规避对借款的限制。

一些学者对上述不同地方政府债务风险管理模式进行了研究。罗登和埃斯克兰（Rodden & Eskeland，2003）认为，中央政府可以通过实行强有力的行政管理或者完善的市场约束机制来实现对地方政府债务的有效管理。与此相反的是，雷托（Rattso，2002）研究发现，分权化的政府体系可以通过多种方式实现财政稳定。费道西（Carunia Mulya Firdausy，2003）发现，印度尼西亚地方政府债务融资主要阻碍因素是规制与管理的缺位，地方政府债务发行要与中央政策相协调，否则将会对宏观经济运行带来不利影响。辛格和普列汉诺夫（Singh & Plekhanov，2005）分析了44个国家地方政府借款管理模式，没有发现最优的地方政府借款管理模式。艾哈迈德（Ahmad，2006）等给出了调整地方财政、中央对地方财政进行直接干预和置入司法部门裁决三类应对地方政府陷入债务危机后的管理办法。

二、国内研究现状评述

（一）地方政府债务及其风险

在2005年之前，地方政府债务规模庞大且结构分散（刘尚希等，2006）。2005年后地方政府债务规模急剧增大，大多由主动融资形成并以城市建设和基础设施投资为主（时红秀，2010c），存在债务资金投资回报率低和债务期限结构不匹配现象（唐云锋、刘清杰，2018）。作为地方政府融资的实际媒介，地方融资平台可以有效满足地方政府的融资需求（秦德安、田靖宇，2010），有利于推进金融深化、活跃银行信贷体系，提高储蓄向投资转化的速度，有利于促进国家投融资体系改革和优化相关机制（贾康、孟艳，2009），城投债在一定程度上分担着政府提供公共服务的职责，PPP与地方发债均可以满足地方政府融资需求，地方债券是当前化解地方政府债务负担的重要渠道（李升，2019）。而地方融资平台可以实现地方政府公共建设职能的市场化运作，有效拉动社会投资（封北麟，2010）。但在2008年之后，省、地和区县级融资平台数目迅速增加，违规操作、低效率和不够谨慎的投资纷纷出现（张艳花，2010；张国云，2011），导致地方政府债务风险逐步增加，虽然风险总体可控，但未来举债空间有限，局部风险、流动性风险较为突出（吉富星，2018）。

现有的研究成果主要从微观和宏观两个方面来分析地方政府债务风险。相对于发达国家正式的地方政府债券融资，我国地方政府的债务融资多借助于各种非正式制度，以各种间接或隐性的方式予以表现，若地方政府出现财政收入能力不足，或者财政支出缺乏必要的约束与监督，政府债务融资的风险便会增加（钟培武，2013）。地方政府债务风险与金融部门风险相互强化，地方政府债务风险提高了金融风向并向实体经济部门传导，而金融各部门风险通过直接的资产负债表渠道和间接的一般均衡效应渠道向地方政府债务风险传导，而且风险依存在不同经济条件下呈现出非线性特征（熊琛、金昊，2018）。同时，需要重视地方政府债务风险的空间外溢效应，强化地方政府债务融资的市场化机制，以防范和治理我国系统性金融风险（伏润民等，2017）。此外，以城投债为代表的地方政府债务风险溢价已经体现出了地域差异，但是区分度依然不足（吴洵、俞乔，2017）。城投债风险会使得地方政府债务负担加重，进而会成为中央政府的隐性财务负担。如果不能有效地控制地方债务风险，可能引起债券市场系统性风险的爆发和国债溢价及收益率的显著上升（牛霖琳等，2016）。

地方政府债务规模债务迅猛增长容易引发债务风险。地方政府缺乏充足的可偿债资产，其担保的融资平台公司具有较高的偿付风险（刘煜辉、张榉成，2010）。同时，地方融资平台缺乏信息披露，金融机构难以评估融资平台项目风险，贷后管理困难（沈明高、彭程，2010）。此外，融资平台项目资产负债期限错配问题也比较严重，使得银行面临的信用风险和流动性风险较为突出（肖耿等，2009）。

然而，从资产负债视角讨论地方政府的微观债务风险的同时，更应该关注这些债务可能引发的宏观层面的系统性金融风险。当前地方政府债务以土地预期价值为支撑，高负债率的地方政府过度依赖于中央政府的土地调控政策，这会带给银行和金融系统极大的风险（许成钢，2010）。此外，地方政府债务积累还可能引发其他宏观层面的风险，这些风险可能包括：中央政府的宏观调控政策空间受限；我国经济结构升级、产业转型发展战略推进困难；深化国企改革受到牵制；政府信用受到损害；国家的货币政策受到影响（时红秀，2010b）。

（二）地方政府债务风险形成机理

我国地方政府债务的存量形成有其深层次的经济发展、体制性和政策性原因。综合考虑各种因素及其交互作用，在未来一段时期内地方政府的融资需求仍较为强劲。

1. 政府主导的经济发展因素。

在当前经济发展模式下，地方政府既是管理者又是投资主体。地方政府扩大投资来促进经济发展的政策会导致与地方政府债务规模的增加（马海涛等，2011；类承曜，2011；李升等，2018）。中央政府主要以 GDP 增长作为衡量地方政府的重要指标，而地方官员晋升依赖于中央政府和上级政府的考核，这样就会形成地方政府追求 GDP 的内在动力（周黎安，2004；王叙果、张广婷、沈红波，2012）。而通过举借债务来推动 GDP 的增长显然是地方官员合理的选择。此外，目前债务管理还没有纳入地方政府考核体系，在实现经济高速增长时积累了大量的债务，这些债务管理不足和偿还问题就逐渐暴露出来（黄春蕾，2006a，2006b；张玉佩、薛立强；2013）。除了地方官员考核制度以外，陈本凤（2006）认为干部的任命、任期制度存在缺陷也是重要的方面，地方官员的目标短期化，较少考虑政府负债和使用财政资金的长期后果。

2. 体制因素。

部分学者认为，分税制体制下地方政府庞大的事权与有限的财权之间的矛盾是形成地方政府隐性债务的制度性原因（刘少波、黄文青，2008），通过分税制实行前后地方政府债务的变化和转移支付制度来研究财政体制因素对地方政府债务产生的影响（马海涛等，2011；类承曜，2011）等。1994 年我国实施了分税制改革后，财力向上级政府集中，导致地方政府出现了严重的财力和事权不匹配。由于转移支付制度还不够完善，加上近年来经济稳增长和各项改革推动，地方政府经济建设投入大幅增加，地方财政支出增长速度大大超过收入增长速度，地方政府只能通过借债的方式来应对。财政部财政科学研究所（2009）对部分省份地方政府债务进行了实地考察后指出，1994 年分税制改革后，分税制体制并没有在财力与事权匹配方面得到有效的完善，在省以下级别地方政府逐渐形成分成与包干制，并未真正贯彻分税制，省级财政对下级财政均转移支付规模不足，这是地方负债内在原因。贾康（2010）认为，现在地方政府过度负债是由于在省以下没有贯彻落实分税制造成的。聂新伟（2016）认为，分税制的改革使得在公共支出负担比重上，地方政府超过中央政府，财税权力向中央政府集中，财权事权不匹配直接造成地方政府收支出现缺口，通过过度举债的形式维持支出，导致债务风险的增加。

　　一些学者对此持有不同的观点。刘尚希（2009）认为，国内各省份经济社会发展存在差异，分税制与现实国情存在一定矛盾，地方政府在分税制下做到财力与事权相匹配十分困难。时红秀（2007）通过实证研究发现，"收入上移、支出下移"的财政体制不能完全解释地方政府的债务积累，财权与事权不匹配需要事实支撑，一是地方负债借来的资金应该用于当地财政的行政事务和经常性开支，二是越贫困的地方应该负债越多。袁飞等（2008）指出，中央更多地运用专项转移支付而非一般性转移支付以防止转移支付被挪用，这使得财政均等化的目标难以实现。刘煜辉（2010）认为，地方政府债务的增加与财权与事权无关，主要是由于地方政府没有转变激励机制造成的。

　　现行财政体制下，地方政府参与投资项目决策，一旦投资失误，地方政府无力偿还债务，中央政府成为最终兜底人，这也就形成预算软约束问题。时红秀（2010c）指出，地方政府债务问题的根本原因在于国内"国有资源、国有资产、国有银行"三者共生的制度环境下没有破产清算的预算约束。陈健（2007）通过理论模型研究发现，如果很多地方政府都有债务问题，即使中央能够在事后分清地方是否故意为之，也无法实施有效处罚。詹梦皎和詹正华（2012）认为，预算软约束是地方债务管理的主要缺陷。地方政府认为，当其出现债务危机时中央政府会出手援助，因此其对预算也没有刚性约束。吴健梅和竹志奇（2018）指出，赤字偏好的增加会造成债务风险的上升，财政投资比例与债务风险存在非线性关系，而公共资本产出弹性的增加会造成债务风险的下降。

　　3. 宏观政策因素。

　　许多学者认为，宏观政策是2008年以来地方融资平台债务快速积累主要原因（肖耿等，2009；沈明高、彭程，2010；魏加宁，2010）。受美国次贷危机的影响，我国实行积极的财政政策和宽松的货币政策，信贷规模出现大幅增长，地方政府融资平台支持的固定资产投资项目成为主要流入对象。黄燕芬（2011）认为，2008年以来我国出台的一系列结构性减税政策导致了地方财政收入的增速放缓；2009年开始的增值税转型改革加重了地方的财政负担，形成地方政府举债原因。当然也有不同的观点，认为对于地方政府债务问题的成因，"宏观刺激说"不能完全解释（时红秀，2010c；张艳花，2010；周其仁，2011）。

　　（三）地方政府债务风险评估和预警

　　目前，国内学者对地方政府性风险评估和度量研究较少，且大多是定性分析或基于债务占 GDP 比重、负债率和债务依存度等指标的静态分析。洪源、李礼（2006）通过构建基于政府收支流量的政府债务可持续性动态分析模型，研究了地方政府收支流量状况变动影响政府债务运行的途径，在此基础上评估了地方政府债务风险。刘尚希、赵全厚（2002）和顾建光（2006）运用财政风险矩阵对我国的政府债务进行了分类和归纳。伏润民等（2008）利用西部某省数据，在因子分析和 Q 型聚类分析的基础上，采用判别分析中的 Fisher 方法建立了 Fisher 判别函数，以此对样本内地方政府债务风险进行了评价和判断。此后，一些学者通过净资产、资产负债率、债务负担率、债务标准赤字率和债务规模/GDP 比率等指标（张子荣，2015；王柏杰，2018），或利用层析分析法（梁丽萍、李新光，2016）、因子分析法（朱文蔚、陈勇，2015；朱文蔚，2019）、因子—聚类分析方法（赵剑锋，2016）等构建了我国地方政府债务风险评估体系，对我国各地方政府债务风险进行了测度，发现虽然部分省份地方政府债务风险较高，但整体仍在可控范围。

中国工商银行投资银行部课题组（2011）运用负债率、债务率、利息支出率、担保债务比重四个指标评估中国地方政府债务风险，认为中国地方政府整体债务风险可控，但中国债务风险各省份存在差异，经济发展处于全国中等水平的省份急需举债而在风险控制上相对较弱，经济发展较弱的省份需要中央政府的担保举债，经济较为发达的省份基本可以负担本地融资。刘蓉、黄洪（2012）从存量和流量两个角度，分析债务余额、新增债务与国内生产总值的比例，从而评估地方政府债务风险。郭玉清（2011）从举债和偿债两方面研究财政风险，分析了其产生机理、传导机制和具体表现形式，并以逾期债务为起点对风险进行量化，提出了财政制度改革的建议。

庞晓波、李丹（2015）将经济景气纳入分析框架，在测度中央政府债务风险的基础上，通过中央政府债务负担率倒推地方政府债务负担率上限，间接测度地方政府债务风险。王永钦等（2016）指出，城投债收益率价差没有反映地方政府债务的违约风险，而中国的整体违约风险则在其中得到了有效的定价，这表明中国的地方政府债务存在普遍的软预算约束问题。刘骅和卢亚娟（2016）阐释投融资平台债务风险集聚、传导与共振特性，进而从债务规模、经营管理和债务结构三个维度构建其风险评价指标体系，对江苏省 3 个代表性投融资平台近 5 年的债务风险进行纵向测算。

刘慧婷、刘海龙（2016）运用 KMV 模型测度了中国 30 个省市地方政府债务违约风险，研究发现，中国地方政府债务风险整体可控，局部地区违约风险较大，甚至一些地方政府事实上破产。王涛（2017）采用动态随机一般均衡模型对未来债务置换期间的可偿债收入进行预测，利用 KMV 模型对不同债务置换规模所引致的违约概率变动进行测度，指出在未来年度内至少应置换当年到期债务的 40%，否则理论上仍然存在极大的债务风险。刘文琦、何宜庆（2017）利用系统动力学基模分析技术构建了财政收入、地区 GDP、城镇化水平、地方政府投资额、地方债务规模、债务风险的流率基本入树模型；实证研究显示，全国当前地方政府债务风险相对可控，并且在后期有不增反降的趋势，但是各地区分化情况比较严重。洪源、胡争荣（2018）从流量和存量维度分析地方政府偿债能力，运用 KMV 修正模型评估地方政府债务违约风险，研究发现，2017 年地方政府债务安全规模有较明显提升，债务偏离率与违约风险则显著降低。

国内学者近年来有些学者开始应用或有权益方法测度主权债务风险和宏观金融风险。叶永刚、宋凌峰（2007）首先提出运用基于资产负债表的或有权益方法来研究宏观金融风险管理。宫晓琳（2012a）用或有权益方法（Contigent Claims Analysis）测度了 2000～2008 年时间段内国民经济各机构部门风险的动态演变。宫晓琳（2012b）则用 CCA 方法分析了我国宏观金融风险的传染机制。沈沛龙、樊欢（2012）在编制了简化的政府"可流动性资产负债表"基础上，运用 CCA 方法分析了我国中央政府的债务风险问题。刁伟涛（2016）基于未定权益分析方法构建地方政府债务的风险测度模型，引入地方国有企业国有资产和土地资产，研究发现，地方债务不存在资不抵债的风险，地方政府国有资产可以化解用来地方债务，但是要避免大规模资产处置的负面影响。潘志斌（2014，2015）首次将或有权益方法应用于地方政府债务风险测度，通过构建简化的地方政府或有权益资产负债表，研究我国 31 个省份地方政府债务规模与资产价值变动对地方政府债务风险的影响。研究结果表明，目前我国地方政府债务风险总体可控，地方政府债务风险与地方政府资产价值显著负相关，与债务规模正相关。

我国地方政府债务风险预警研究起步较晚，预警理论、预警指标体系、预警方法还不是十分成熟。现有对地方政府债务风险预警机制的研究成果主要聚焦于风险预警指标体系的选择和风险预警模型的设计，虽然提出了很多有意义的方案与建议，然而到目前为止，并没有形成一整套完整的机制被统一应用。

裴育（2003）提出了构建我国财政风险预警系统的基本思路，对直接显性财政风险进行预警，并构建了反映宏观经济总体态势、财政收支状况及债务状况、财政分配体制、财政支出效益的四个指标组。裴育、欧阳华生（2007）建立高效的地方政府债务风险监测预警指标体系，在对风险定性分析的基础上，依据一定的标准对风险等级进行量化，找出风险潜在的方向作为风险防范的重点监测对象。刘谊、刘星等（2004）分别建立了地方财政风险债务指标集和地方财政风险综合指标集，其中债务指标集被分为债务静态风险、债务动态风险、债务结构风险三类，综合指标被分为财政调控风险、财政收支风险、财政赤字风险、金融风险、经济风险五类。许涤龙、何达之（2007）借鉴了财政风险矩阵的概念，并以此从直接显性风险、或有显性风险、直接隐性风险和或有隐性风险四个方面分析了预警指标。孔德明（2013）对河北省地方政府债务进行预警研究。

在地方政府债务风险预警模型研究方面，王晓光、高淑东（2005）认为，地方政府债务规模是不确定的，可以建立模糊综合评价模型测算债务风险程度。冉光和、李敬和管洪（2006）从静态和动态两个视角选取了地方政府债务负担率等12个重要的指标，运用粗糙集相关理论，建立了地方债务风险的预警模型，对西部某省40个区县进行了研究。考燕鸣、王淑梅和王磊（2009）运用"金融粒子理论"和"目标分解法"，结合风险映射法从地方政府债务的"借、用、还"三环节选取典型指标，构建了预警模型，并根据国际标准赋予各指标警度区间和相应的风险界值，并通过公式计算出各指标风险系数，进而求出各环节风险系数和债务的综合风险系数，最后结合实证分析对模型进行了验证。刘星等（2005）基于2000年重庆市债务数据，设计了警情和警兆指标，并运用聚类分析和因子分析构建了地方政府债务风险判别模型和Logistic模型。章志平（2011）利用灰色系统理论评估我国地方政府债务风险，并依此建立风险预警机制。洪源、刘兴琳（2012）利用人工智能在处理数据上的优势，构建出基于粗糙集和BP神经网络集成的地方政府债务风险非线性仿真预警系统，选取我国2007～2009年东、中、西部地区9个县的27个样本数据，运用该系统进行了实证分析。李斌等（2016）运用TOPSIS法和德尔菲法确定了样本的债务风险综合评价值，然后利用支持向量机，提出了基于结构风险最小化的地方政府债务风险预警模型。贾晓俊、顾莹博（2017）构建地方政府债务风险预警指标体系，采用线性加权综合评价模型，通过AHP方法确定指标权重和功效系数法为指标打分，最后确定综合分值以评价地方债风险并进行预警。

（四）地方政府债务风险防范与化解

在分析我国地方政府债务现状的基础上，针对地方政府债务风险的防范和化解，现有研究文献从不同的角度和侧重点进行了政策建议讨论。从短期来看，应该调节总量、控制增量与清理存量（顾宁，2011），规范地方政府融资行为，抑制地方债务的过度增长，降低地方政府债务的累积风险（李国刚，2011；龚强、王俊和贾坤，2011）。具体而言，要厘清政府债务规模和结构，制定政府债务的信息披露制度，建立责任管理制度，加强举债项目的管理，监控信贷资金流向，建立偿债基金，实现财政总额控制，加强预算管理，提高预算资金分配和运作效率，整顿、规范和治理地方政府投融资平台（时红秀，2005；肖耿等，2009；高自强，2010；贾康，2010b；刘煜辉、张榉成，2010；时红秀，2010d；魏加宁，2010；周鹏，2010；刘海虹、陈进，2012；韩增华，2012；郑春荣，2012；孙琳等，2018）。此外，针对地方政府投融资平台整顿、规范和治理时，可以整合资源做大做强融资平台，提高投融资平台市场化程度，强化投融资平台内控机制，加强投融资平台的外部监管（封北麟，2009；张梅、辛宁，2015）。赵全厚（2011）认为，需要科学合理鉴定地方政府债务、进一步加强对地方政府融资平台的治理、进行深层次的制度改革并有效构建地方政府债务的风险预警和防范机制。沈冰洁（2013）认为，资产证券化是化解地方政府债务风险的途径之一，建议尽快出台中国资产证券化规范发展的法律体系和长远规划、推行债务信息公开、建立优胜劣汰的信用评级制度与评估监督机制、做好资产证券化应对方案等。

从长期来看，防范地方政府债务风险需要完善机制和改革体制、建立地方政府法制化的发债渠道。通过建立完善地方债务规模的风险预警机制和地方债务风险应急处理机制（李蔚、王素青，2006）、加强审计投入和问责力度（余应敏等，2018）、制定多种类、多层次的财政责任规则来规范地方政府举债行为（王婷婷，2017）、逐步引入现代债务投资决策和监管机制（唐云锋、刘清杰，2018）、法治化的财政管理体制（崔军，2011；范佳杰，2012；朱莹、王健，2018；刘蕾，2018）以及供给侧改革（梁帅，2017）来防范和化解地方政府债务风险。同时，每一级政府建立其辖区范围内各级财政平衡的责任目标，实现各级财政财力与事权的匹配（刘尚希，2009）、退出对商业活动的直接参与（许成钢，2010），改变现行体制对地方官员追求经济增长的考核机制（陈健，2007），完善 PPP 政府或有债务管理的制度框架、担保限额、政府或有债务基金以及信息披露与会计准则（马恩涛、李鑫，2018），也有利于缓解风险。此外，还需要建立全国层面的管理与规范地方政府债务的法律以及政府债务的追责机制，实际落实和实施已制定了地方性债务的管理办法和相关制度（詹梦皎、詹正华，2012）。

建立公开透明地方自主债券发行体系，有助于拓宽地方政府融资渠道，提高投资项目效益，控制项目风险，化解地方政府债务风险（宋立，2004；马海涛、马金华，2011；范佳杰，2012；谢群，2013；张帆，2016）。但这种方法适用于市场经济体制较为完善、财政联邦制较为成熟的国家，对于经济转型期的中国还在尝试探索之中。如果按照由财政部代理发行和代办还本付息的现行做法，风险定价由于存在中央政府的隐性担保而出现失真，会影响市场投资者的风险判断，而根据地方的信用借助市场的力量对地方政府融资施加适当约束的目标也无法实现（魏加宁，2009）。在没有建立地方政府硬预算约束和完善政府官员考核机制的前提下，地方政府自主举债融资可能引发债务危机（时红秀，2005）。因此，国内借鉴国外成功的经验时必须考虑中国的实际情况，进行针对性设计并制定相应保障措施。

三、总结性评述

（一）研究现状评述

综合可见，国外研究成果主要集中在债务成因、影响因素、债务管理和风险预警理论方面，这主要是由于国外市场经济体制建设较完善，对地方债研究起步早。国外现有的研究成果大多以财政联邦制较为成熟的西方国家为研究对象，运用新的财政联邦理论、信息经济学等主规范的分析工具。此外，部分国外的地方政府债务研究中还有使用计量分析方法的国内、国际各层级比较的经验研究。但对发展中国家和新兴经济体的研究大多集中在定性分析，缺乏类似的实证研究。

国内对于地方债务分析的研究多侧重于理论分析，实证分析相对较少。而国内的地方债务研究大多聚焦于地方债务成因、管理及对策、风险和防范、地方政府融资渠道等方面，理论分析工具使用较少。这主要由于中国的特定制度背景下的地方政府债务问题有一定特殊性，国外研究现有的研究工具并不是十分适合。进而造成国内研究目前多集中于宏观层面的讨论、定性分析与简单的统计描述，缺乏深入的微观实证分析。当然，这也与地方政府债务相关数据较难获得有关。

（二）研究展望

国内关于地方政府债务的研究成果基本上从事实层面回答了地方政府债务规模、结构、生成机理和对债务风险的简单判断，也提出了债务风险防范和化解的相应措施。在中国特定的体制背景和发展阶段下，未来地方政府债务研究如下领域值得关注。

（1）地方债务风险测度、监控和可持续性研究，这是解决地方债务合理举债、地方政府债券信用评级等问题的基础。地方政府债务与宏观经济周期、土地政策、房地产市场等因素结合在一起，对经济增长和基础设施建设等产生影响。从长期来看，是否存在地方政府债务风险，在不同的经济风险冲击下可否持续，是否会导致宏观的系统性金融风险，是否能与实体经济发展保持一致都是需要用定量方法进行讨论的。这些问题应该在借鉴发达国家的债务风险评价体系的基础上，结合我国经济模式与政治制度以及现实的地方政府债务状况进行综合分析。

（2）地方政府债务结构、期限匹配和使用效率。除了地方政府债务规模问题外，地方政府同时存在债务结构劣化，以及资金利用效率低下的问题。近年来的"融资方式创新"实际上恶化了地方政府的债务结构，推高了地方政府的融资成本。目前地方政府债务内部组成和债务期限结构、评估债务资金的使用效率的研究还很少见。而这对分析地方政府债务按时偿付和可持续性是非常重要的。

（3）以完备的统计数据为基础，借鉴国际经验建立系统的实证分析体系。目前国内缺乏对地方政府债务实证研究，主要原因是因为缺乏充分的地方政府债务的统计数据。为此地方政府应从统计指标、口径、周期和方法等入手建立科学可靠的体系，及时披露债务信息，为监管机构制定政策和学术界理论研究提供有力的数据支持。据此，我们可以对地方债务领域的问题进行实证研究，形成与中国实际切合的研究体系。具体说来，可以从地方政府债务合理规模、债务结构、风险评估和预警、风险防范与化解等实际问题入手进行实证分析。这些举措都有利于为相关政策的制定提供强有力的科学论证支持。

（4）如何设计因地制宜的管理措施，拓宽地方政府合理融资渠道。目前地方政府债务结构复杂，各级地方政府融资规范程度和项目质量千差万别，不同省份经济发展水平、市场化程度以及地方政府财力都显著不同，如何规范举债并且因地制宜的灵活操作，加强整合性的地方政府债务监管，促进国内地方债务的良性发展，是值得研究的。

第三节　相关概念界定

政府债务是指政府作为债务人，与债权人发生的权利义务关系。国际会计师联合会对政府债务作了如下定义：政府债务是指政府由于过去事项引起的现时义务，该义务的履行预期会导致政府资源的流出，这种流出既可以体现为经济利益，也可以体现为服务的形式。按照是否具有法律约束的角度看，政府债务可划分为显性债务与隐性债务。显性债务是指按照法律、合约的形式明确记载和规定需要由政府来偿还的债务，政府要对此承担法律义务。隐性债务指未经法律明确确认，政府出于道义责任、公众预期和政治压力等需要救助的债务。

从会议公报（包括中央政治局会议、中央经济工作会议、中央财经委员会会议等）可知，中央对于地方政府债务的表述在 2014 年前为"政府性债务"，到了 2015 年表述为"地方政府债券"，在 2017 年又提出了"隐性债务"，这从侧面记录了我国地方政府债务管理机制的发展和规范进程。

一、地方政府债务

地方政府债务是指中央或地方政府以下的各级政府作为债务人承担的债务，同样适用于上述定义。地方政府债务由地方政府作为债务人以政府名义举借或者担保，并由此承担的资金偿付义务，是地方政府为发展地方经济筹措资金的一种形式。从经济社会视角看，地方政府作为公共风险的主要承担者和管理者，其承担的现时义务称为直接债务，承担的未来义务则为间接债务。根据地方政府的义务是否得到法律或者合同的确认，又将其区分为显性债务和隐性债务。

《国务院办公厅关于做好地方政府债务审计工作的通知》首次清晰界定了政府偿债责任，按照法律责任主体，将地方政府债务划分为三类（见表 1-1）。审计署对于地方政府债务统计均采用这一口径。第一类是政府负有偿还责任的债务，即由地方政府（含政府部门和机构）、经费补助事业单位、公用事业单位、政府融资平台公司和其他相关单位的举借，确定由财政资金偿还，政府负有直接偿债责任；第二类是政府负有担保责任的或有债务，即由非财政资金偿还，地方政府（含政府部门和机构）提供直接或间接担保形成的或有债务，债务人出现偿债困难时，地方政府要承担连带责任；第三类是其他相关债务，即由相关企事业等单位自行举借用于公益性项目，由非财政资金（即单位或项目自身收入）偿还的债务，地方政府既未提供担保，也不负有任何法律偿还责任，但当债务人出现偿债困难时，政府可能需给予一定救助。

表 1-1　　　　　　　　　　　审计署对地方政府债务界定

债务主体	主体范围	单位性质	地方政府负有偿还责任的债务	地方政府负有担保责任的债务	其他相关债务
地方政府（含政府部门和机构）	地方人大、政协、司法等机关单位视同地方政府（含政府部门和机构）填列	机关法人	√	√	×
经费补助事业单位（不含公用事业单位）*	属于公用事业单位的经费补助事业单位，作为公用事业单位填报	事业法人	√	√	√
政府融资平台公司*	融资平台公司性质的公用事业单位作为融资平台公司填报	企业法人	√	√	√
公用事业单位（不含融资平台公司）*		事业法人或企业法人	√	√	√
其他单位	自收自支事业单位中，四方对账认定为融资平台的，债务类型同融资平台公司	事业法人	√	√	√
	自收自支事业单位、融资平台公司之外的企业	企业法人	√	√	×
债务类型判断标准			无论哪类债务主体，只要财政资金偿还，即为此类	无论哪类债务主体，只要非财政资金偿还、且政府担保即为此类	非财政资金偿还，且政府未担保，但属于公益性项目；单位或项目自身收入

注：*表示（1）"经费补助事业单位"是指：接受国家经费补助的事业单位，包括全额拨款事业单位、差额拨款事业单位，不含全额或差额拨款事业单位性质的公用事业单位。（2）"公用事业单位"是指：国家予以财政补助的供水、供气、供热，污水处理，垃圾处理、城市公共交通等事业单位或国有独资、控股企业，不含融资平台公司性质的公用事业单位。（3）"财政资金"是指：地方政府一般预算资金、政府性基金预算收入、国有资本经营预算收入、预算外收入等财政资金，不包括车辆通行费收入和学费收入。（4）其他单位包括：如某省高速公路管理局、某市地产集团公司，均为自收自支事业单位性质，但具有政府投融资功能，以及不属于融资平台的自收自支事业单位和企业的债务，如果政府不负有偿债责任或担保责任不属于其他相关债务。

二、地方政府债券与地方政府隐性债务

2014 年 10 月 2 日，国务院发布了《关于加强地方政府债务管理的意见》。根据 43 号文要求，地方政府债务规模实行限额管理，地方政府举债不得突破批准的限额。同时把地方政府债务分门别类纳入全口径管理。在实际操作中，违法违规和变相举债形成的债务不增加显性债务规模，规避了限额管理。2015 年新预算法明确各省、自治区、直辖市可以在国务院确定的限额内，通过发行地方政府债券举借债务的方式筹措。另外，地方政府可以通过债务置换将剩余部分存量债务置换为地方政府债券，从而纳入地方政府债务限额管理。但由于政策调整，2015 年之后预算外的政府融资并未消失。

地方政府隐性债务是地方政府可能承担救助、担保责任的债务，并未纳入其债务限额和统计范畴，若发生债务危机，地方政府则不得不加以干预、承担责任。融资平台是隐性债务的主要载体，贷款及信托是其存在的主要形式。地方政府显性债务是以特定的法律或者合同所带来的负债，而隐性债务则是基于市场预期、政治压力的政府责任。各方对地方政府显性债务与隐性债务口径的界定并不一致。

地方政府显性债务主要是指地方政府债券。根据资金用途可以划分为新增债和置换债。根据还本付息资金来源不同，可以分为一般债和专项债。其中一般债是为没有收益的公益性项目发行的、约定一定期限内主要以一般公共预算收入还本付息的政府债券；而专项债是为有一定收益的公益性项目发行的、约定一定期限内以公益性项目对应的政府性基金或专项收入还本付息的政府债券。可以看到，一般地方债对应的是一般公共预算，因而净融资是弥补财政赤字的一部分。而专项地方债对应的是政府基金预算，是需要用政府基金预算偿付的。一般债券偿还以地区财政收入作担保；专项债券偿还以对应的政府性基金或对应的项目收入作担保。

地方政府隐性债务是指违法违规和变相举债所形成的而又没有纳入政府债务限额管理的地方政府债务。也就是说，地方政府隐性债务是除地方政府债券外，地方政府融资平台公司、国有企业、事业单位等主体举借的需要财政性资金偿还的债务、为公益性项目建设举借的非财政性资金偿还的债务、已签订协议约定未来支出责任事项等。如果编制地方政府资产负债表，隐性债务不会被计入负债，因为举债主体不是地方政府。隐性债务只有在融资平台等自身无法偿债的情况下才可能由地方政府偿付。可见，

隐性债务基本属于或有负债。

地方政府隐性债务与地方政府债券从合法性、发行主体、偿债来源、政策导向等方面均有质的差别。地方政府债券是地方政府发行的合法债务，属于地方政府显性债务，纳入债务限额和政府预算管理，救助机制完善；而隐性债务是地方政府通过平台企业等主体，以违法违规、变相举债方式融资形成，政府遵循不救助原则，坚持谁举债、谁负责。但两者之间联系紧密，需高度重视隐性债务风险。地方政府债券发行目的即为清理、置换政府隐性债务，规范地方政府举债行为。地方政府隐性债务将影响地方政府偿债能力，进而影响地方政府债券资质。

三、地方政府债务风险

地方政府债务风险是指地方政府在组织债务收入和安排债务支出的过程中，由于债务制度和债务管理手段本身的缺陷以及其他因素的不确定性，导致债务收支总量失衡或结构失衡，进而对国民经济整体运行造成损失和困难的可能性。换个角度说，债务风险实际上是指由于各种原因导致债务发生债务危机的可能性（胡光辉，2008）。

地方政府债务风险是地方政府财政风险的集中体现，是由于政府收入与支出之间、资产与负债之间的不匹配造成的。也就是说，地方政府债务风险源于地方政府资产与债务在规模和结构上的差异，是地方政府的债务可持续性和经济社会发展受到损害的一种可能性。从触发因素的角度，地方政府债务风险分为内生性债务风险和外生性债务风险。内生性风险是指源于财政系统内部各种不利因素引发的风险。而外生性风险是指源于财政系统外部经济、政治等因素的不确定性引发的风险。内生性风险比外生性风险相对更易采取措施应对。

四、地方政府债务系统性风险

地方政府债务系统性风险是指由一个或多个地方政府债务违约引发的系统性金融风险。地方政府债务一般可通过内部因素和外部因素触发系统性金融风险。在内部因素中，一方面，地方政府债券市场不健全导致信息不对称和资产价格非市场化波动，引发金融体系内在脆弱性；另一方面，随着地方政府债务规模的扩张，政府部门杠杆率过高，与金融机构资金借贷造成的风险传递，将触发系统性金融风险。在外部因素中，地方政府债务风险顺周期变动，易导致商业银行流动性受到冲击，从而引发系统性金融风险。

第四节 研究对象、方法和思路

一、研究对象和研究方法

以我国地方政府债务风险为研究对象，综合运用实证分析和规范分析、定性分析和定量分析相结合的方法，具体如下。

（1）理论分析方面：主要采用或有权益理论、期权定价理论、金融风险管理理论和风险价值（value at risk）理论等。

（2）数值分析方面：主要采用蒙特卡罗模拟方法进行数值模拟和情景分析，此外，针对金融危机等极端市场情景的债务风险度量，采用压力测试方法和风险价值（VaR）方法。

（3）实证分析方面：主要运用统计学、计量经济学中的方法和比较分析方法，研究债务风险测度及其应用，把理论模型与实际结果进行比较，从而得出有意义的结论。

二、研究思路

（一）采用自下而上的研究，以省级地方政府作为地方政府债务风险的分析主体

地方政府债务风险的发生一般情况以地方政府融资平台为载体。从2010年开始的地方政府债务的治理整顿至今，有统计的融资平台数量依然超过了8000家。这些平台分布于各省区、市地、县区和乡镇。各地的经济发展情况、财政情况、债务情况、法律和政府信用环境差异较大。债务数据收集整理也存在一定的困难。为此，我们可以从省一级地区出发分析风险，而忽略具体的微观风险。在此基础上，采用由下至上的方法，研究东部、中部和西部区域以及全国范围内的地方政府债务可能引发的系统性风险。

（二）从资产负债的视角，研究地方政府债务风险

国内对于地方债务分析的研究多侧重于理论分析，实证分析还比较少。而国内的地方债务研究大多聚焦于地方债务成因、管理及对策、风险和防范、地方政府融资渠道等方面，理论分析工具使用较少。这主要由于中国的特定制度背景下的地方债务问题有一定特殊性，很难直接套用国外研究现有的研究工具。进而造成，国内研究目前多集中于宏观层面的讨论

与统计描述，缺乏深入的微观实证分析。为此，本书提出透过或有权益资产负债表考察地方政府债务风险的学术思想，从资产和负债的视角，在考虑或有负债的情形下，将地方政府资产视为保障债务偿还的基础，避免了现有研究单纯就债务论债务的局限。

（三）遵从"识别—测度—治理—防范"的分析路径，研究地方政府债务风险管理

按照金融风险管理流程，首先，分析地方政府债务规模和结构，构建地方政府资产负债表，运用指标分析法识别省区级地方政府债务风险；其次，运用或有权益方法，结合情景分析和压力测试等方法，测度各省份地方政府债务风险，研究全国、东部、中部和西部地区可能由地方政府债务引发的系统性风险；最后，结合违约距离指标构建我国地方政府债务风险预警体系，并在此基础上，提出地方政府债务风险的治理路径，给出防范和化解的债务风险的政策和建议。

（四）通过流量债务数据推算缺失的存量债务数据，估算全国与各省份债务规模

我国当前地方政府债务数据还因时效性、数据完整性等原因而不适于直接用于或有权益方法研究地方政府债务。本书在我国特定的经济与数据背景下，自行汇整编制相应数据，进而展开对我国地方政府债务风险的系统性研究。在年份数据缺失的个别情况下，我们尽可能通过流量数据推算缺失的存量数据。

第五节　研究内容和框架结构

按照金融风险管理流程，遵从风险识别—风险测度—风险治理—防范化解的研究路径，对地方政府债务风险的识别、量化和管理进行比较全面清晰的研究。本书的框架结构如图 1 - 1 所示，具体内容如下。

（1）在分析我国地方政府资产负债表现状基础上，提出改进我国地方政府资产负债表的具体建议，构建简化的地方政府或有权益资产负债表，研究全国地方政府资产和负债规模与构成，运用综合法估算 2014～2018 年底全国各省份地方政府债务规模，分析各省份地方政府负有偿还责任债务、负有担保责任债务和可能需要救助的债务占比，探究各省份地方政府债务期限结构以及主要特征。

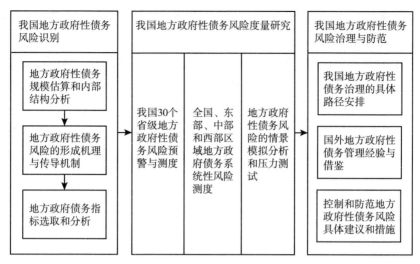

图1-1 研究框架结构

（2）从制度和政策两个方面探究我国地方政府债务风险深层次的形成机理，分析我国当前地方政府债务风险的具体表现形式，选用债务负担率、债务依存度、财政赤字率、新增债务率、债务率等指标来识别各省份地方政府的债务风险。

（3）从资产负债角度研究地方政府债务风险，应用或有权益理论，构建简化的地方政府或有权益资产负债表，将政府负有直接偿还责任的债务视为优先偿还债务，政府相关的其他债务视为以政府资产为标的物的看涨期权，考虑政府负有担保责任的或有债务，度量地方政府债务风险指标违约距离和违约概率。

（4）应用或有权益理论，采用由上至下的研究方法，研究全国、东部、中部和西部区域地方政府债务系统性风险，通过度量各区域违约距离系列指标（平均违约距离ADD、加权违约距离WDD和组合违约距离PDD）与测算中央政府为地方政府隐性担保债务的规模，来评估各区域地方政府债务的系统性风险。

（5）通过情景分析度量在资产负债规模和结构发生变化等条件下的我国地方政府债务风险，运用压力测试技术，对全国，东部、中部和西部区域地方政府体系层面以及30个省区地方政府层面的进行蒙特卡洛模拟，研究极端市场条件下地方政府债务性风险及其可能引发的局部或全国范围内的系统性风险。

（6）结合地方政府债务信息的可获得性，选取了违约距离、债务负担率、债务依存度、财政赤字率、新增债务率和债务率指标，构建地方政府债务风险预警体系。

（7）研究我国历史债务问题治理方式，探究经济转型和城镇化进程中我国地方政府债务治理的路径安排，从中央政府和地方政府层面提出短期和长期的治理目标与举措，分析地方政府债务治理对银行业和经济增长的影响机理。研究与借鉴欧美发达国家、印度和巴西等新兴经济体地方政府债务管理经验，提出防范与控制地方政府债务风险策略、具体措施和政策建议。

第六节　研究创新与不足之处

一、本书的创新之处

本书的研究重点是把当今金融领域前沿的风险管理工具或有权益理论、期权定价理论和风险价值理论引入当前缺少风险管理的公共地方财政领域，从而对当前地方政府债务风险进行量化和管理，并积极探索创新新颖的地方政府债务风险预警、防范、治理和化解渠道，试图为我国地方政府债务风险管理提供理论依据和参考。

综合来说，本书的最大创新点在于从资产负债视角研究了地方政府债务风险问题，将金融工程思维引入财政领域，综合采用各种金融工程技术方法（数据统计分析、或有权益方法、布莱克斯科尔斯模型等）研究地方政府债务风险量化和管理的对策措施，并运用金融风险预警技术建立地方政府债务监测和预警指标体系，使之具有较强的实用性，从而从不同视角对地方政府债务风险的识别、量化和管理进行了全新展示。具体创新之处如下。

（1）首次提出透过或有权益资产负债表考察地方政府债务风险的学术思想，从资产和负债的视角，在考虑地方政府隐性负债的情形下，将地方政府资产视为保障债务偿还的基础，避免了现有研究单纯就债务论债务的局限。

（2）目前地方政府债务风险研究主要集中地方政府显性债务，且大多为定性分析，无法给出风险的具体大小及其给相关债权带来的具体损失。运用或有权益方法，结合金融风险管理的风险价值理论，对此问题进行深入的定量分析研究，目前还没有相关的研究成果。

（3）构建了基于资产负债的我国地方政府债务风险管理的理论分析框架。对地方政府债务风险进行度量、情景分析和压力测试，研究政府担保债务违约、政府财政收支变动和净财政资产增减情景和极端市场条件下地方政府债务风险，结合违约距离和债务负担率等指标对各省份地方政府债务风险进行识别和预警，最后在此基础上给出治理防范和化解地方政府债务风险的具体建议和对策。

（4）从中国经济结构转型和金融供给侧改革的历史阶段来考察地方政府债务问题，研究我国各省级地方政府债务的违约距离和违约概率，考虑各地区发展环境、债务规模和管理等方面存在的差异，从资产和负债两个方面给出防范和化解债务风险的具体建议，并提出债务治理的路径安排。

二、本书的不足之处

我国当前地方政府债务数据还因时效性、数据完整性等原因而不适于直接用于或有权益方法研究地方政府债务。本书在我国特定的经济与数据背景下，自行汇整编制相应数据，进而展开对我国地方政府债务风险的系统性研究。在年份数据缺失的个别情况下，我们尽可能利用已知数据推算缺失的数据。这种做法虽弥补了数据的不足，但会影响研究结果的精确性。本书通过对债务期限结构、或有债务违约比例、资产和负债规模变化等因素的情景分析，来补充地方政府债务数据披露的不足。总体而言，在重点考察地方政府债务风险变动趋势的研究中，依照如上方法对个别数据的一贯性、系统性处理不会影响重要因子在结论性数据中的有效性，以及有效分析地方政府债务风险的演变机制。

第二章　我国地方政府资产负债表
分析与构建

　　经历 2009 年、2010 年大规模经济刺激之后，我国各省份地方政府负债率都有大幅度提高。迫于稳增长的压力，2012 年地方政府再次推出 18 万亿以上的投资计划，这引发了实务界和学术界对地方债务风险的担忧，如各省份地方政府债务规模到底有多大？偿债能力如何？会不会引发系统性金融风险？为此，自 2013 年 8 月 1 日起，审计署组织全国审计机关对中央、省、市、县、乡五级政府性债务进行彻底摸底与测评。2013 年 12 月 30 日发布的《全国政府性债务审计结果》显示，截至 2013 年 6 月底，地方政府负有偿还责任的债务为 108859.17 亿元，负有担保责任的债务为 26655.77 亿元，可能承担一定救助责任的债务为 43393.72 亿元。

　　2015 年起，新《预算法》正式实施，地方政府债券成为地方政府举债融资的唯一合法途径。2017 年 7 月 24 日召开的政治局会议指出，"要积极稳妥化解累积的地方政府债务风险，有效规范地方政府举债融资，坚决遏制隐性债务增量"。2015~2017 年间，地方政府信用担保的融资平台违规融资，一些不规范的政府购买、PPP 等融资，这些债务都属于地方政府隐性债务。目前各界对于隐性债务仍缺乏统一口径和认定标准。财政部数据显示，截至 2018 年末，全国地方政府债务余额为 183862 亿元，政府债券为 180711 亿元，非政府债券形式存量政府债务为 3151 亿元。2015 年开始，地方融资平台运用政府信用担保进行融资形成了大量的隐性债务，但这部分债务并没有纳入财政部地方政府债务统计口径。

　　随着疲弱经济数据披露与隐性债务规模的快速膨胀，资本市场对地方债务风险的担忧与日俱增。一些西方发达国家早就面临过类似困境。政府财政赤字持续增长，债务规模不断扩大，政府决算报告难以体现其真实财务状况。因此，美国等发达国家制定政府财务报告制度，并将其作为政府债务信用评级的重要依据。这样既有利于增强政府债务信息披露，又能加强风险的防范。

地方政府建立规范财务信息披露机制，是加强地方政府债务管理、防范债务风险的迫切需要。地方政府资产负债表的编制势在必行。通过政府资产负债表，可以分析政府资产与负债的结构、比例和期限，分析政府债务的可持续性，评估政府债务风险，也可以厘清每个地方政府用于偿债资产规模和偿债能力。

国内的部分学者和政府机构已经做出了尝试。海南省、甘肃省、上海市、广东省、深圳市根据财政部发布的试编办法，已先后启动试编政府资产负债表工作。2012 年，由马骏复旦研究团队和曹远征、李扬牵头的另两个团队分别尝试编制了中国的国家资产负债表，尤其是政府资产负债表，由此引发了决策层和社会对国家资产负债表的关注。

本章尝试以公司财务分析的方法简略编制中国地方政府资产负债表，从而为地方政府债务风险识别、度量和防范提供基础和依据，也便于对政府债务偿还能力有一个更加直白的评估。具体内容安排如下：第一节描述我国政府会计体系的现状，重点分析现行政府会计体系中地方政府债务的确认、计量和报告，及其存在的问题，分析了传统地方政府资产负债表的缺陷以及可能改进的方法，在此基础上，试图简略地构建我国地方政府资产负债表，考虑地方政府的或有债务，构建地方政府或有权益资产负债表；第二节分析了地方政府资产负债表中资产项目和负债项目；第三节和第四节对学者过去编制的地方政府资产负债表分析，在此基础上构建我国地方政府资产负债表。

第一节 我国地方政府资产负债表构建

一、我国地方政府资产负债表现状

中国政府资产负债表以二维表形式反映我国不同层次政府不同种类资产负债的总量数据及结构关系。政府资产负债表通过政府的资产和负债规模来反映政府的财务状况。政府资产是现金或其他金融资产的形式，而负债的结构却相对复杂了许多。防范和化解地方政府债务风险的前提是充分认识并准确评估政府债务规模和结构。而我国地方政府的隐性负债的举债主体并不是地方政府，使其游离于会计核算系统之外，很难实现有效监控、预警和防范。

我国现行政府资产负债表是按照收付实现制进行编制的，无法全面了解政府债务规模和结构等信息。按照现金收付制编制的报表只有在实际发生现金收支时才进行会计核算和报告，没有反映隐性负债和或有负债信息，无法反映政府债务风险。同时，由于政府资产负债表采用应计制基础编制，不能公允地反映主体的财务状况。资产负债表上资产价值的计量有些资产是用历史成本计量，而有些资产，如自然资源、文化遗产、技术创新或软件产品、人力资本等资产，无法获得公允价值和历史成本，故无法将它们列示在资产负债表中。部分政府资本资产具有独特的性质或具有专用性，其市场不存在或不发达，它们的可变现净值通常远远低于账面价值或评估价值。这些因素都限制了资产负债表的使用。

我国预算会计以执行财政预算为中心，预算会计的资产负债表对资产和负债的确认和披露颇不完整。总预算会计并不确认和披露资本性资产、长期负债和或有负债等事项。这些缺陷使得利用我国政府现有的资产负债表根本不可能适当评估政府债务风险。为此，可以借鉴企业经营中常见的权责发生制编制政府资产负债表，来满足评估政府债务风险和偿债能力的客观需求。

二、我国地方政府资产负债表改进

我国的预算会计制度从现金制向应计制转变成为必然选择。政府向应计制基础转变时，可以逐步实施，依次确认流动资产、流动负债、有形资产和无形资产。政府偿债能力是反映政府财务状况的重要方面。将传统资产负债表分解为偿债能力表和资本资产表，加之或有负债表和隐性债务表，符合逐步实施应计制的思路。

（一）偿债能力表

偿债能力表可以提供实际意义的主体财务状况信息。偿债能力表的会计恒等式为"资产＝负债＋净偿债能力"，资产包括金融资产和短期实物资产，负债包括流动负债和非流动负债，都以公允价值为基础计价。偿债能力表的左边披露资产；右边披露负债和净偿债能力。净偿债能力如果是负数，则说明主体处于财务困境。

（二）资本资产登记表

本资产表用来说明资本资产的数量及其服务潜力的变化、推迟资本资产维护的数量、政府研究、开发投入和产出情况。资本资产登记表主要包括资本资产的类别、性质及损耗、资本资产取得、资本资产的销售、年初余额和年末余额、历史成本、累计折旧和净值等内容。资本资产表方便政府对资本资产进行管理、计算折旧费用和维护费用。

（三）或有负债表

按照汉娜（1998）的风险矩阵，可将政府或有负债分为显性或有负债和隐性或有负债。现有政府会计准则并不确认或有负债，但它在特定条件下会转化为政府负有偿还责任的债务。政府或有负债违约具有不确定性，且隐蔽性强。政府应编制并披露或有负债表，对或有负债进行监控，以便加强管理。或有负债表应包括国家对非主权借款、地方政府等实体的债务担保的显性或有负债，以及地方政府或公共实体、私人实体非担保债务等隐性或有负债。

（四）隐性债务表

2017 年后在各大相关会议报告上屡被提及的隐性债务，近两年来颇受关注。隐性债务目前在已有公开资料并没有明确的定义。但从当前现有的研究和政府相关公告来看，显性债务是指地方政府在限额管理和预算管理计划内发行的地方债，而隐性债务是不在限额和预算管理计划内，不以地方债形式存在，但地方政府可能需要承担偿还责任的债务。从组成上看，隐性债务主要包括为城投平台、国有企业、机关事业单位、产业引导基金及 PPP 项目公司等主体举债融资提供隐性担保，以机关事业单位的国有资产为抵押品帮助企业融资等形式存在的债务。

如果编制地方政府自身的资产负债表，隐性债务不会被计入负债：一是由于隐性债务的举借主体不是地方政府；二是由于隐性债务的偿付取决于举债主体自身能偿还多少。编制隐性债务表有助于厘清隐性债务形态与估算规模，对防范、化解地方政府债务风险，推动地方高质量发展具有重要意义。

三、我国地方政府资产负债表构建

（一）地方政府资产负债表

地方政府资产负债表是构建地方政府或有权益资产负债表的基础。

至今，已有较多学者对构建政府资产负债表进行了较为深入的尝试和研究。

博源基金会组织和资助的马骏（现央行研究局首席经济学家、原德意志银行大中华区首席经济学家）牵头的复旦大学为主的研究团队所著的《中国国家资产负债表研究》，对家庭、企业、银行、中央政府、地方政府各部门资产负债表都进行了测算，并加总得出了总体的国家资产负债表。报告显示，2010 年我国国家总资产为 421.4 万亿元，国家总负债为 202.5 万亿元，国家净资产达到 218.9 万亿元。报告估算，到 2010 年底，我国政府净资产为 38 万亿元，中央政府净资产约为 17 万亿元，地方政府净资产约为 18 万亿元，中央政府的净金融资产（金融资产与金融负债之差）约为 6 万亿元。2002～2010 年间，地方政府总资产由 8 万亿元增长到 29 万亿元，总负债由 1 万亿元增长至 10 万亿元，年均增速为 22.5%，超出总资产 13.7% 的增速，见表 2 - 1。

表 2 - 1 　　　　　**2002～2010 年中国地方政府资产负债表简表**　　　单位：亿元

项目	2002 年	2003 年	2004 年	2005 年	2006 年	2007 年	2008 年	2009 年	2010 年
总资产	80177	91136	104881	120704	148611	208648	197780	250373	290612
非金融资产	72844	82606	96872	112883	130608	149922	172313	201724	239800
非经营性资产	24521	29251	35181	42523	51212	61087	73594	92633	114800
土地储备	18000	20000	25000	30000	35000	40000	45000	50000	60000
非上市公司股份	30323	33355	36691	40360	44396	48835	53791	59091	65000
净金融资产	-6688	-9182	-14366	-20442	-17698	13627	-30221	-41520	-56363
金融资产	7334	8530	8008	7821	18004	58725	25466	48649	50812
地方财政存款	1114	1641	1996	2559	3497	5642	5773	9067	7743
股票	6219	6889	6013	5262	14507	53083	19693	39583	43069
负债	14022	17712	22374	28263	35702	45098	55687	90169	107175
地方政府债券	996	1258	1589	2007	2535	3202	3954	6367	7567
地方政府银行贷款	11077	13993	17675	22328	28204	35628	43993	71243	84680
地方政府上级财政借款	589	744	940	1187	1499	1894	2339	3767	4478
地方政府其他单位和个人借款	1374	1736	2193	2770	3499	4420	5457	8792	10450
净资产	66156	73424	82507	92441	112910	163549	142092	160204	183437

资料来源：马骏、张晓蓉、李治国等著：《中国国家资产负债表研究》，社会科学文献出版社 2012 年版。

基于对政府资产的估测和对政府负债的分析，香港上海汇丰银行的宏观经济分析师屈宏斌等于 2014 年编制了一份政府综合资产负债表。该报表显示过去几年政府的资产和债务规模都在不断扩大，更重要的是，资产的扩张速度远快于债务增速。2012 年底，包括土地和自然资源的资产总额达到 163.1 万亿元人民币，包括中央和地方政府在内的债务总额为 84.7 万亿元人民币。尽管债务水平较高，但地方政府的资产负债表仍非常强劲（见表 2-2）。与许多其他由于运营支出过高导致政府债务不断增加的国家不同，中国地方债务逾 70% 都用于基础建设融资以及土地购置，这增加了政府手中的实物资产。

表 2-2 　　　　　　　　　地方政府资产负债表 　　　　　　　单位：亿元

资产		负债	
国企资产，非金融	354737	地方国企负债，非金融	253506
地方政府拥有的非经营性资产	89745	地方政府拥有的非经营性债务	73854
固定资产	61341	地方政府融资平台债务	69704
政府存款	12452	其他地方政府债务*	3994
总资产	456934	总负债	401058
		净资产	55876

　　注：*表示不包括在前列地方国有企业负债以及地方非经营性负债中的其他地方政府债务，截至 2013 年 6 月末，地方政府债务包括或有负债和债务担保。
　　资料来源：中国金融年鉴、中国金融年鉴、中国会计年鉴、CEIC 和香港上海汇丰银行研究报告。

中国社科院财政税收研究中心课题组以国际公认的编制政府资产负债表的准则有联合国等机构制定的《国民经济核算体系 2008》（简称"SNA2008"）和 2001 年国际货币基金组织出版的《政府财政收支统计指南》为基础，参考美国、加拿大、日本、澳大利亚和新西兰等国家编制的做法，结合中国的实际情况，完成 2013 年中国中央政府和地方政府资产负债表的编制，如表 2-3 和表 2-4 所示。

表 2 – 3　　　　2007 ~ 2013 年中央政府资产负债表（社科院版）　　　　单位：亿元

指标	2007 年	2008 年	2009 年	2010 年	2011 年	2012 年	2013 年
总资产	140906	164819	194292	230148	258055	244333	253508
非金融资产	16672	18934	22104	25877	29014	87389	79356
库存	291	256	287	375	440	489	918
建筑物	16270	18645	21723	25390	28507	61346	65683
机器设备	82	2	56	62	11	2670	3560
无形资产	29	31	37	50	55		
金融资产	124234	145885	172188	204272	229042	156946	174152
现金和存款	10973	11027	12362	13174	12100	31700	41996
债券（资产）	1	1	1	1	1	24	20
贷款（资产）	0	0	0	0	0	1	1
证券和投资基金	111592	133218	158123	188951	214529		
预付款	486	521	480	545	650		
其他应收款	615	505	591	801	840		
其他杂项资产	567	614	632	801	922	288	219
总负债	56060	57502	64680	72244	77532	85701	102410
货币性负债	371	650	558	366	494		
现金和存款	342	221	225	242	261		
交易性负债	29	429	334	124	233		
债券（负债）	52075	53272	60238	67548	72045	77800	86900
财政债券	51468	52799	59737	66988	71411	77000	86000
外债	607	472	501	560	634	800	900
其他借款	143	121	150	190	204		
贷款（抵押）（负债）	1176	946	813	710	952		
其他应付款	1500	1635	1858	2076	2409	4518	5251
其他（各种杂项负债）	796	880	1064	1355	1430	41	1443
资产净值	84846	107316	129612	157904	180523	158632	151098

资料来源：中国社科院资产负债表研究中心。

表 2 - 4　　2007～2014 年中国地方政府资产负债表简表（社科院版）　单位：亿元

指标	2007 年	2008 年	2009 年	2010 年	2011 年	2012 年	2013 年	2014 年
地方政府总资产	498735	586179	637972	755269	899837	860800	975800	1082000
地方国有经营性资产	132688	156721	183431	233896	292157			
地方国有非经营性资产	44532	48582	54962	62250	70758			
地方政府所拥有的资源性资产	312721	370984	386071	443371	520022			
地方政府在中央银行的存款	8794	9893	13508	15751	16900			
地方政府总负债	138932	157735	189352	240953	288592	245200	275600	302800
直接显性负债	2368	2168	4342	6973	9591	11000	13000	16000
地方政府债券			2000	4000	6000	7000	9000	12000
地方性政府主权外债	2368	2168	2342	2973	3591	4000	4000	4000
直接隐性负债	18121	20096	20354	22126	24288			
或有显性负债	27337	41408	123341	151048	157940			
地方政府负有担保责任的债务	9834	12143	19662	23370	24835	25000	27000	29000
地方公共部门债务	17504	29265	103679	127678	133105			
公共事业单位债务	7504	9265	15002	17832	18950			
地方政府融资平台债务	10000	20000	88677	109846	114155	93000	97000	100000
或有隐性负债	91107	94063	41315	60806	96773			
地方金融机构不良资产	6697	2958	2626	6567	5562	6000	6000	8000
地方国有企业债务	84409	91105	38689	54239	91211			
地方政府净资产	359803	428445	448620	514316	611245	615600	700200	779200

资料来源：中国社科院财政税收研究中心课题组。

报告显示，到 2013 年底，我国中央政府总资产为 25.3 万亿元，净资产约为 15 万亿元，净资产充裕，总体上仍具有较强偿债能力。金融资产约为 17.4 万亿元，在总资产中占比 68.7%，流动性良好。在政府负债方面，2007～2013 年，总负债由 5.6 万亿元增长至 10.2 万亿元，年均增长率为 8.9%，与总资产增加率基本持平。这说明中央政府负债水平较为合理。在政府净资产方面，2007～2013 年，净资产由 8.4 万亿元增长为 15.1 万亿元，始终保持增长，说明中央政府的总资产完全可以覆盖总负债且还有较大空间。

由表 2-4 可见，2007～2014 年，地方政府总资产从 49 万亿元增长为 108 万亿元，年均增长率为 10.3%，地方政府拥有的资源性资产占总资产比例约为 60%。而在此期间地方政府总负债由 13.9 万亿元增长至 30.3 万亿元，年均增速为 10.2%，与地方政府资产增速基本一致。但对应的地方政府净资产由 35.9 万亿元增长至 77.9 万亿元，增速与债务增速基本相同，但鉴于净资产总体规模较大，在当时地方政府债务风险还处在合理的范围，地方政府仍有较大的举债空间。

上述报告都从国家资产负债表的角度，分析中国政府债务前景时，各报告却得出的结论不一致。社科院报告认为，中国政府拥有足够的主权资产偿付其主权负债，因此中国发生主权债务危机的可能性很小。不可忽视的是，政府资产还须考虑流动性的因素，有的政府资产不适宜变现或者变现慢，只有部分资产能够真正用于抵御债务风险。马骏报告却把地方政府债务、养老金缺口、环保成本纳入债务可持续性模型，发现中国政府债务并不可持续。

（二）地方政府资产负债表构建

对上述学者编制的地方政府资产负债表分析后发现，由于编制口径不同，导致各项指标均存在较大差异。为此，我们参考上面分析的屈宏斌（2014）和社科院课题组（2015）提出的地方政府资产负债表，结合久保真和库莫（Kudoki & Kumo，1993）、洪源和李礼（2006）提出的资产负债分析框架，构建我国地方政府资产负债表（见表 2-5）。

表 2 - 5　　　　　　　　　　　地方政府资产负债表

资产	负债和政府净值
地方国有企业的净值（地方政府在国有企业的所有者权益的市场价值） 地方金融机构的净值（不良资产按账目价值计算） 地方建设基金及建设项目的市场价值 地方国有非经营性资产的市场价值 　　其中：地方行政事业单位 　　　　　地方基本建设单位 地方政府所拥有的自然公共资源的市场价值 　　其中：土地储备等	地方政府直接显性负债 　　其中：地方政府债 地方政府直接隐性负债 　　其中：社会保险缺口、拖欠工资等 地方政府或有显性负债 　　其中：担保的国内外金融组织贷款、担保的外国政府贷款 地方政府或有隐性负债 　　其中：地方金融机构的不良资产、地方国有企业亏损和债务最后清偿等 净资产

四、我国地方政府或有权益资产负债表构建

前文我们编制了狭义的地方政府资产负债表，本节我们将考虑以地方政府提供隐性担保的地方融资平台债务，即地方政府隐性债务，编制广义的地方政府资产负债表，也是地方政府或有权益资产负债表。

（一）地方政府隐性（融资平台）资产负债表

2015 年以来，融资平台仍依赖地方政府违规担保进行融资，一些不规范的政府购买、PPP 等融资的偿还仍要依靠财政资金，这些都是地方政府隐性债务，加大了政府财政压力。目前无论是学术界还是实务界，对隐性债务的不同分类有些混淆，仍缺乏统一口径和认定标准，为此从项目端、融资端和举债主体三个视角来对其进行分析。

从投资项目来看，地方政府融资形成的隐性债务主要投向棚改、保障性住房、扶贫项目等公益性项目和交通运输、停车场、地下管廊等准公益性项目。

从融资端来看，地方政府进行举债的主要通过发行地方政府债、城投债、平台贷款、政府基金、PPP 项目等。在实际操作中地方政府出现了承诺固定回报、明股实债等违规行为。虽然财政部等部委出台若干政策不断加强对上述融资渠道的监管，但实际上仍存在一些隐性债务。对于城投债、平台贷款、融资租赁和其他非标融资方式，普遍被认为政府提供担保的隐性债务。从融资主体来看，通过融资平台和国企融资用于公益性或准公益性的基础设施项目的债务，都由地方政府提供违规担保，都是政府的隐性债务。

可见，若将地方政府隐性债务编制成资产负债表，投资端的项目是资

产负债表的资产端，融资端的各种债务是资产负债表的负债端，而地方政府融资平台等融资主体则是这一资产负债表的会计主体。

综上所述，我们编制了地方政府隐性资产负债表，如表 2 - 6 所示。

表 2 - 6　　　　　　　　　　　　地方政府隐性资产负债表

主体：地方政府融资平台为主，部分国企

资产—投资端	负债—融资端
1. 公益项目 　棚改 　保障性住房 　扶贫项目等 2. 准公益项目 　交通运输 　地下管廊 　停车场等	1. 国开行、农发棚改贷款 2. 政府性基金与 PPP 项目 3. 城投债 4. 信托融资 5. 融资租赁 6. 其他非标融资形式 7. 其他政府违规担保或承担救助责任的债务 净资产

资料来源：作者整理。

（二）地方政府或有权益资产负债表构建

在考虑到地方政府融资平台资产和债务后，构建地方政府或有权益资产负债表。审计署报告显示，截至 2013 年 6 月底，地方政府负有偿还责任的债务为 108859.17 亿元，负有担保责任的债务为 26655.77 亿元，可能承担一定救助责任的债务为 43393.72 亿元，总额为 17.89 万亿元。

结合格雷（2002，2006）、加彭（2004）、范登恩和塔巴（2005）等对政府或有债务的处理方法，构建地方政府或有权益资产负债表，如表 2 - 7 所示。

表 2 - 7　　　　　　地方政府或有权益资产负债表（2014 年前）

资产和政府净值	负债
地方政府的公共部门资产	地方政府负有偿还责任的债务
财政净资产 - 政府负有担保责任的或有债务	政府可能承担一定救助责任的其他相关债务

采用现有学者的处理方法（Gapen et al.，2004；Chacko et al.，2006；Gray et al.，2008），将需要次优先偿还债务，即政府可能承担一定救助责任的其他相关债务，视为地方政府资产的看涨期权，利用期权定价技术计算地方政府隐含的资产价值及其波动率。计算结果参考附录 4。

对于地方政府债务，在 2014 年之前的提法是"政府性债务"，如 2012 年全国金融工作会议提出"防范化解地方政府债务风险"，2013 年中央经济工作会议提出，"把地方政府债务分门别类纳入全口径预算管理，严格政府举债程序。明确责任落实，省区市政府要对本地区地方政府债务负责任"。地方政府债务包括直接债务和或有债务，前者指的是地方政府负有偿还责任的债务，后者包括地方政府负有担保责任的债务和可能承担一定救助责任的债务。2014 年之前，按照 1994 年颁布的《预算法》，地方政府不得举债（法律和国务院另有规定外），而地方政府又有较重的基建投资压力，于是通过地方政府融资平台举债，也有部分省份通过财政部自发自还或自行发行地方债。当时地方债务体系处于尚未建立的时期，政府性债务便是这一特定历史阶段的产物，这些债务跟地方政府有关，但又不都是地方政府债务。

2014 年 10 月，国务院发布了《关于加强地方政府债务管理的意见》，要求地方政府债务规模实行限额管理，地方政府债务纳入全口径预算管理。此后，地方各级政府加快建立了规范的举债融资机制，显性的地方政府债务得到了有效的管理。2015 年起，新《预算法》正式实施，部分政府性债务通过债务甄别纳入预算管理，地方政府债券成为地方政府举债的唯一合法途径，"政府性债务"也逐渐淡出历史舞台，"地方政府债券"取而代之，如 2015 年的中央经济工作会议提到，"完善全口径政府债务管理，改进地方政府债券发行办法"。

2015 年，在经济稳增长压力下，地方政府以融资平台名义违法违规变相举债融资。此外，一些不规范的政府购买、PPP 等融资的偿还仍要依靠财政资金，这些债务不是地方政府合规债务，"隐性债务"的提法应运而生。

可见，政府性债务是在地方政府举债机制尚未建立之前而出现的，处于监管的灰色地带，经过债务甄别纳入预算后大部分其实已经退出了历史舞台；而隐性债务从理论上来讲不属于地方政府债务，主要通过不合规操作（如担保、出具承诺函）或变相举债（伪 PPP、包装成政府购买等）产生。

按照 2015 年财政部发布的《政府会计准则——基本准则》中的定义，负债是指"政府会计主体过去的经济业务或者事项形成的，预期会导致经济资源流出政府会计主体的现时义务"。

由于隐性债务的举借主体不是地方政府，其偿付取决于融资平台自身是否能偿债。如果编制地方政府资产负债表，隐性债务不会被计入负债。也就是说，隐性债务基本都属于地方政府或有负债。

为此，我们从国家对地方政府债务口径的变化上，重新编制地方政府或有权益资产负债表（见表2-8），地方政府债务可分为显性债务即地方政府债券，以及地方政府隐性债务，主要以地方政府融资平台债务为主。

表2-8　　　　　地方政府或有权益资产负债简表（2014年后）

资产	负债和政府净值
地方政府资产	地方政府债券：政府负有偿还责任的债务
	地方政府隐性债务：政府负有担保责任的或有债务
	净资产

第二节　我国地方政府资产规模和结构

一、地方政府资产规模

地方政府的公共部门资产，包括地方政府在国有企业的所有者权益的市场价值、地方金融机构的净值（不良资产按账目价值计算）、地方建设基金及建设项目的市场价值、地方国有非经营性资产的市场价值（包括地方行政事业单位和地方基本建设单位）和地方政府所拥有的自然公共资源的市场价值。

与财政净资产相关的财政资产和负债包括税收和财政收支等。财政支出可以划分为经常性支出和资本性支出。经常性支出是维持公共部门正常运转或保障人们基本生活所必需的支出；资本性支出是用于购买或生产使用年限在一年以上的耐用品所需的支出，它们的耗费的结果将形成供一年以上的长期使用的固定资产。在债务危机时，政府会维持资本支出，而削减经常性支出。对于公共部门而言，财政净资产是未来财政收入现值与资本性支出现值的差额（Gray et al.，2007）。

仅从政府债务状况无法判断我国地方政府债务的可持续性和债务风险，需要结合地方政府可偿还债务资产情况进行分析。通常，地方政府资产状况反映了地方政府过去长期以来的经营业绩，其所拥有的资产内容主要包括地方国有经营性资产的市场价值、地方国有非经营性资产的市场价值、地方政府所拥有的自然公共资源的市场价值等方面，见表2-9。

表2-9　　2012~2017年地方政府融资平台资产规模（Wind口径）　单位：亿元

地区	2012年	2013年	2014年	2015年	2016年	2017年
安徽	7091	8792	10453	13542	15133	16560
北京	31552	37781	42824	47201	55084	61346
福建	4778	5729	6700	7460	8777	9774
甘肃	5215	6142	6916	7588	8648	9611
广东	8880	11236	13286	15102	16318	18740
广西	5209	6556	7624	9079	10512	11073
贵州	2347	4803	6387	8028	10218	11116
海南	49	58	78	98	108	108
河北	2914	3378	4033	4017	4611	5196
河南	4360	5511	6630	7868	9594	10445
黑龙江	1205	1629	1880	1996	2224	2246
湖北	11431	14867	18314	21874	25380	30072
湖南	11830	14930	17560	21167	23883	26229
吉林	1168	3054	3682	4220	5132	6143
江苏	31868	42981	51022	58589	66032	72831
江西	8019	9131	10238	11636	13067	14660
辽宁	1626	2053	2360	2630	2924	2991
内蒙古	1652	1975	2160	2285	2579	2731
宁夏	260	285	316	285	284	346
青海	756	966	1034	1297	1477	1453
山东	4179	5461	6312	7430	9016	10280
山西	1424	1596	1778	2046	2288	2629
陕西	7359	8590	10337	11613	12714	14116
上海	4755	5329	5538	6118	6108	6660
四川	8902	10764	12170	13863	15551	18667
天津	41599	48560	56685	58938	63014	66437
西藏	7	8	12	20	22	37
新疆	1213	1463	1814	2084	2657	3432
云南	5456	7006	8625	10985	14554	16204

地区	2012 年	2013 年	2014 年	2015 年	2016 年	2017 年
浙江	10387	12989	15870	18364	21393	24496
重庆	6534	8504	9841	11253	13139	14166
全国	234026	292124	342481	388678	442443	490797

资料来源：Wind 数据库。

　　部分地方政府资产是否无法用于清偿债务。地方政府所拥有公共行政和公共事务领域的资产项目是不可售卖的，属于为"非经营性资产"。地方政府所拥有的自然公共资源，如土地、矿产、森林等，只能转让开发使用权，况且这些资源形成的收益纳入政府公共收入体系中，而且难以统计其规模，故也不应计入地方政府可用于清偿债务的资产总量当中。

　　此外，2015 年以来地方政府融资平台仍靠地方政府信用支持进行融资，形成了大量的隐性债务。这些隐性债务主要投向棚改、保障性住房、扶贫项目等公益性项目和交通运输、停车场、地下管廊等准公益性项目，形成了大量的隐性资产。

　　基于上述分析，目前我国地方政府真正能用于清偿债务的资产主要是指地方国有企业净值、地方金融机构的净值、地方政府融资平台资产等地方经营性国有资产，地方政府未来各年的基本预算盈余也可以被用于清偿债务。

　　2002～2010 年地方政府资产具体规模如表 2 – 10 所示。2010 年，我国各省份地方政府总资产为 290612 亿元，是审计署给出的 2010 年地方政府债务总额 10.7 万亿元的 2.72 倍，超出 18.4 万亿元。其中，我国地方政府经营性资产规模为 175812 亿元，是 2010 年地方政府债务的 1.64 倍。

表 2 – 10　　　　　　　2002～2010 年我国地方政府资产　　　　单位：亿元

年份	总资产	非金融资产	非经营性资产	土地储备	非上市公司股份	净金融资产	金融资产	地方财政存款	股票
2002	80177	72844	24521	18000	30323	-6688	7334	1114	6219
2003	91136	82606	29251	20000	33355	-9182	8530	1641	6889
2004	104881	96872	35181	25000	36691	-14366	8008	1996	6013
2005	120704	112883	42523	30000	40360	-20442	7821	2559	5262
2006	148611	130608	51212	35000	44396	-17698	18004	3497	14507

续表

年份	总资产	非金融资产	非经营性资产	土地储备	非上市公司股份	净金融资产	金融资产	地方财政存款	股票
2007	208648	149922	61087	40000	48835	13627	58725	5642	53083
2008	197780	172313	73594	45000	53791	-30221	25466	5773	19693
2009	250373	201724	92633	50000	59091	-41520	48649	9067	39583
2010	290612	239800	114800	60000	65000	-56363	50812	7743	43069

资料来源：马骏、张晓蓉、李治国等著：《中国国家资产负债表研究》，社会科学文献出版社2012年版。

2012~2017 年间，地方融资平台具体资产规模如表2-9所示。在此期间，全国各省份地方政府融资平台资产由期初的 23 万亿元增至期末的 49 万亿元，均超出各年度平台负债的规模。如 2017 年，全国地方政府融资平台总资产 49 万亿元，远超出平台总负债的 37 万亿元。总体债务风险处于可控范围。

但考虑到不同省份地方政府资产规模差异，以及极端市场条件下地方政府资产的贬值以及变现能力，我国地方政府债务风险仍可能存在结构性风险以及区域性偿付风险，同样也不排除爆发系统性金融风险的可能。

二、地方政府资产结构

（一）地方政府资产负债表内资产结构

对地方政府资产负债表中资产方主要项目解释如下。

（1）非经营性资产：即行政事业单位所拥有的国有资产，指行政事业单位使用的，依法确认为国家所有，能以货币计量的各种经济资源的总称，主要包括国家机关、人民团体、科教文卫等为公共部门服务的国有资产。

核算方法：根据对非经营性资产规模核算的研究，选取马骏等关于非经营性资产的计算方法，"全国非经营性资产相当于全国经营性资产与非经营资产总和的 35%，其中，地方所属非经营性资产占全国的 70%，中央所属占 30%"。也即，非经营性资产/经营性资产 = 53.85%，准确测算经营性资产后，就能计算出非经营性资产规模。

（2）国有资产（非金融）：主要指地方政府拥有的非金融国有及国有控股企业权益，包括36个省级单位（省、自治区、直辖市、新疆建设兵团及计划单列市）所属的非金融国有及国有控股企业。该项相关数据及归属情况分析资料主要来自《中国国有资产管理年鉴》（简称《国资年鉴》）。

（3）财政存款：在国库集中收付管理制度下，近期数据没有对中央和地方财政做区分，而是统一作为"财政存款"，根据历史经验数据，将中央与地方比例定格为1：1进行分拆。

（4）土地储备：根据2008年最新的土地调查结果显示，建设用地（包括工业企业、商业经营、住宅建筑和基础设施）总面积达3300万公顷。政府是土地、森林、矿产、河流和海洋等经济资产的所有者，且政府禁止土地买卖，只允许使用权的转让。此外，由于土地用途可以变更，因而建设用地供给量也会随之动态改变。中国社科院的估算显示，2011年土地和资源的总价值达44.3万亿人民币（李扬，2012）。世界银行曾于2005年对中国的自然资本（包括作物、牧地、森林、保护区、石油、天然气、煤炭和矿产）进行了价值估算，估算结果为5.23万亿美元。

地方政府土地储备没有准确的统计数据，且该数据较为分散。马骏等的研究测算方法是假定每年年底土地储备存量为当年出让面积的3倍。测算储备土地的资产价值时，采用如下方法：以每年土地出让价款的3倍为当年土地储备的资产价值。对于未来土地储备的核算需要密切关注国家土地政策的变化。

（二）地方政府资产负债表外资产结构

2014年前后，政府债务形态发生了深度变化。2014年之前，地方政府债务不具直接举债权限，通过中央代发的地方政府债规模受限，无法满足地方政府支出所需。因此，2014年前，地方政府高度依赖其他融资方式，债务游离于财政预算之外。2014年9月，国务院发布"国务院关于加强地方政府性债务管理的意见"，该文件赋予地方政府在适度举债权限，政府预算内债务规模开始显著增长。2015年，新预算法明确各省市自治区可以在国务院确定的限额内，可以通过发行地方政府债券举借债务的方式筹措，要求只能采取发行地方政府债券一种方式。另外，政府通过债务置换将部分存量债务置换为地方政府债券，从而纳入地方政府债务限额管理。但由于政策调整，2015年之后预算外的政府融资并未消失。随着经济稳增长压力的加大，地方政府通过地方政府融资平台变相举债生成了大量的隐性负债，同时形成了与之对应的巨额资产。

为此，我们统计发行过城投债的Wind口径城投主体，分析每个主体应收账款、其他应收款、存货、固定资产和在建工程五类资产综合科目，得到各省份地方政府融资平台资产结构数据，具体如表2-11和表2-12所示。该统计方法的缺陷包括：未考虑未发债融资平台、中债口径以外的融资平台、机关事业单位和社会团体，未考虑银监会和财政部名单以及2016 年以来地方政府上报的平台名单等；未考虑城投之间的股权关系，或有母子公司资产或负债重复计算。

表 2 - 11　　　　　2012～2017 年全国地方政府融资平台
资产结构（Wind 口径）　　　　单位：亿元

科目	2012 年	2013 年	2014 年	2015 年	2016 年	2017 年
应收账款	10836	13832	16467	18717	22413	24042
其他应收账款	24465	31263	39075	46595	55477	65953
存货	65560	91439	110664	127967	147661	166213
固定资产	73153	81517	89230	102032	118496	127595
在建工程	60012	74074	87045	93366	98396	106992
合计	234026	292124	342481	388678	442443	490797

资料来源：Wind 数据库。

表 2 - 12　　2017 年各省市自治区融资平台资产结构（Wind 口径）　　单位：亿元

省份	应收账款	其他应收款	存货	固定资产	在建工程	合计
安徽	1042	2206	5939	4833	2540	16560
北京	2726	4506	19896	22850	11368	61346
福建	326	778	4137	3297	1237	9774
甘肃	153	1257	674	4782	2746	9611
广东	403	1410	6895	6326	3705	18740
广西	551	980	4226	2089	3227	11073
贵州	428	1728	5795	1540	1625	11116
海南	2	12	19	42	32	108
河北	353	895	730	2103	1115	5196
河南	317	1226	4112	3723	1067	10445
黑龙江	246	552	1032	277	139	2246
湖北	946	3214	7007	7027	11879	30072
湖南	1082	1869	10808	8571	3899	26229
吉林	172	1639	699	2866	766	6143
江苏	5226	21210	33659	7857	4879	72831
江西	544	1331	4303	7465	1017	14660

续表

省份	应收账款	其他应收款	存货	固定资产	在建工程	合计
辽宁	197	500	1548	284	463	2991
内蒙古	63	314	442	1604	307	2731
宁夏	6	50	10	101	179	346
青海	33	274	134	556	456	1453
山东	553	1865	4051	1625	2187	10280
山西	659	497	675	402	395	2629
陕西	572	1296	2427	6275	3546	14116
上海	132	221	2611	1938	1759	6660
四川	881	2814	4755	7046	3171	18667
天津	3244	4670	14456	8978	35089	66437
西藏	2	3	25	1	5	37
新疆	194	848	1035	567	788	3432
云南	1413	2266	4537	5850	2139	16204
浙江	596	3552	12121	4213	4014	24496
重庆	981	1969	7454	2508	1254	14166
全国	24042	65953	166213	127595	106992	490797

资料来源：Wind 数据库。

　　由表 2 - 11 可知，2012～2017 年，存货、固定资产和在建工程占比超过 80%；应收账款占比没有发生变化，始终保持在 5%；存货与其他应收账款占比保持小幅增长，分别从期初的 28%、10% 增至期末的 34% 和 13%；固定资产和在建工程占比均出现了一定幅度的下降，分别有期初的 31%、26% 减至期末的 26% 和 22%。

　　在此期间，五类资产均出现了不同幅度的增长。2013 年增幅最高，除固定资产增速为 11% 外，其余四类资产增速均超过了 20%，其中存货增速达到了 39%；随后几年在供给侧结构性改革和国务院 43 号文发布后，各类资产增速出现了明显下滑，应收账款、固定资产和在建项目增速在 2017 年均降至个位数。

第三节 全国地方政府债务规模与结构

一、全国地方政府债务规模①

我国地方政府负有偿还责任的债务最早发生在 1979 年，有 8 个区县当年举借了政府负有偿还责任的债务。此后，各地开始陆续举债，其中：省级政府（含计划单列市，下同）举借负有偿还责任或担保责任的债务的起始年集中在 1981 ~ 1985 年，这一期间有 28 个省级政府开始举债；市级和县级政府举借债务的起始年集中在 1986 ~ 1996 年，这一期间共有 293 个市级和 2054 个县级政府开始举借债务。至 1996 年底，全国所有省级政府、392 个市级政府中的 353 个（占 90.05%）和 2779 个县级政府中的 2405 个（占 86.54%）都举借了债务。至 2010 年底，全国只有 54 个县级政府没有举借政府性债务。全国各地区政府性债务发生的起始年详见表 2 – 13。

表 2 – 13　　　　　全国各地区政府性债务发生起始年情况

年度区间	省级			市级			县级		
	当期开始举借个数	累计个数	累计占总地区比例（%）	当期开始举借个数	累计个数	累计占总地区比例（%）	当期开始举借个数	累计个数	累计占总地区比例（%）
1979 ~ 1980	0	0	—	4	4	1.02	51	51	1.84
1981 ~ 1985	28	28	77.78	56	60	15.31	300	351	12.63
1986 ~ 1990	5	33	91.67	121	181	46.17	833	1184	42.61
1991 ~ 1996	3	36	100	172	353	90.05	1221	2405	86.54

资料来源：审计署 2011 年 6 月 27 日公布的 2011 年第 35 号审计公告《全国地方政府债务审计结果》。

我国地方政府直接显性债务主要包括地方政府举借的债务。之前由于缺乏直接融资手段，我国地方政府通过不同的部门向国际金融组织、外国政府、国内金融机构以等举债融资，没有集中管理，债务融资总量难以准

---

① 本节所引用数据来源于审计署 2011 年 6 月 27 日公布的 2011 年第 35 号审计公告《全国地方政府性债务审计结果》、2013 年 6 月 10 日公布的 2013 年第 24 号审计公告《全国地方政府性债务审计结果》和 2013 年 12 月 30 日公布的审计公告《全国地方政府性债务审计结果》。

确统计。

地方政府直接隐性负债主要包括社会保险缺口、拖欠工资等方面。其中社会保险缺口巨大。中国社科院世界社保研究中心《中国养老金发展报告2012》显示，2011年我国养老金流量缺口达766.5亿元。

地方政府或有直接负债包括地方政府担保的外国政府贷款以及国内外金融组织贷款。目前这类债务大多投向公益或准公益的基础设施项目，收益很难满足债务本息偿付需求。因此，这些由地方政府担保的贷款极易转化为政府的直接债务。地方政府或有隐性负债包括地方金融机构的不良资产以及地方国有企业亏损和债务最后清偿两个方面。

2014年10月，国务院发布了《关于加强地方政府债务管理的意见》。根据43号文要求，地方政府债务规模实行限额，纳入全口径管理。2015年新预算法明确各省市自治区可以在国务院确定的限额内，通过发行地方政府债券举借债务的方式筹措，要求只能采取发行地方政府债券一种方式。另外，政府通过债务置换将部分存量债务置换为地方政府债券，从而纳入地方政府债务限额管理。实际操作中，通过违法违规和变相举债形成了大量的隐性债务。

为此，我们把2014年作为地方政府债务分析的一个时间节点。在2014年之前，地方政府债务按照审计署统计的地方政府债务进行分析，2014年后，地方政府债务主要是以地方政府债券的显性债务和地方融资平台形式存在的隐性债务为主。

（一）全国地方政府债务规模分析

截至2013年8月初，国内几个职能部门对我国地方政府债务余额给出了不同的统计数据。第一个是中国人民银行，在《2010中国区域金融运行报告》中提出，截至2010年末，全国共有地方政府融资平台1万余家，平台贷款在人民币各项贷款中占比不超过30%。鉴于央行在这个专项调查中投入的资源不会很大，央行对商业银行及地方政府的约束力也有限。因此，央行的这个统计结果方向上正确，规模上接近，但数据质量和精确度存在不足。

第二个是银监会，据其统计，截至2010年11月末，全国地方融资贷款余额约9.09万亿元（见表2-14），占全部人民币贷款余额的19.16%，全国共有各类地方融资平台公司9828家，其中2.84万亿元已被剥离为一般商业贷款。若将这部分剔除，实际平台公司贷款余额为约6.25万亿元，涉及融资平台6928家。银监会的统计截止时点是2010年11月末，统计对象是地方融资贷款余额。考虑银监会对银行的约束力较强，可以认为，该统计数据的准确性比较高。

第三个是审计署，2011 年 6 月发布的《全国地方政府债务审计结果》中显示，截至 2010 年底，全国地方政府债务余额为 107174.91 亿元（见表 2 – 14），其中银行贷款为 84679.99 亿元，占 79.01%。2013 年 6 月发布的《36 个地方政府本级政府性债务审计结果》中显示，截至 2012 年底，36 个地方政府本级政府性债务余额为 38475.81 亿元，其中，政府负有偿还责任的债务为 18437.10 亿元，政府负有担保责任的债务为 9079.02 亿元，其他相关债务为 10959.69 亿元。2013 年 12 月 30 日发布的《全国政府性债务审计结果》。截至 2013 年 6 月底，地方政府负有偿还责任的债务为 108859.17 亿元，负有担保责任的债务为 26655.77 亿元，可能承担一定救助责任的债务为 43393.72 亿元。

第四个是国际清算银行（BIS），国际清算银行的数据显示，我国 2016 年和 2017 年底的政府债务余额分别为 33.0 万亿元和 38.8 万亿元。而我国财政部官网公布的同期地方政府债务余额为 15.3 万亿元、16.5 万亿元，加上同期的国债余额 12.0 万亿元、13.4 万亿元，即我国官方口径的 2016 年、2017 年底政府债务余额分别为 27.3 万亿元、29.9 万亿元。两者之分别间相差 5.7 万亿元、8.9 万亿元，差额就是国际清算银行认为属于未纳入我国财政预算的地方政府隐性债务。

第五个是国际货币基金组织（IMF），2017 年国际货币基金组织第四条磋商访问报告显示，我国 2016 年底的广义政府债务余额为 46.4 万亿元，而狭义的政府债务余额为 27.3 万亿元，推算可得，我国 2016 年底的地方政府隐性债务余额约为 19.1 万亿元。在狭义的政府债务余额中，中央政府债务余额为 12 万亿元，地方政府债务余额为 15.3 万亿元，共计 27.3 万亿元。此外，IMF 还纳入了 5.7 万亿元的新增或有债务、10.3 万亿元地方政府融资平台的相关债务和 3.1 万亿元与政府基金相关的债务。

表 2 – 14　　　　　　　各部门统计的地方政府债务余额　　　　单位：万亿元

测算部门	测算指标	测算时点	规模
中国人民银行	政府融资平台贷款余额	2010 年末	14
银监会	地方融资贷款余额	2010 年 11 月末	9.09
审计署	地方政府债务余额	2010 年末	10.72
审计署	36 个地方政府本级政府性债务余额	2012 年末	3.85

续表

测算部门	测算指标	测算时点	规模
审计署	地方政府债务余额	2013 年 6 月底	17.89
国际货币基金组织	地方政府债务余额	2014 年底	24.2
国际货币基金组织	地方政府债务余额	2015 年底	28.9
国际货币基金组织	地方政府债务余额	2016 年底	34.4
财政部	地方政府债务余额	2016 年底	15.3
财政部	地方政府债务余额	2017 年底	16.9
国际清算银行	地方政府债务余额	2016 年底	21
国际清算银行	地方政府债务余额	2017 年底	25.4
财政部	地方政府债务余额	2018 年底	18.3

资料来源：中国人民银行、IMF、BIS、财政部、银监会和审计署官网。

目前，有关机构对地方债规模统计的分歧较大，统计结果之间相差甚远，主要是以下原因所致：首先，统计口径不一致导致的结果差异。地方政府债务具体包括哪些口径，至今仍没有一个获得各部门普遍认可的权威解释。不仅如此，连地方融资平台的概念也没有形成共识。新的举债主体、举债方式更为复杂、隐蔽，由此形成的债务是否纳入地方政府债务范围也成为此次争论焦点。其次，测算方法不同导致的差异。目前测算地方债的两大官方机构是财政部和审计署，两者一直以来因测算方法的不同而对测算结果存在较大分歧。财政部与审计署在统计方法上最明显的差异在于：财政部的测算主要是自下而上，根据下属财税系统汇报数据进行统计，相比之下，审计署的测算则是自上而下，逐级审核，两者在真实、客观方面存在差异。审计署曾撰文指出，财政部对政府债务的统计仅仅是针对政府的直接债务和担保债务，对于 BT 或 BOT 融资并没有定义，也未将发行信托产品和债券单独列出，造成政府对总的债务规模不够清楚，无法进行有效调控。

此外，各职能部门发布的统计数据也都不够完整和全面。首先，没有给出全国地方政府债务余额及其内部结构的流量数据，及地方政府债务变化情况的详细数据；其次，没有给出各省地方政府债务规模变化，余额结构及变化和债务负担的相关数据。这些都为管理和研究地方政府债务风险设置了障碍。

（二）全国地方政府债务规模估算

1997 年以来，我国地方政府债务规模随着经济社会发展逐年增长。

1998 年和 2009 年债务余额分别比上年增长 48.20% 和 61.92%。2010 年的债务余额比上年增长 18.86%，但增速下降 43.06 个百分点（详见图 2-1）。根据审计署公布的债务余额增长率变化，推算 1998~2009 年我国地方政府债务规模。此外，根据审计署 2013 年底公布全国地方政府债务审计结果得知，截至 2012 年底，我国地方政府债务为 158858.3 亿元，2013 年 6 月底，我国地方政府债务为 178908.5 亿元，利用内插法，计算 2011 年我国地方政府债务余额。1998~2013 年度我国地方政府债务余额如表 2-15 所示。

表 2-15　　　　　　1998~2013 年 6 月全国地方政府债务余额　　　　单位：亿元

项目	1998 年	1999 年	2000 年	2001 年	2002 年	2003 年	2004 年	2005 年
额度	4434.59	5912.19	7882.13	10508.46	14009.88	17697.28	22355.21	28239.10
项目	2006 年	2007 年	2008 年	2009 年	2010 年	2011 年	2012 年	2013 年 6 月
额度	35671	45060.4	55640.58	90093.2	107174.9	133016.6	158858.3	178908.5

2014 年起，我国地方政府债务实行预算管理，统计口径也发生了变化。地方政府债务由显性债务和隐性债务组成。显性债务是指地方政府债券，隐性债务是指以地方融资平台为主体的债务。两者在 2014 年后地方政府负有担保责任的债务与融资平台债务在统计上有一定的重复。财政部地方债管理数据统计显示，截至 2018 年末，全国地方政府债务余额为 183862 亿元，政府债券为 180711 亿元，非政府债券形式存量政府债务为 3151 亿元。其中，非政府债券形式存量政府债务即为审计署 2013 年审计报告中地方政府具有担保责任债务存量部分，大多数为地方融资平台债务。自 2015 年新《预算法》颁布以来，地方政府显性债务全部纳入预算管理，合法举债方式只限发行地方政府债券。在地方政府债务限额管理下，显性债务管理较为透明，而对其中待置换债务的三年置换已接近尾声。为了避免重复计算，需要扣除掉这部分已纳入财政预算的债务（财政部官网公布的地方政府债务余额减去同期的地方政府债券余额）。但考虑到在 2018 年底这部分存量债务已经基本偿还结束，为此在这里我们不予考虑。具体数据如表 2-16 所示。

债务	2014 年	2015 年	2016 年	2017 年	2018 年
一般债务	94272	92619	98313	103322	109939
专项债务	59802	54949	55245	61384	73923
地方政府显性债务	154074	147568	153558	164706	183862
地方政府隐性债务	204421	240172	277315	317169	336802
地方政府债务余额	358495	387740	430873	481875	520664

表 2 - 16　　　　　2014 ~ 2018 年全国地方政府债务余额估算　　　单位：亿元

资料来源：地方政府一般债务、专项债务与显性债务数据来源于财政部地方债务数据统计；隐性债务数据来源于 Wind 数据库估算而得，具体参考本章第四节；2014 ~ 2016 年债务是按照一般债务与专项债务相加计算所得。

二、全国地方政府债务结构①

从政府层级和区域分布看，截至 2010 年底，全国省级、市级和县级政府性债务余额分别为 32111.94 亿元、46632.06 亿元和 28430.91 亿元，分别占 29.96%、43.51% 和 26.53%（见图 2 - 1、图 2 - 2）。如图 2 - 3 所示，截至 2013 年 6 月底，省级、市级、县级、乡镇政府政府性债务余额分别为 51939.75 亿元、72902.44 亿元、50419.18 亿元和 3647.29 亿元。省级、市级和县级同比分别增长 61.7%、56.34% 和 77.34%，增速十分惊人。

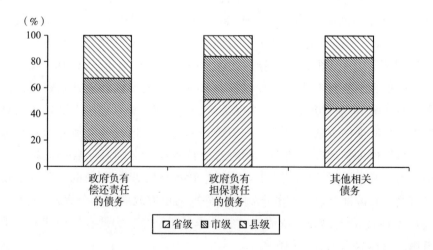

① 部分内容参考审计署 2010 全国地方政府性债务审计结果和中债资信 2014 年《全国地方政府性债务审计结果解读》。

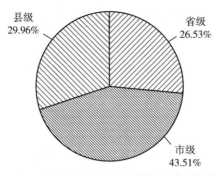

图 2 - 1　2010 年底全国地方政府债务余额层级分布情况

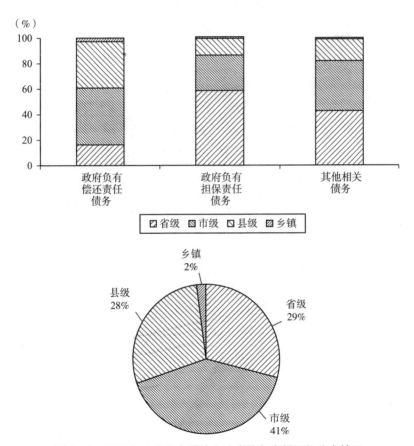

图 2 - 2　2013 年 6 月底全国地方政府债务余额层级分布情况

从举借主体和借款来源看，2010 年底地方政府债务余额中，融资平台公司、政府部门和机构举借的分别为 49710.68 亿元和 24975.59 亿元（见图 2 - 3）。2010 年底，地方政府债务余额中，银行贷款为 84679.99 亿元。如图 2 - 4 所示，截至 2013 年 6 月底，融资平台公司、政府部门和机构举借的分别为 69704.42 亿元和 40597.58 亿元，银行贷款为 101187.39 亿元。

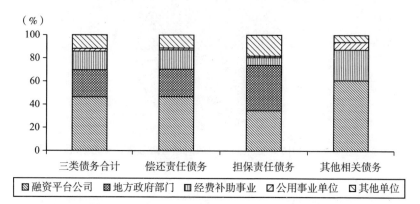

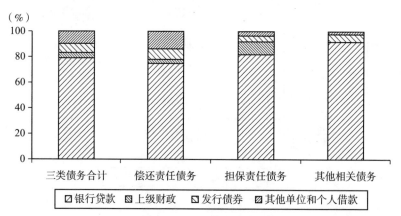

图 2－3　2010 年底全国地方政府债务借债主体和资金来源情况

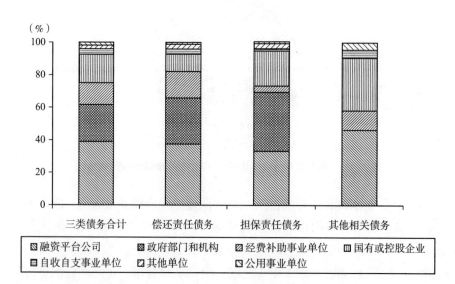

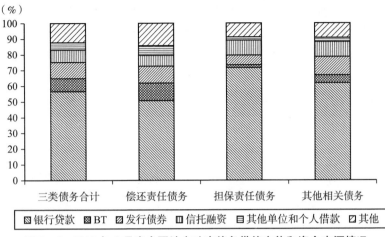

图 2 - 4 2013 年 6 月底全国地方政府债务借债主体和资金来源情况

从债务形态和资金投向看，如图 2 - 5 所示，2010 年底地方政府债务余额中，尚未支出仍以货币形态存在的有 11044.47 亿元，占 10.31%；已支出 96130.44 亿元，占 89.69%，其中政府负有偿还责任的债务已支出为 58797.49 亿元，政府负有担保责任的债务已支出为 21806.62 亿元，其他相关债务已支出为 15526.33 亿元。在已支出的债务资金中，用于市政建设、交通运输、土地收储整理、科教文卫及保障性住房、农林水利建设等公益性、基础设施项目的支出占 86.54%。

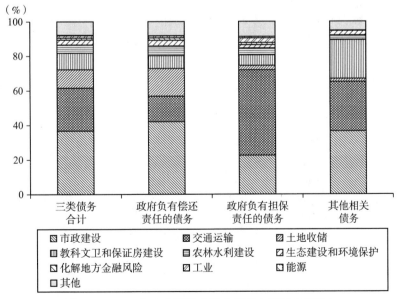

图 2 - 5 2010 年底全国地方政府债务余额已支出投向

如图 2-6 所示，截至 2013 年 6 月底，债务资金主要用于基础设施建设和公益性项目，不仅较好地保障了地方经济社会发展的资金需要，推动了民生改善和社会事业发展，而且形成了大量优质资产，大多有经营收入作为偿债来源。在已支出的政府负有偿还责任的债务 101188.77 亿元中，用于市政建设、土地收储、交通运输、保障性住房、教科文卫、农林水利、生态建设等基础性、公益性项目的支出 87806.13 亿元，占 86.77%。

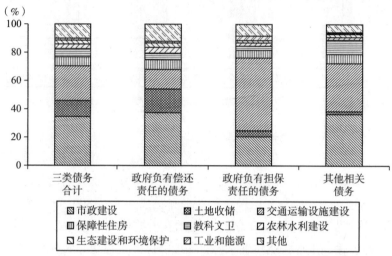

图 2-6　2013 年 6 月底地方政府债务余额已支出投向

从偿债年度看，如图 2-7 所示，2010 年底地方政府债务余额中，2011年、2012 年到期偿还的占 24.49% 和 17.17%，2013~2015 年到期偿还的分别占 11.37%、9.28% 和 7.48%，2016 年以后到期偿还的占 30.21%。

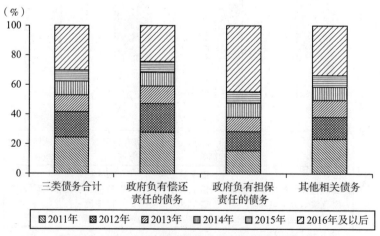

图 2-7　2010 年底全国地方政府债务未来偿债情况

如图 2 - 8 所示，2013 年 6 月底地方政府债务余额中，2013 年 7 ~ 12 月、2014 年到期需偿还的政府负有偿还责任债务分别占 18.41% 和 19.94%，2015 年、2016 年和 2017 年到期需偿还的分别占 15.52%、10.86% 和 7.99%，2018 年及以后到期需偿还的占 27.27%。

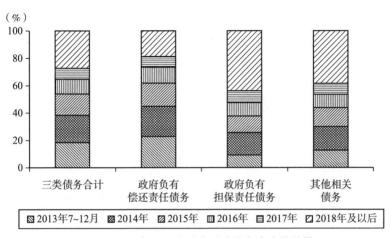

图 2 - 8　2013 年 6 月底地方政府债务未来偿债情况

从还本付息资金来源来看，对于地方政府显性债务而言，一般债务没有对应财政收入来源，专项债务有对应经营性收益或制度性收入来源项目。财政部地方债管理数据统计显示，2014 年末，地方政府一般债务余额实际数为 94272.40 亿元，2014 年末地方政府专项债务余额实际数为 59801.90 亿元；2015 年末，地方政府一般债务余额实际数为 92619.04 亿元，2015 年末地方政府专项债务余额实际数为 54949.33 亿元；2016 年末地方政府一般债务余额实际数为 98312.88 亿元，2016 年末地方政府专项债务余额实际数为 55244.71 亿元。此外，截至 2017 年 12 月末，全国地方政府债务余额为 164706 亿元，一般债务为 103322 亿元，专项债务为 61384 亿元；政府债券为 147448 亿元，非政府债券形式存量政府债务为 17258 亿元。截至 2018 年末，全国地方政府债务余额为 183862 亿元，控制在全国人大批准的限额之内。其中，一般债务为 109939 亿元，专项债务为 73923 亿元；政府债券为 180711 亿元，非政府债券形式存量政府债务为 3151 亿元。具体如表 2 - 17 所示。

表2-17　　　　　　2014～2018年全国地方政府债务余额估算　　　　单位：亿元

债务	2014年	2015年	2016年	2017年	2018年
一般债务	94272	92619	98313	103322	109939
专项债务	59802	54949	55245	61384	73923
地方政府显性债务	154074	147568	153558	164706	183862

资料来源：地方政府一般债务、专项债务与显性债务数据来源于财政部地方债务数据统计。下同。

从债务是否属于预算管理来看，地方政府显性债务纳入预算管理，属于政府负有偿还责任的债务，而地方政府隐性债务为地方政府通过违规违法和变相举债形式，为地方融资平台提供担保形成的债务。从增速来看，地方政府显性债务增速在2015～2018年，明显低于隐性债务，但显性债务增速由2015年的-4.22%增至2018年的11.63%，整体呈现上升趋势，隐性债务增速由2015年的17.49%逐步减至2018年的6.18%。在此期间，显性债务在地方政府债务总额中逐步减少，由2014年的42.98%降至2018年的35.31%，而对应的隐性债务占比稳步上升。具体如表2-18所示。

表2-18　　　　　　2014～2018年全国地方政府债务余额估算　　　　单位：亿元

项目	2014年	2015年	2016年	2017年	2018年
地方政府显性债务	154074	147568	153558	164706	183862
地方政府隐性债务	204421	240172	277315	317169	336802
地方政府债务余额	358495	387740	430873	481875	520664

资料来源：2014～2016年显性债务规模是按照一般债务与专项债务相加计算所得，2017～2018年显性债务规模数据来源于财政部官网。隐性债务数据来源于Wind数据库估算而得，具体参考本章第四节。

第四节　我国各省份地方政府债务规模与结构

一、审计署发布的各省区地方政府债务规模

审计署发布了2012年12月底和2013年6月我国各省份地方政府债务规模。

按全口径债务规模计算，截至 2013 年 6 月，江苏、广东、浙江、四川、上海、山东等 6 个省市的债务规模较大，超过 8000 亿元，其中江苏、广东超过 1 万亿元，浙江接近 1 万亿元；湖南、湖北、辽宁、北京、山东、重庆、福建等 14 省市债务处于 5000 ~ 8000 亿元区间，天津、内蒙古、广西、吉林、山西 5 省市债务规模位于 4000 亿元区间；其他省市债务规模低于 3000 亿元，其中宁夏为 791 亿元，债务规模最小。

从债务增速来看，截至 2013 年 6 月底，全国政府性债务余额比 2012 年末增长了 9.02%，其中中央增长 4.19%，地方债务增长 12.62%。具体来看，甘肃、福建、安徽、山西、浙江、湖北、河南、四川和新疆 9 省份政府性债务余额增速超过 15%。从债务类型增速来看，地方政府负有偿还责任的债务增速全国平均水平为 13.06%，具体如表 2 – 19 所示。

表 2 – 19　　　　　　　2012 年 12 月底和 2013 年 6 月底我国

各省份地方政府债务余额　　　　　　　　单位：亿元

省份	2012 年 12 月底			2013 年 6 月底		
	政府负有偿还责任的债务	政府负有担保责任的债务	政府可能救助责任的债务	政府负有偿还责任的债务	政府负有担保责任的债务	政府可能救助责任的债务
北京	5972.34	159.22	839.4	6506.07	152.05	896.02
天津	—	—	—	2263.78	1480.6	1089.36
河北	3657.18	933.6	2239.89	3962.29	949.44	2603.03
山西	1327.41	1921.99	294.54	1521.06	2333.71	323.73
内蒙古	3070.26	761.07	246.4	3391.98	867.27	282.82
辽宁	5148.65	1212.07	588.53	5663.32	1258.07	669.48
吉林	2573.5	916.28	540.04	2580.93	972.95	694.48
黑龙江	1834.65	967.52	461.91	2042.11	1049.89	496.12
上海	5184.99	538.22	2540.54	5194.3	532.37	2729.18
江苏	6523.38	964.26	5378.79	7635.72	977.17	6155.85
浙江*	5827.39	708.36	1872.18	6821.06	842.64	2241.35
安徽	2559.86	565.29	1362.83	3077.26	601.2	1618.86
福建*	2267.52	275.34	1471.36	2780.34	314.51	1699.6
江西	2227.28	803.96	520.52	2426.45	832.56	673.48
山东*	4741.5	1335.88	1353.9	5351.59	1346.07	1587.94

续表

省份	2012 年 12 月底			2013 年 6 月底		
	政府负有偿还责任的债务	政府负有担保责任的债务	政府可能救助责任的债务	政府负有偿还责任的债务	政府负有担保责任的债务	政府可能救助责任的债务
河南	2993.45	273.68	1486.15	3528.38	273.52	1740.04
湖北	4262.5	736.06	1523.25	5150.94	776.89	1752.95
湖南	3157.31	691.85	3125.52	3477.89	733.41	3525.99
广东	6554.41	1008.56	1988.01	6931.64	1020.85	2212.88
广西	1946.4	1125.12	850.57	2070.78	1230.89	1027.58
海南	916.93	226.5	87.47	1050.17	225.26	135.41
重庆	3294.41	2095.84	1304.41	3575.09	2299.88	1485.3
四川	5533.59	1585.07	884.12	6530.98	1650.9	1047.74
贵州	—	—	—	4622.58	973.7	725.33
云南	3502.41	409.46	1422.95	3823.92	439.42	1691.49
西藏	—	—	—	—	—	—
陕西	2403.76	920.53	2137.95	2732.56	947.75	2413.48
甘肃	942.9	410.26	1109.26	1221.12	422.8	1317.55
青海	697.73	121.85	121.25	744.82	160.52	152.31
宁夏	448.2	168.84	106.21	502.2	180.55	108.25
新疆	1435.78	687.64	250.56	1642.35	807.71	296.09

注：＊表示数据来源于 2013 年底审计署发布的《全国地方政府债务审计结果》。"—"表示该数据没有公布。浙江、福建和山东数据分别包括了宁波、厦门和青岛的债务数据。

整体来看，江苏、广东、浙江、四川、上海等省市的地方政府债务规模较大；大部分省份政府性债务以直接债务为主，但重庆、山西、甘肃、陕西、湖南、广西、天津等 6 省区市或有债务占比超过 50%，见图 2-9。

山西、青海、天津、重庆、甘肃等 5 省市的省级政府债务占比超过 50%，其他各省份中，市级政府是主要的举债主体，浙江、江苏等 5 个地方政府性债务以县级政府债务为主；政府层级越低，政府负有偿还责任的债务占比越高，刚性偿债压力越大，见图 2-9。

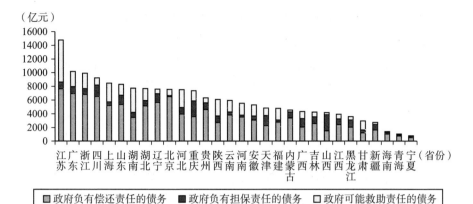

注：浙江、山东和福建分别纳入单独公布债务的计划单列市（宁波、青岛和厦门）。
资料来源：各省政府性债务审计公告。

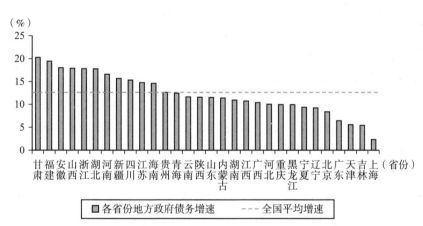

注：全国是指全国地方政府债务，天津和贵州未公布2012年底债务数据，增速为估计值。
资料来源：全国及各省政府性债务审计公告。

图 2 – 9　各省份政府性债务规模和类型对比

二、各省份地方政府债务规模估算

地方政府债务数据披露的长周期以及不全面性特征使得研究机构采用不同测算方法来进行估算，从而实现提前预判的目的。目前较为通用的方法主要有分类加总法、收入支出法、比例测算法、自下而上法、银行授信法等。针对上述地方债测算方法的利弊，并且基于数据的可获性，我们综合利用比例法和收支法推算各省份地方政府债务规模，并对不同估算结果进行比对分析，最终确定相对合理的估算结果。

（一）地方政府债务规模测算方法

目前，我国审计署对地方政府债务规模的审计因统计口径复杂致使审计周期较长，并且基于债务风险防控，审计结果只对全国和部分地区债务统计数据进行公开。地方债数据披露的长周期以及不全面性特征使得研究机构采用不同测算方法来进行估算，从而实现提前预判的目的。我们在对地方债规模测算前，首先对目前主要测算方法进行基本介绍，并综合评价不同方法的利弊。

1. 负债分类加总法。

分类加总法是指将地方政府债务按照借款来源进行分类，然后将各个类别加总得到地方政府债务余额的方法。根据审计署的审计公告，我们可以把地方政府债务按照来源大体分为：银行贷款、上级财政、发行债券以及其他单位和个人借款。在实际运用中，还要将其细分，然后通过将各个类别加总得到我国地方政府债务余额。

由于对加总项的细分存在差异，所以分类加总法在实际运用中也存在细微差别，但大体思路是一致的，具体来看主要有以下不同细分项的加总。

一是目前国内较为认可的乔俞（2013）的测算方法。截至2012年底，银行信贷为9.3万亿元；中央代发地方债余额为0.65万亿元；地方融资平台发行的债券和中期票据合计约为1.95万亿元；信托融资约为2.11万亿元；地方政府经由BT方式吸收社会资金，通过地方基础设施投资额及草根调研匡算得出，约为5.26万亿元。因此，中国地方政府债务余额总额应为19.41万亿元左右。

二是将地方政府债务分为显性债务和隐性债务。显性债务是指可以根据公开数据测算的债务，主要包括平台贷、城投债、信托以及中央代发地方债。隐性债务是指由于无法获得公开数据而不能统计的债务，主要包括垫资施工、BT、BOT、融资租赁、售后回租、发行理财产品、私募、违规集资、养老金隐性债务。

三是将地方债加总项分为平台贷款、城投债、中央代发地方债、信托公司的政信合作余额、保险资金基础设施债权投资、券商资管和私募合作的BT代建债务融资、上级财政借款、其他借款等各项。

目前研究机构大多采用分类加总法测算地方政府债务规模，但是分类加总法的弊端在于：其一，分类存在重叠或者缺项现象，导致债务余额估算偏差；其二，无法获得BT融资等隐性债务具体余额，只能通过各种方法进行匡算，测算结果与真实值存在偏差。

2. 支出收入法。

支出收入法需要首先判断地方政府举债所获资金的用途，然后通过公开资料测算出投入该用途的全部资金金额以及自有资金（即收入）部分的规模，最后通过相减间接推算出新增负债规模。将已知负债的存量与增量相加，便能估算出地方政府债务余额。地方政府举债多用于市政基础设施建设。因此，地方政府支出主要是指市政领域的固定资产投资，减去投资中的自有资金部分（即收入，包括预算内资金投入、土地出让收入中用于投资的资金以及被投资项目的盈利资金流入），便可得到地方政府性负债余额。市政领域的固定资产投资可以通过公开资料得到投入各项建设的资金总和，而投资中的自有资金部分则通过地方政府财政收入与支出进行估算。已有研究根据全国地方数据进行的测算，市政投资中的预算内资金投入占地方预算内财政支出的10%～14%；市政投资中的土地出让收入占土地出让收入总规模的40%（土地出让收入在弥补拆迁补偿等支出后，都可作为地方政府的投资性资金）。对于被投资项目的盈利资金流入，考虑到部分项目不具有盈利能力，所以假设政府投资项目整体利润为零。因此，被投资项目的盈利资金流入仅来源于固定资产折旧。

这种方法也存在很多弊端。其一，该方法将地方政府债务限定于市政基础设施建设，范围有失偏颇；其二，支出和收入的构成通常会比较复杂，需要进一步测算，而在此基础上相减所得的结果偏差就会更大；其三，支出收入法测算得到的结果是一段时间内的流量而非存量。

3. 比例测算法。

比例测算法是将债务按照某分类方式分成若干个组成部分，通过公开数据、媒体报道、归纳演绎等方法获得其中某一部分的债务额和该部分债务额占比，将两者相除得到债务总额。

由于数据的不可得性，无法将地方政府债务余额的各个部分逐一测算，而是部分选取了银行贷款和发债规模作为测算地方政府债务的上下限，因此，测算结果不是具体数值而是大致范围。对于银行贷款，通常采用银监会2012年底公布的地方政府融资平台贷款余额9.3万亿元这一数值。由于地方政府融资平台贷款余额只是银行贷款的一部分，因此，将这一数值作为测算的下限。2011年公布的审计结果显示，银行贷款占全部地方政府债务余额比例为79.01%；2013年公布的审计结果指出，36个地方政府本级政府性债务中，银行贷款比率下降5.06%。由于36个地方政府本级的行政级别较高、资质较好、相对风险较低，因此，全国地方政府债务中银行贷款占比应该下滑更多，即全国地方政府债务余额中银行贷款占比的上限为73.95%。额度下限除以占比上限，得出地方政府债务余额的下限。

发债规模部分，2011 年的审计结果指出，2010 年底全国地方政府债务余额通过发行债券获得资金的金额为 7657.31 亿元，其中包括中央代发地方债余额 4000 亿元，剩余 3657.31 亿元属于政府负有偿还或担保责任的城投债部分，占当年城投债余额的 50.4%。由于近两年对地方政府担保行为的管控，可以预测政府负有偿还或担保责任的城投债比例不会上升。截至 2012 年底，中央代发地方债余额为 6490 亿元，城投债余额为 1.79 万亿元，按照 50.4% 的比重计算，截至 2012 年底，发行债券的上限为 1.5 万亿元。2013 年公布的审计结果显示，36 个地方政府本级政府性债务中，发行债券比率提高了 3.72%。由于行政级别较低的地市级和县市级银行贷款受到的限制更多，这些地区的发债增速远高于全国平均水平。2011 年审计署公布，截至 2010 年底，发行债券占地方政府债务余额 7.06%，因此估算截至 2012 年底发行债券占全国地方政府债务余额比例应高于 10.78%。额度上限除以占比下限，得到地方政府债务余额上限。

这种方法的弊端也是显而易见的。由于数据的不可获得，各个部分的债务额和债务额占比都需要通过估算获得。通过两个估算值相除得到的结果就会偏离真实值更多。

4. 自下而上法。

自下而上法指的是以发债平台公司为单元，根据其评级报告所披露当地政府的债务，通过自下而上进行匡算得到全国地方政府债务余额的方法。

以中投证券的测算方法为例，其选取了包括直辖市、省会、计划单列市和地级行政单位在内的 126 个地方城市作为统计样本，以 2012 年末的数据进行估算。由于所选样本区域分布比较平均，因此具有较好的代表性。统计结果显示，截至 2012 年底，126 个城市地方政府负有偿还和担保责任的债务合计 4.01 万亿元。根据 2011 年对全国地方政府债务的审计结果，负有偿还和担保责任的债务占总债务的 84.42%。此外，样本城市 GDP 占 2012 年我国城市披露 GDP 之和的 1/2。综上可以估算出 2012 年底我国省级以下的行政单位地方债务约为 9.5 万亿元。由于 2011 年的审计公告披露省级债务占比为 29.96%，可得 2012 年底全国地方政府债务余额约为 13 万亿~13.6 万亿元。若将乡镇级地方政府债务和 BT 等隐性债务包括在内，估计 2012 年地方政府债务规模为 15 万亿~16 万亿元，见表 2-20。

表2-20　　　　　　　　　　　　自下而上法测算过程　　　　　　　　　　单位：亿元

	项目	余额
A	样本城市 偿还债务＋担保债务	40058
B	样本城市全部债务 A/84.42%	47451
C	全国省级以下债务 B*2	94903
D	全国地方债务 C/(1-29.96%)	13558
加总	假设乡镇债务和隐性债务不超过2万亿元	15万亿~16万亿元

自下而上法不同于其他方法的地方在于，这种方法是从微观角度测度地方政府债务规模。但是，样本的选取是否具有较好的代表性值得探讨。此外，利用两年前审计署公告中的数据进行测算的方法也会使最终结果失准。

5. 银行授信法。

美国西北大学史宗瀚教授（Victor Shih）在《中国地方政府的债务问题：规模测算与政策含义》中将地方政府债务等同于地方政府融资平台债务，通过搜集700多个"政银合作协议"，将协议中的授信额度按照一定比例计入债务余额，测算得到2009年底的地方政府债务余额为11.43万亿元，2011年底为24.20万亿元。其统计不依赖于已公布的官方数据，而是根据银行授信测算地方债务。

该种方法的弊端在于，银行贷款只是地方政府债务中的一部分，"银证合作协议"通过手动搜集很难被完全覆盖，而授信总额又是一个流量概念，最后有多大比例会成为债务余额很难估计，因此史宗瀚教授方法的可信度是一个问题。此外，在他的研究中，将地方政府债务等同于地方融资平台债务也是不合理的。

6. 其他测算方法。

除了上述测算地方政府债务规模的方法以外，我们还可以通过对官方机构和政府官员公布的债务规模重新进行调整，粗略估算地方政府债务规模。官方机构主要包括审计署、财政部、银监会以及人民银行，政府官员主要包括国家领导人及相关机构领导。调整估算主要是指根据影响债务规模的各种因素进行调整，比如，土地出让收入、土地抵押贷款增速、影子银行业务发展增速等。

（二）地方政府隐性债务估算方法

由于隐性债务不属于政府性债务，各地的隐性债务认定结果没有定期对社会公开，具体余额目前只能通过相关数据进行估算。且考虑部分地区隐性债务认定规模还将由财政部门调节，因此估算结果与财政系统实际认定的金额或有较大偏离。

从举债主体的角度进行测算的逻辑在于，不考虑违规的中长期财政支出，异性债务主要是以非政府主体举债所得，主要主体包括城投平台、政府投资基金、PPP 项目公司以及部分事业单位和国有企业。

除去城投平台，很难获得地方政府为其他主体提供担保规模，因此主体形成的隐性债务规模测算难度较大。尽管可以运用自行设定的系数乘以不同主体债务规模来进行测算，但比较主观，且难以得出各省份地方政府对应债务规模。

从举债主体城投平台角度进行测算，优势在于数据清晰易得，无须过多关注细节，利用城投的所属地，比较容易得到和比较各地方政府隐性债务规模。为此，我们试图从有存量债城投平台（主要是 Wind 口径发行了城投债的融资平台）的资产和负债端两个角度分别入手，对隐性债务进行估算：

（1）从资产端入手推算隐性债务，将城投主体最新一期的应收账款、其他应收款、存货、固定资产、在建工程五项科目加总，得到每个主体的各类资产综合科目，而后对每个主体该综合科目简单加总作为隐性债务。

（2）从负债端入手推算隐性债务，将负债主体的最新一期带息债务加总，作为隐性债务。具体而言，将有公开信息披露的融资平台的有息债务（包括长期借款、短期借款、应付债券、应付票据和一年内到期的非流动负债）进行累加，扣除掉部分已纳入财政预算的债务（财政部官网公布的地方政府债务余额减去同期的地方政府债券余额），计算可得隐性债务规模。

该统计方法存在一定的缺陷。从主体口径来看，未考虑未发债融资平台、Wind 口径以外的融资平台、机关事业单位和社会团体，未考虑银监会和财政部名单以及 2016 年以来地方政府上报的平台名单等。从债务口径来看，多添加了城投的经营性资产或债务，未考虑政府长期支出责任等。从报表口径来看，未考虑城投之间的股权关系，或有母子公司资产或负债重复计算。

随后，将得到的隐性债务与地方政府债务余额相加作为当地的综合债务。在计算过程中，应该扣除部分已纳入财政预算的债务（财政部统计数据显示，2017 年底规模约为 1.7 万亿元，2018 年底为 3151 亿元），考虑到目前置换接近尾声，因此当前两类债务重叠部分理论上不多，对 2018 年估算结果影响不大，但高估了 2014～2015 年度隐性债务规模。此外，考虑一些地方国企也承担了部分公益性项目，因而也具备一定的融资功能，用于公益性或准公益性项目的债务在广义上来说都具有政府的隐性担保，是政府的隐性债务，计算过程中没有考虑这部分债务，低估了隐性债务规模。因此，这两部分在一定程度上相互抵消，对整体估算结果的准确性影响甚微。

（三）2014 年前各省份地方政府债务估算

综合上述地方债测算方法的利弊，并且基于数据的可获性，我们综合利用比例法和收支法推算各省份地方政府债务规模，并对不同估算结果进行比对分析，最终确定相对合理的估算结果。

1. 比例法。由于数据的局限性，我们在测算各省份地方政府债务规模时应用的比例测算法与前文所述的具体方法略有不同。本书分别采用各省份地方政府市政投资规模与全国各省份地方政府市政投资总规模的比例进行估算。具体测算如下。

地方政府举债多用于市政基础设施建设。我们选取的市政领域固定资产投资类目包括：电力、热力、燃气及水生产和供应业；交通运输、仓储和邮政业；科学研究和技术服务业；水利、环境和公共设施管理业；教育；卫生和社会工作；公共管理、社会保障和社会组织。

根据同花顺 iFind 数据库的数据，计算 2003～2012 年各省份地方政府市政投资规模与全国各省份地方政府市政投资总规模的比例。然后乘以全国地方政府债务规模（参考第二章第三节），粗略估算各省份地方政府债务余额。

2. 综合法。截至 2014 年 1 月底，已有 30 个省市自治区（除西藏）和三个计划单列市（宁波、青岛和厦门）公布的地方政府债务审计结果。其中，大多数省份地方政府（除天津外）给出了 2012 年底的地方政府债务规模，其中天津没有给出 2013 年 6 月底政府负有偿还责任债务规模相对于 2010 年的具体增长规模或增长率，贵州和江苏均给出了相对于 2010 年以来的政府负有偿还责任债务年均增长率，其他省份则给出了增长的具体规模。因此，我们可以根据这些已知的数据推算 2010 年各省份负有偿还责任债务的具体规模。然后假定在 2010～2013 年间政府负有偿还责任债务占比保持不变，这样就可以估算出 2010 年底各省份地方政府债务规模，然后利用插值法估算 2011 年各省份地方政府债务余额。

由于天津债务数据缺失，我们采用收支法进行估算（见表 2－21 和表 2－22）。收入支出法的基本思路是将存量与增量相加，因此我们采用 2013 年 6 月底各省区地方政府债务作为存量，然后测算 2002～2012 年各省份地方政府债务增量规模。

表 2－21　　　　　　　**2011～2012 年天津市新增地方债务规模**　　　　单位：亿元

时间	天津市市政领域的固定资产投资	天津市地方预算内财政支出	天津市土地出让金收入	天津市新增地方债务规模
2011 年	629.89	1771.99	827.50	196.28
2012 年	789.32	2112.21	641.40	518.61
2013 年 6 月	425.00	1200.00	367.35	254.94

注：土地出让金为 2013 年度的一半。2013 年市政领域固定资产投资和预算内财政支出为估计值。

表 2－22　　　　　　　**2011～2012 年天津市地方政府债务规模**　　　　单位：亿元

项目	2010 年	2011 年	2012 年	2013 年 6 月
债务余额	3863.92	4060.19	4578.80	4833.74

注：天津市地方政府债务规模为估算值。

地方政府支出主要是指市政领域的固定资产投资，减去投资中的自有资金部分（即收入，包括预算内资金投入、土地出让收入中用于投资的资金以及被投资项目的盈利资金流入），便可得到地方政府性负债余额。这里我们选取的市政领域固定资产投资类目包括：电力、热力、燃气及水生产和供应业；交通运输、仓储和邮政业；科学研究和技术服务业；水利、环境和公共设施管理业；教育；卫生和社会工作；公共管理、社会保障和社会组织。借鉴已有的收入支出法，我们选取地方预算内财政支出的 10% 和土地出让金收入的 40% 作为自有资金部分（由于盈利资金流入较少并且计算过于复杂，因而在此不予考虑）。

这样我们估算了 2010～2013 年我国各省份地方政府债务余额。具体如表 2－23 所示。

表 2 - 23　　2010 ~ 2013 年 6 月底全国各省份地方政府债务余额　　单位：亿元

省份	2010 年	2011 年	2012 年	2013 年 6 月底
北京	3745.45	5358.21	6970.96	7554.14
天津	3863.92	4060.19	4578.8	4833.74
河北	4407.40	5619.04	6830.67	7514.76
山西	2452.37	2998.16	3543.94	4178.5
内蒙古	2841.70	3459.72	4077.73	4542.07
辽宁	3921.60	5435.43	6949.25	7590.87
吉林	3033.00	3531.41	4029.82	4248.36
黑龙江	2247.74	2755.91	3264.08	3588.12
上海	5682.49	6973.12	8263.75	8455.85
江苏	9260.86	11063.65	12866.43	14768.74
浙江*	5877.78	7142.86	8407.93	9905.05
安徽	2475.90	3481.94	4487.98	5297.32
福建*	2218.44	3116.33	4014.22	4794.45
江西	2255.72	2903.74	3551.76	3932.49
山东*	8342.30	7886.79	7431.28	8285.6
河南	2915.74	3834.51	4753.28	5541.94
湖北	4520.18	5521.00	6521.81	7680.78
湖南	4286.78	5630.73	6974.68	7737.29
广东	7502.96	8526.97	9550.98	10165.37
广西	2756.13	3339.11	3922.09	4329.25
海南	952.92	1091.91	1230.9	1410.84
重庆	2159.00	4426.83	6694.66	7360.27
四川	5336.04	6669.41	8002.78	9229.62
贵州	2949.01	4281.61	5614.22	6321.61
云南	3524.68	4429.75	5334.82	5954.83
西藏	—	—	—	—
陕西	3536.75	4499.50	5462.24	6093.79
甘肃	1414.90	1938.66	2462.42	2961.47
青海	561.92	751.38	940.83	1057.65
宁夏	622.11	672.68	723.25	791
新疆	1362.63	1868.31	2373.98	2746.15

　　注：＊表示 2010 年和 2013 年 6 月数据来源于审计署审计结果，2011 年和 2012 年数据均为估算值。浙江、山东和福建数据分别包括了宁波、青岛和厦门三个计划单列市，下同。

具体测算公式为：

$$
\begin{aligned}
\text{历年省区债} \atop \text{务新增规模} &= \frac{\text{历年市政领域的固定投资} - \text{投资中的自有资金}}{\text{债务资金市政投资在债务余额中占比}} \\
&= \frac{\dfrac{\text{历年市政领域}}{\text{的固定投资}} - \dfrac{\text{预算内}}{\text{财政支出}} \times 10\% - \dfrac{\text{土地出让}}{\text{金收入}} \times 40\%}{\text{债务资金市政投资在债务余额中占比}}
\end{aligned}
$$

2013 年 6 月底天津市地方政府债务中债务资金市政投资在债务余额中占比为 62%。我们假定这一比例在 2010~2012 年间保持不变。

由表 2-23 可知，从 2010~2013 年 6 月间，各省份地方政府债务规模，除山东基本保持不变外，其余各省份几乎均出现了较大幅度的增长。其中，重庆政府性债务增幅最快，由 2159 亿元增至 7360 亿元，增幅达到 241%；北京、安徽、福建、贵州、甘肃和新疆的地方政府债务增幅均超过了 100%，天津、宁夏和广东增幅相对较少，分别为 25%、27% 和 35%，其余各省份增幅均超过了 50%。

其次，经济较为发达的省份债务规模较高。截至 2013 年 6 月，江苏和广东地方政府债务规模均超过万亿元，江苏最高，规模为 14768 亿元。而浙江、上海、山东和四川债务规模均超过 8000 亿元。部分西部地区省份，如宁夏、青海、新疆、甘肃和江西等，债务规模较少，而西藏没有地方政府债务。

（四）2014 年后各省份地方政府债务估算

2014 年后，地方政府债务统计口径发生了变化，由之前的地方政府债务转变为地方政府债券，以及 2017 年开始使用的地方政府隐性债务。为此，我们从狭义和广义两个视角分别进行估算。

狭义的地方政府债务是指地方政府的显性负债，仅包括地方政府负有偿还责任的债务，即地方政府发行的一般债券和专项债券，以及 2013 年之前的部分负有担保责任的存量债务。狭义债务是相对于广义债务的概念，反映的是政府已纳入财政预算的负债。从财政部官网披露的地方政府债务余额来看，自 2014 年以来，地方政府显性债务的增长速度相对较慢，年均增速为 4% 左右，年均增量也大概 0.6 万亿元。

根据 Wind 数据库提供的 2014~2017 年我国地方政府负有偿还责任债务数据显示，2016 年、2017 年和 2018 年数据较为完整，2014 年和 2015 年部分数据缺失。为此，以未知余额省份前一年债务规模占其在当年未知省份地方政府债务余额之和的占比为权重，乘以已知各省份债务之和与全国地方政府债务余额的差值进行估算。具体结果如表 2-14 所示。

从规模上来看，截至 2018 年底，江苏、山东和浙江地方政府显性债务规模超过 1 万亿元，其中江苏债务规模最高，为 13285.55 亿元；广西、西藏、青海和宁夏显性债务规模较低，均少于 2000 亿元，其中西藏债务规模仅为 110 亿元（见表 2-24）。从区域分布上来看，东部沿海地区省份地方政府显性债务规模相对较高，而中西部地区省份地方政府显性债务规模较低。东部沿海一带比较经济发达，偿债能力较强，所以债务规模相对较高。

表 2-24　　2014~2018 年全国各省份地方政府债务余额（狭义）　单位：亿元

省份	2014 年	2015 年	2016 年	2017 年	2018 年
北京	5254	4476	3743	3877	4249
天津	3362	2864	2913	3424	4079
河北	5227	4453	4623	6150	7278
山西	1952	2025	2291	2579	2964
内蒙古	6909	6734	5677	6217	6933
辽宁	8719	8526	8455	8455	8593
吉林	2955	2752	2896	3193	3710
黑龙江	2496	2126	3120	3455	3852
上海	5882	5010	4486	4694	5035
江苏	10273	10556	10915	12026	13286
浙江*	6890	5869	8391	9239	10794
安徽	3685	5107	5320	5823	6705
福建*	3335	4593	4977	5463	5419
江西	2735	3738	3957	4269	4760
山东*	11711	9059	9444	10197	11435
河南	3855	5465	5525	5548	6543
湖北	4438	3780	5104	5716	6677
湖南	12005	11023	6828	7667	8708
广东	8809	8188	8531	9023	9958
广西	6393	5860	6084	4859	5489
海南	1697	1446	1560	1719	1942
重庆	5910	3379	3737	4019	4691
四川	6420	7808	7812	8503	9298

续表

省份	2014 年	2015 年	2016 年	2017 年	2018 年
贵州	4397	3746	8710	8607	8834
云南	4142	6229	6353	6725	7140
西藏	0	31	58	99	110
陕西	4239	3611	4918	5395	5887
甘肃	4379	4185	1779	2069	2499
青海	736	1236	1339	1069	1763
宁夏	1320	1058	1175	1248	1388
新疆	3953	2633	2837	3378	3842
全国	154074	147568	153558	164706	183862

注：＊表示数据来源 Wind 数据库，财政部，审计署以及各省份财政局。2018 年西藏、湖北等五个省份数据为估算值。缺失数据根据已知各省份债务之和与全国地方政府债务余额相减，根据未知余额省份前一年规模占其在当年全国地方政府债务余额比例进行估算。

从增长幅度上来看，2014～2018 年间，北京、辽宁、上海、山东、湖南、广西和重庆等省份显性债务规模出现了较为显著的下降，其中，湖南降幅最大，为27%。辽宁、内蒙古、山东和新疆显性债务规模基本保持不变。广东、海南和宁夏显性债务规模小幅增长；天津、河北、吉林、江苏和四川均超过了全国平均增速，保持在 20%～50% 区间；山西、黑龙江、浙江、安徽、福建、江西、河南、湖北、贵州和云南增长较快，增幅均在50%～90% 之间；而贵州增幅最快，超过 100%。总体上看，伴随着供给侧改革的推进，2014～2015 年间部分省份地方政府显性债务规模出现了一定幅度的下降，但在稳增长的压力下，后期又出现了不同程度的增长。

由于隐性债务不属于政府性债务，各地方政府的隐性债务规模无须定期对社会公开，具体余额目前只能通过相关数据进行估算。且考虑部分地区隐性债务认定规模还将由财政部门调节，因此估算结果与财政系统实际认定的金额或有较大偏离。尽管如此，我们试图从有存量债城投平台（Wind 口径）的资产和负债端两个角度分别入手，对省级层面的隐性债务进行简单估算。

具体步骤上，首先，我们提取 2018 年底具有存量债券的 Wind 口径城投主体，按照以下步骤：

（1）从负债端入手推算隐性债务：将每个主体的最新一期带息债务（长期借款、短期借款、应付债券、应付票据和一年内到期的非流动负债）

加总，得到估算的隐性债务规模，结果如表2－25所示。

表2－25　　　　2014～2018年全国各省份地方政府隐性债务余额
（基于融资平台负债的视角）　　　　单位：亿元

省份	2014 年	2015 年	2016 年	2017 年	2018 年
北京	18416	20731	23573	28566	31438
天津	16471	18302	18380	18797	17884
河北	4491	5170	5514	5823	5670
山西	1732	1831	2359	2828	2699
内蒙古	1316	1527	1847	1914	1507
辽宁	2221	2624	2972	2667	1991
吉林	1889	2285	2593	3096	3276
黑龙江	1381	1380	1544	1973	1750
上海	8387	7986	7021	6860	7086
江苏	30102	36511	43544	47985	50999
浙江*	14448	16491	18115	22292	26019
安徽	5716	7586	9511	11629	12277
福建*	5164	6066	6870	7760	8512
江西	4139	5275	6779	8370	9500
山东*	5520	7174	9264	11249	12457
河南	5266	6130	7368	7926	8628
湖北	7616	9274	11212	14029	15245
湖南	7365	9232	11555	13503	13538
广东	12180	13706	13549	15261	17706
广西	5406	6461	7733	8151	9146
海南	212	217	180	170	114
重庆	8750	9899	11891	12618	12351
四川	12860	14967	18385	21495	24273
贵州	4794	6987	9114	10638	9848
云南	5078	6353	8658	10189	10273
西藏	83	111	254	309	229
陕西	6103	7479	8294	9907	10069
甘肃	3697	4182	4550	5104	6159

续表

省份	2014 年	2015 年	2016 年	2017 年	2018 年
青海	1339	1545	1624	1700	1500
宁夏	428	510	400	389	875
新疆	1846	2179	2661	3971	3783
全国	204421	240172	277315	317169	336802

注：＊表示地方政府融资平台选择 Wind 口径。数据来源 Wind 数据库。各融资平台债务为有息债务之和。

（2）从资产端入手推算隐性债务：我们将城投主体最新一期的应收账款、其他应收款、存货、固定资产、在建工程五项科目加总，得到每个主体的五类资产综合科目，而后对每个主体该综合科目简单加总作为隐性债务，结果如表 2－26 所示。

表 2－26　　　　2014～2018 年全国各省份地方政府隐性债务余额
（基于融资平台资产的视角）　　　　　　单位：亿元

省份	2014 年	2015 年	2016 年	2017 年	2018 年
北京	28451	31810	36925	41824	45914
天津	23172	25200	26680	28067	27918
河北	6573	6773	7517	8186	8398
山西	2797	3221	3585	4282	4548
内蒙古	2826	3103	3812	4182	3412
辽宁	5866	6604	7271	7321	6209
吉林	4415	5074	5662	6434	6735
黑龙江	3938	4032	4601	4850	4246
上海	14933	16148	16084	17798	18431
江苏	50329	58691	66656	73913	80635
浙江＊	26747	31540	36404	41833	47654
安徽	14104	17832	20408	22613	24376
福建＊	9118	10094	11500	12944	14904
江西	10273	12033	13681	15712	17298
山东＊	11553	13904	17438	20090	22249
河南	7858	9322	11228	10513	11765

续表

省份	2014 年	2015 年	2016 年	2017 年	2018 年
湖北	13130	16029	19209	23326	25566
湖南	16313	20230	23615	26999	27799
广东	18230	20557	21466	23492	26997
广西	8195	9954	11442	12428	14173
海南	184	224	234	225	220
重庆	13769	15767	18105	19616	20914
四川	18963	22262	25432	30122	33834
贵州	12414	16078	20710	22524	21943
云南	7184	9068	11070	11705	12126
西藏	101	143	144	224	313
陕西	9532	10993	12394	13956	14548
甘肃	5323	5886	6635	7423	8648
青海	1982	2376	2679	2680	2643
宁夏	692	519	517	694	1314
新疆	3982	4628	5736	6816	6863
全国	352947	410098	468842	522790	562592

注：＊表示地方政府融资平台选择 Wind 口径。各融资平台债务为最新一期的应收账款、其他应收款、存货、固定资产和在建工程五项科目加总。

由估算结果可知，由负债端方法估算出来的结果明显低于资产端方法的估算结果，相对保守一些。

以负债端法为例，参考表 2 - 25，从 2014~2018 年底全国地方政府隐性债务规模分别约为 20.44 万亿元、24.01 万亿元、27.73 万亿元、31.71 万亿元和 33.68 万亿元，年均增速为 14%。从各省份地方政府隐性债务规模上看存在巨大的差异。截至 2018 年底，北京、浙江、四川和江苏隐性债务规模均超过了 2 万亿元，其中江苏规模最高，为 50999 亿元；天津、安徽、山东、湖北、湖南、广东、重庆、云南和陕西地方政府隐性债务规模都在 1 万亿元至 2 万亿元之间；其余各省份隐性债务规模均未超过 1 万亿元，西藏和海南均未超过 300 亿元。

从增速上来看，2014~2018 年间，辽宁、上海与海南隐性债务出现了负增长，上海降幅最大，为 46%；西藏隐性债务增幅最高，为 175%；安徽、江西、山东、湖北、贵州、云南、宁夏和新疆等省份隐性债务增幅超过100%；天津和青海增幅少于15%，其余各省份隐性债务增速大多处于50%～100%的区间。

　　广义的地方政府债务不仅包括地方政府负有偿还责任的显性债务，还包括以地方融资平台为主体举债的地方政府隐性债务。为此，我们将前面估算出的各省份地方政府显性债务（即狭义的地方政府债务，如表2－24所示）与地方政府隐性债务加总来计算广义的地方政府债务，结果如表2－27所示。此处，我们选择结果相对保守的负债端法估算的地方政府隐性债务规模，如表2－25所示。

表2－27　　　　　2014～2018年全国各省份地方政府债务余额

（基于融资平台负债的视角）　　　　　单位：亿元

省份	2014 年	2015 年	2016 年	2017 年	2018 年
北京	23671	25208	27317	32443	35686
天津	19833	21166	21293	22221	21963
河北	9718	9623	10138	11973	12948
山西	3684	3856	4650	5406	5662
内蒙古	8225	8261	7524	8132	8440
辽宁	10940	11151	11427	11123	10584
吉林	4844	5037	5489	6289	6986
黑龙江	3877	3506	4664	5428	5602
上海	14268	12997	11506	11554	12121
江苏	40375	47067	54459	60011	64285
浙江*	21338	22360	26506	31531	36813
安徽	9401	12693	14831	17453	18981
福建*	8499	10658	11847	13222	13931
江西	6875	9013	10736	12639	14260
山东*	17231	16233	18708	21446	23892
河南	9121	11595	12893	13475	15172
湖北	12054	13055	16316	19744	21922
湖南	19371	20256	18382	21171	22246

续表

省份	2014 年	2015 年	2016 年	2017 年	2018 年
广东	20989	21894	22080	24285	27664
广西	11799	12320	13817	13010	14635
海南	1909	1663	1740	1889	2056
重庆	14660	13278	15628	16636	17041
四川	19280	22775	26197	29998	33571
贵州	9191	10732	17824	19245	18682
云南	9220	12581	15012	16913	17413
西藏	83	142	312	408	339
陕西	10341	11090	13212	15303	15956
甘肃	8076	8367	6329	7173	8658
青海	2075	2782	2963	2769	3263
宁夏	1748	1568	1576	1638	2263
新疆	5799	4813	5498	7349	7625
全国	358495	387740	430873	481875	520664

注：＊表示广义地方政府债务为地方政府负有偿还责任的债务与地方政府隐性债务之和。此处地方政府隐性债务为从负债视角计算得出。

此外，财政部地方债管理数据统计显示，截至 2018 年末，全国地方政府债务余额为 183862 亿元，政府债券为 180711 亿元，非政府债券形式存量政府债务 3151 亿元。其中，非政府债券形式存量政府债务即为审计署 2013 年审计报告中地方政府具有担保责任债务存量部分，大多数为地方融资平台债务。为了避免重复计算，需要扣除掉这部分已纳入财政预算的债务（财政部公布的地方政府债务余额减去同期的地方政府债券余额）。但考虑在 2018 年底这部分存量债务已经基本偿还结束，为此在这里我们不予考虑。

由表 2 - 27 可知，2014～2018 年间，我国广义地方政府债务规模分别为 35.84 亿元、38.77 亿元、43.08 亿元、48.19 亿元和 52.07 亿元，年均增速为 10% 左右。在此期间，广义债务增幅前五位省份分别为：西藏（308%）、江西（107%）、贵州（103%）、安徽（102%）和云南（89%），增幅较少的前五位省份分别为：上海（−15%）、辽宁（−3%）、内蒙古（3%）、甘肃（7%）和海南（8%）。2018 年底，广义债务规模排名靠前的五个省份分别为：江苏（64285 亿元）、浙江（36813 亿元）、北京（35686 亿元）、四川（33571 亿元）和广东（27664 亿元），规模较小的前五位分别为：西藏（339 亿元）、海南（2056 亿元）、宁夏（2263 亿元）、青海（3263 亿元）和黑龙江（5602 亿元）。由上可见，部分省份广义债务规模增高速扩张，存在一定的债务风险。如果局部地区若干省份同时陷入债务危机，很有可能诱发系统性金融风险。

三、各省份地方政府债务结构分析

（一）2014 年前各省份地方政府债务结构分析

（1）从政府性债务类型来看。截至 2013 年 6 月底，全国地方政府债务中政府负有偿还责任的债务占总债务的比重为 60.85%（见图 2−10）。全国省级、市级、县级和乡镇政府负有偿还责任的债务占比分别为34.23%、66.44%、78.49% 和 84.18%，县级和乡镇政府债务的刚性偿付压力很大。

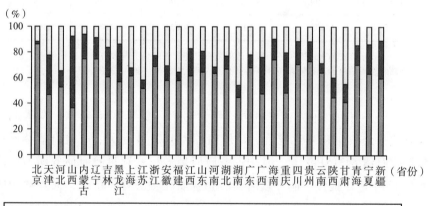

图 2−10　各省份地方政府债务构成对比

（2）从借债主体层级来看。截至 2013 年 6 月底，全国地方政府债务规模中省级、市级、县级和乡镇政府债务余额分别占债务总规模的 29.03%、40.75%、28.18% 和 2.04%，以市级政府为主。具体各地区来看，大部分地区政府举债主体以市政府为主，其次是县级政府，省级和乡镇政府举债规模较少，见图 2−11。

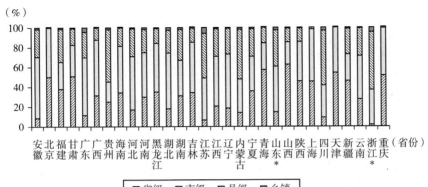

图 2 - 11 各省份政府性债务主体行政层级对比

注：直辖市北京、上海、天津和重庆无县级口径。
资料来源：全国各省份政府性债务审计公告。

（3）从地方政府债务举债主体来看。截至 2013 年 6 月末，虽然全国总体上融资平台公司仍是举债主体，但不同地方政府之间仍呈现出显著分化。从融资平台公司占比来看，湖南、重庆、安徽、湖北、广西、江苏等 13 个地区的占比超过全国总体水平（见图 2 - 12）。但仍有较大比例地方性政府债务主体为政府机构，部分地方政府债务的举债主体呈两者并重态势。

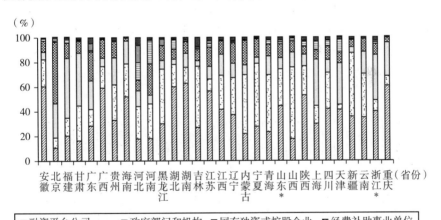

图 2 - 12 各省份政府性债务举债主体对比

资料来源：全国及各省份政府性债务审计公告。

（4）从政府性债务资金来源看。截至 2013 年 6 月末，全国总体上仍以银行贷款为主，同时，BT、信托和融资租赁等新的融资方式占比也达 15.93%（见图 2 - 13）。但是，不同地方政府的债务资金来源仍呈现显著分化，由此带来的债务风险也不一致。

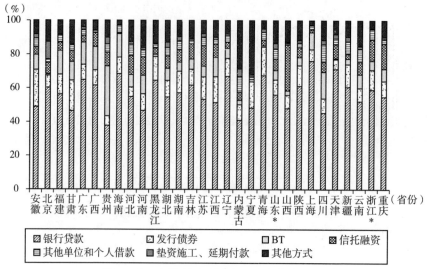

图 2 - 13　各省份政府性债务资金来源对比

注：其他方式包括国债，外等财政转贷，应付未款项，融资租赁，证券、保险业和其他金融机构资和集资。

资料来源：全国及各省份政府性债务审计公告。

（5）从地方政府债务资金投向。大部分地区债务以基础设施领域为主，山西、陕西、甘肃等西部省份交通基础设施债务占比很高，北京、上海、天津等地区土地收储债务占比较高（见图 2 - 14）。截至 2013 年 6 月底，大部分省区市的地方政府债务主要投向市政建设、交通运输、土地收储和教科文卫及保障性住房。但不同地方的政府性债务在不同领域的投资比例有所差别。

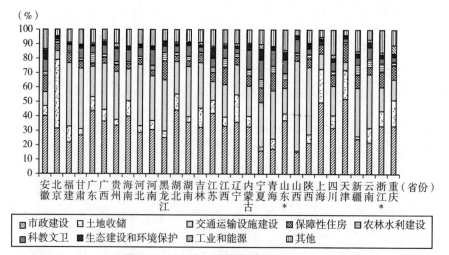

图 2 - 14　各省份政府性债务投向对比

资料来源：全国及各省份政府性债务审计公告。

（6）从各个债务用途偿债能力来源看。市政建设方面，由于大部分项目均为公益性或准公益性项目，自身产生现金流无法满足债务本息需求，债务偿还需依靠地方政府财政资金。

（7）从各地区债务期限结构来看。江苏、浙江、北京、重庆、上海等5个省市的政府性债务期限结构偏短，2014年和2015年两年内需偿还的债务占比分别为46.43%、43.07%、42.21%、39.49%和39.07%，高于全国35.47%的平均水平（见图2-15）。但总体来看，2016年（含）之后各地区政府偿债压力将逐步缓解。

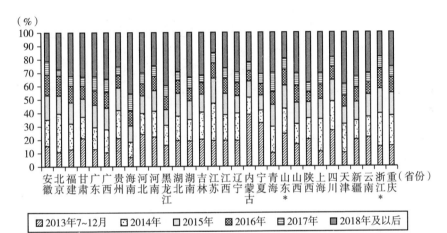

图2-15　各省份政府性债务期限结构对比

资料来源：全国及各省份政府性债务审计公告。

（二）2014年之后债务结构

2014年10月初，国务院发布《关于加强地方政府债务管理的意见》，要求地方政府债务实行限额管理和预算管理，此后地方各级政府加快建立了规范的举债融资机制，显性的地方政府债务规模得到了有效控制。但在实际操作中，通过PPP、政府投资基金和政府购买服务等项目，或由地方政府提供担保或提供偿还资金的地方政府融资平台融资等法违规举债和变相举债，没有纳入政府债务限额管理，没有增加显性债务规模，较好地避开了43号文制约，从而形成了大量的地方政府隐性债务。在此之后地方政府债务统计口径也随之发生了变化。为此，我们以2014年为时间节点，按照地方政府显性和隐性债务的划分，对地方政府债务结构进行剖析。

根据还本付息资金来源不同，地方政府显性债务可以分为一般债务和专项债务。根据财政部公布的2016年各省份地方政府显性债务余额，如

表 2-28 所示，我们发现大部分省份一般债务规模都高于专项债务规模。北京、天津和福建一般债务占比低于 50%，分别为 46.15%、38.17% 和 46.87%，其余省份均高于 50%。其中，前三位为西藏、青海和内蒙古，一般债务占比分别为 94.82%、87.52% 和 82.90%，均高于 80%。这表明大部分省份地方政府为了弥补一般公共财政赤字，以地区财政收入作担保而发行一般地方债券形式为主进行融资，来缓解地方政府临时资金紧张。少数省份地方政府通过专项地方债券形式，为有一定收益的公益性项目进行融资，一定期限内以公益性项目对应的政府性基金或专项收入还本付息。

表 2-28　　　　2016 年地方政府显性债务分地区余额表

省份	一般债务（亿元）		专项债务（亿元）		合计（亿元）
	余额数	占比（%）	余额数	占比（%）	
北京	1727.57	46.15	2015.89	53.85	3743.46
天津	1117.75	38.37	1794.99	61.63	2912.74
河北	4187.03	73.57	1504.27	26.43	5691.3
山西	1730.43	75.53	560.5	24.47	2290.93
内蒙古	4706.35	82.90	971.01	17.10	5677.36
辽宁	6146.72	72.09	2379.52	27.91	8526.24
辽宁（不含大连）	4857.75	73.92	1713.8	26.08	6571.55
大连	1288.97	65.94	665.72	34.06	1954.69
吉林	2085.4	72.01	810.68	27.99	2896.08
黑龙江	2422.97	77.65	697.33	22.35	3120.3
上海	2410.28	53.74	2075.2	46.26	4485.48
江苏	6413.98	58.76	4501.37	41.24	10915.35
浙江	4813.63	57.37	3576.27	42.63	8389.9
浙江（不含宁波）	3925.99	56.13	3068.2	43.87	6994.19
宁波	887.64	63.60	508.07	36.40	1395.71
安徽	3320.15	62.42	1999.07	37.58	5319.22
福建	2327.66	46.87	2638.59	53.13	4966.25
福建（不含厦门）	2092.16	46.62	2395.18	53.38	4487.34
厦门	235.5	49.17	243.41	50.83	478.91
江西	2781.9	70.31	1174.88	29.69	3956.78
山东	6040.89	63.96	3403.49	36.04	9444.38

省份	一般债务（亿元）		专项债务（亿元）		合计（亿元）
	余额数	占比（%）	余额数	占比（%）	
山东（不含青岛）	5408.19	63.67	3085.64	36.33	8493.83
青岛	632.7	66.56	317.85	33.44	950.55
河南	3910.06	70.77	1614.88	29.23	5524.94
湖北	3300.85	64.68	1802.82	35.32	5103.67
湖南	4460.47	65.33	2367.33	34.67	6827.8
广东	5369.73	62.95	3161.05	37.05	8530.78
广东（不含深圳）	5241.78	62.38	3161.05	37.62	8402.83
深圳	127.95	100.00	0	0.00	127.95
广西	2673.19	58.54	1893.4	41.46	4566.59
海南	1098.03	70.39	461.97	29.61	1560
重庆	2200.9	58.89	1536.2	41.11	3737.1
四川	4650.16	59.52	3162.29	40.48	7812.45
贵州	5206.35	59.78	3503.44	40.22	8709.79
云南	4377.68	68.90	1975.54	31.10	6353.22
西藏	54.86	94.82	3	5.18	57.86
陕西	2806.4	57.07	2111.15	42.93	4917.55
甘肃	1258.03	70.71	521.07	29.29	1779.1
青海	1171.98	87.52	167.11	12.48	1339.09
宁夏	916.73	78.26	254.64	21.74	1171.37
新疆	2179.65	76.83	657.28	23.17	2836.93
合计	97867.78	63.90	55296.2	36.10	153163.98

资料来源：财政部地方债管理数据统计。

从规模上来看，一般债务余额前五名的省份为江苏（6413.98亿元）、辽宁（6146.72亿元）、山东（6040.89亿元）、广东（5369.73亿元）和贵州（5206.35亿元），这些省份的用于偿债的财政压力较大。后五名的省份为西藏（54.86亿元）、宁夏（916.73亿元）、海南（1098.03亿元）、天津（1117.75亿元）和青海（1171.75亿元），用于偿债的财政压力较小。对于专项债务而言，规模为前五位的省份分别为江苏（4501.37亿元）、浙江（3576.27亿元）、贵州（3503.44亿元）、山东（3403.49亿元）和四川（3162.29亿元），这些债务的偿还对相对应的公益性项目的收益能力要求较高。后五位分别为西藏（3亿元）、青海（167.11亿元）、宁夏（254.64 亿元）、海南（461.97 亿元）和甘肃（521.07 亿元）。排名靠前的省份基本都是经济较为发达的省份，而排名靠后的省份大多为西部欠发达地区省份。

全国各省份地方政府隐性债务结构如表 2 - 29 所示。2014~2017 年期间，各省份地方政府隐性债务以长期借款为主，应付债券次之。长期借款占比均超过 50%（2014 年占比最高为 57%），应付债券占比超过 20%，应付票据最少，占比 2% 左右。

表 2 - 29　　　　2014~2017 年全国地方政府隐性债务（融资平台）

负债结构（Wind 口径）　　　　　单位：亿元

科目	2014 年	2015 年	2016 年	2017 年
短期借款	21254	21292	20965	26113
应付票据	4827	5300	4641	3964
一年内到期的非流动负债	25777	28645	35966	41803
长期借款	127660	143296	155486	176108
应付债券	44426	59537	74843	80530
合计	223944	258070	291901	328519

资料来源：Wind 数据库。

2018 年各省份地方政府隐性债务结构如表 2 - 30 所示。大部分省份仍以长期借款为主，长期借款占比前五位为西藏（78%）、宁夏（68%）、甘肃（67%）、四川（65%）和湖北（64%），除辽宁（35%）外，其他省份均超过 40%。大体而言，应付债券占比仅次于长期借款。其中，辽宁分别为 39%，超过了长期借款，其余省份均为 20% 左右。应付票据占比最少，江苏、山西和河北应付票据占比为 4%、3% 和 3%，其余省份占比均未超过 2%。这表明各省份地方政府隐性债务主要是长期债务，大多用于基础设施建设等项目的长期投资。

表 2 - 30　　　　2018 年全国各省份地方政府融资平台债务结构　　　单位：亿元

省份	短期借款	应付票据	一年内到期的非流动负债	长期借款	应付债券
北京	3982	666	4990	14839	6961
天津	1878	139	3742	8249	3876

续表

省份	短期借款	应付票据	一年内到期的非流动负债	长期借款	应付债券
河北	600	174	588	3256	1052
山西	282	77	489	1276	574
内蒙古	28	0	226	926	327
辽宁	193	6	316	701	775
吉林	359	24	566	1493	834
黑龙江	176	23	207	934	409
上海	965	32	818	3977	1293
江苏	4012	1828	9912	21120	14128
浙江	2106	274	3705	14281	5653
安徽	473	108	1789	6904	3003
福建	693	107	1046	4814	1852
江西	770	71	986	5590	2082
山东	727	197	1471	6323	3739
河南	403	94	1252	4778	2102
湖北	540	38	1725	9818	3123
湖南	417	43	1823	7173	4081
广东	1542	103	1500	10371	4191
广西	858	202	1143	5043	1900
海南	0	1	7	54	53
重庆	539	161	2343	6202	3106
四川	1479	155	2804	15747	4088
贵州	453	72	1521	6065	1736
云南	757	117	1499	6157	1744
西藏	8	0	3	180	39
陕西	535	74	1835	6270	1355
甘肃	600	94	534	4148	783
青海	238	30	227	751	255
宁夏	17	1	70	593	195
新疆	552	71	264	1953	943
全国	26182	4984	49399	179988	76249

资料来源：Wind 数据库、作者整理。

　　结合我国的实际情况，2014 年后地方政府债务统计口径，我国的地方政府债务可以划分为显性债务与隐性债务。各省份地方政府显性债务规模为在市场上公开发行的地方政府债债券，以及地方审计部门公布的显性债务存量。地方政府隐性债务是指违法违规和变相举债所形成的而又没有纳入政府债务限额管理的地方政府债务。此处，各省份地方政府隐性债务规模通过地方政府融资平台为债务主体估算得出。2018 年全国各省份显性和隐性债务结构如表 2-31 所示。

表 2-31　　　　　　　　　2018 年全国各省份地方债务结构

省份	显性债务（亿元）	占比（%）	隐性债务（亿元）	占比（%）	地方政府债务总额（亿元）
北京	4249	12	31438	88	35686
天津	4079	19	17884	81	21963
河北	7278	56	5670	44	12948
山西	2964	52	2699	48	5662
内蒙古	6933	82	1507	18	8440
辽宁	8593	81	1991	19	10584
吉林	3710	53	3276	47	6986
黑龙江	3852	69	1750	31	5602
上海	5035	42	7086	58	12121
江苏	13286	21	50999	79	64285
浙江	10794	29	26019	71	36813
安徽	6705	35	12277	65	18981
福建	5419	39	8512	61	13931
江西	4760	33	9500	67	14260
山东	11435	48	12457	52	23892
河南	6543	43	8628	57	15172
湖北	6677	30	15245	70	21922
湖南	8708	39	13538	61	22246
广东	9958	36	17706	64	27664
广西	5489	38	9146	62	14635
海南	1942	94	114	6	2056
重庆	4691	28	12351	72	17041

续表

省份	显性债务（亿元）	占比（%）	隐性债务（亿元）	占比（%）	地方政府债务总额（亿元）
四川	9298	28	24273	72	33571
贵州	8834	47	9848	53	18682
云南	7140	41	10273	59	17413
西藏	110	32	229	68	339
陕西	5887	37	10069	63	15956
甘肃	2499	29	6159	71	8658
青海	1763	54	1500	46	3263
宁夏	1388	61	875	39	2263
新疆	3842	50	3783	50	7625
全国	183862	35	336802	65	520664

资料来源：Wind 数据库、作者整理。

地方政府显性债务多于隐性债务省份为河北、山西、内蒙古、辽宁、吉林、黑龙江、海南、青海和宁夏，基本是经济不发达地区。海南、内蒙古和辽宁隐性债务占比排名后五位，分别为 6%、18% 和 19%。这些省份债务大多数是通过市场发行债券的形式形成的，且地方政府负有偿还责任。地方政府显性债务少于隐性债务省份为北京、天津、上海、江苏、浙江、安徽、福建、江西、山东、河南、湖北、湖南、广东、广西、重庆、四川、贵州、云南、西藏、陕西、甘肃和新疆。其中，北京、天津和江苏隐性债务占比排名前三位，分别为 88%、81% 和 79%。这些省份违规违法变相举债规模超出了纳入预算管理负有偿还责任的债务，这些违规形成的债务需要融资平台自身偿还。

第三章 我国地方政府债务风险识别

风险识别是指用感知，判断或归类的方式对现实的和潜在的风险性质进行鉴别的过程，是风险管理的基础。风险识别首先需要了解客观存在各种风险的前提条件，找出导致风险事件发重要影响因素，并对各种因素进行深入研究和分析，为风险管理决策提供依据。

地方政府债务风险是地方政府履行偿还债务责任的可能性，也就是发生债务危机的可能性，包括偿付风险和流动性风险。前者是指地方政府资不抵债，导致无法偿还债务，后者是指尽管地方政府资产规模超出其负债总额，但由于流动性不足，造成地方政府无法到期债务还本付息。地方债务风险可以表现为几种形式，如地方政府债务由于规模过大而可能导致的到期债务无法完全支付的风险、地方政府债务内部结构风险、债务资金收益无法偿还债务的风险和地方政府无法清偿到期债务所引发的其他风险。

地方债务风险识别是对债务风险深入分析的前提和基础，可以从支出与收入两个维度来研究。支出就是出于政府经济发展导致的投资需求，从收入这个方面来说是指地方政府的一种公共收入。近年来，出于稳增长的压力，各省份地方政府隐性债务规模快速增长，从而引发了人们对地方政府债务风险的顾虑。为此，本章首先从体制和政策视角分析我国地方政府债务风险的生成机理，其次对目前地方政府债务风险表现进行探讨，最后运用多个指标对当前各省份地方政府债务风险状况进行进一步的判断。

第一节 我国地方政府债务风险的生成机理

20 世纪八九十年代，巴西三次债务危机都是各州政府过度借债造成的，其债务总量远高于能够偿债的税收收入。20世纪末陷入主权债务危机之前，俄罗斯联邦多数州都向欧洲的银行借入了欧元债务，经济转轨过程中的大幅度借贷分权最终引发联邦财政危机和卢布崩溃。可见，中国地方政府的过度负债不是特例。

我国地方政府债务形成是由体制性和政策性原因导致的。如果综合考虑各种因素影响，地方政府的融资需求仍将存在，但新增债务额度取决于地方政府财务状况，债务偿还能力也存不足加大地方债务风险。透过现象分析地方政府负债的深层次成因主要有两方面：体制性因素和政策性因素。

（1）体制性因素。地方政府债务风险形成的体制方面原因包括财政体制、投融资体制和行政管理体制。分税制财政体制改革后，地方政府的财权和事权不匹配。尽管存在中央转移支付、土地使用权出让金及对外融资，但仍造成了地方政府的财政收支缺口逐年扩大，使得地方政府不得不通过各种渠道进行举债融资，来完成对公益项目的投资。这也就导致地方政府债务持续膨胀。而当地方政府无法偿还债务时，出于维护经济稳定和防范系统性金融风险的需要，中央政府会出手相助，导致地方政府债务没有硬性约束，也造成了地方政府的过度负债。

我国地方政府还没有建立符合市场经济的新型投融资体制。地方政府投资不仅投资基础设施建设项目，也涉足营利性和竞争性领域。而且融资主体众多、管理水平低下等缺陷导致大量投资产生的收益无法偿还债务，地方政府债务风险不断累积。

由于缺乏健全的约束机制，地方政府官员出于政绩考核的压力，更看重能够是否能够带动地方 GDP 和创造财政收入，忽视地方经济发展规划和产业布局，投资行为短期化，导致投资效率低下。这种考核体制缺乏明确的债务审查和追偿机制，导致地方政府过度举债，加大地方政府债务风险，见图 3-1。

（2）国家的宏观经济政策也与地方政府债务有关。为应对美国次贷危机的冲击，我国推出"四万亿"经济刺激计划。该计划有超过一半的投资资金是依靠地方政府去筹集。地方政府在财政收入有限的情况下，通过融资平台等各种渠道大幅举债，直接导致地方债务的快速增长。2015 年经济下行，税收减免政策减少了地方财政收入。在稳增长压力下，地方政府债券不足以解决大量项目融资需求。

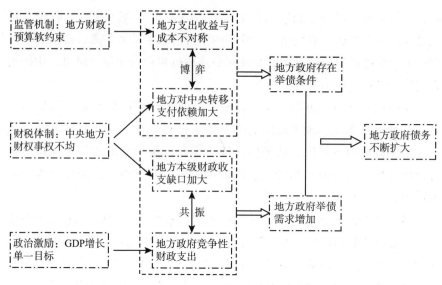

图 3 - 1　地方政府债务风险生成机理

第二节　我国地方政府债务风险基本表现

一、地方政府债务风险

地方政府资产、负债在规模和结构上的错配，会对地方政府的债务可持续性造成影响，同时也会损害当地经济社会发展。当前，地方政府债务规模持续增长且不确定，债务主体分散且多样化，债务结构相对复杂，这些现象都会导致地方政府出现偿付风险。

省、市、县等层级地方政府债务规模存在较大差异。地方政府债务主要集中在县乡级。从结构上看，省级地方政府债务主要由主权外债、贷款担保、社会保障基金缺口等组成；市级地方政府债务主要由金融机构不良资产、贷款担保等组成；县级地方政府债务主要由农村各种非法集资和贷款担保组成。政府层级越低，财政状况越差，债务风险也就相对越突出。根据审计署的统计数据，2010 年底，有 78 个市级和 99 个县级政府负有偿还责任债务的债务率高于 100%。部分地方政府财政状况较差，只能通过借新债偿还旧债。截至 2010 年底，有 22 个市级政府和 20 个县级政府的借新还旧率超过 20%。还有部分地区出现了逾期债务，有 4 个市级政府和 23 个县级政府逾期债务率超过了 10%。

目前，我国东、中、西部地区各省份经济发展水平差距明显，造成各地区地方政府债务的规模与构成也存在较大差异，这也导致地方政府债务风险状况也各不相同。中、西部地区的债务风险普遍高于东部地区。东部沿海地区各省份经济较为发达，地方政府财政状况较好，地方政府偿债能力较强；而经济欠发达的中、西部地区，地方政府财力相对拮据，债务的规模普遍较大。

地方政府债务投资的不同项目的偿付能力也存在较大差异。地方政府隐性债务主要以融资平台的名义进行短期融资，投向资金回收期限较长的公益性或准公益性基础设施项目。地方政府短债务偿还期限的错配导致债务到期时缺乏足够的现金流。如果债务无法展期或置换，就容易出现偿付困难而发生违约风险。审计署发布统计结果显示，截至 2012 年底，36 个地方政府本级的 223 家融资平台公司中，有 68 家资产负债率超过 70%；有 151 家当年收入不足以偿还当年到期债务本息；有 37 家 2012 年度出现亏损。地方政府融资平台公司偿债能力明显不足。2018 年起云南、天津等已有多家融资平台发生违约。

二、地方政府债务流动性风险

地方债务的流动性风险，体现在广义地方资产负债表（包括地方政府融资平台）的期限错配和资产收益相对不足。资产项对应的是期限较长的基础设施领域固定资产投资，盈利能力差且产生现金流相对不足，而负债项则种类负债且期限先对较短。若地方政府融资平台无法实现债务置换或展期，就会陷入流动性风险。地方政府债务的流动性风险取决于其可支配收入的多少。地方政府债务形成资产收益、财政收入和土地出让收入不足会造成地方债务的流动性风险。

地方政府债务资金使用存在违规现象，且效率低下。2012 年审计结果发现 5 个省本级和 3 个省会城市本级政府有关部门违规为 817.67 亿元的债务举借提供担保。此外，在经济转型升级的背景下，地方政府融资平台项目产生的收益难以满足债务偿还要求。部分地方政府运用土地出让金偿还债务。根据 2013 年底审计署发布的公告显示，截至 2012 年底，11 个省级、316 个市级、1396 个县级政府承诺以土地出让收入偿还的债务余额34865.24 亿元，占省市县三级政府负有偿还责任债务余额 93642.66 亿元的 37.23%。但随着经济转型升级与"房住不炒"政策推出，地方政府财政收入和土地出让收入均明显下降，偿债压力加大。

三、地方政府债务系统性风险

分税制改革后，地方政府事权与财权并不匹配，导致地方政府在财政上入不敷出，每年都会有财政赤字。地方政府预算外收支的盈余可以用来偿还地方政府债务，地方政府的土地收入是重要的预算外收入来源。但随着经济结构转型和房地产政策的调整，地方政府土地出让收入大幅减少。地方政府债务风险主要集中在以融资平台名义借入的隐性债务上。若银行或者其他金融机构的监管缺位，就会导致债务风险继续不断累积。地方融资平台出现系统性偿债风险，为了避免演化为区域性，甚至是全国性的金融风险，地方融资平台的风险就只能不断向上级政府转移，因此，地方政府独立举债将加大地方政府向中央政府转嫁债务风险的可能性。当地方政府无法偿付债务时，风险会转移至银行等金融机构。若这种风险会进一步向上传导，最终只有通过中央财政兜底，否则就会引发系统性金融风险。

地方政府融资平台中大多为固定资产，流动性较差，收益难以满足债务偿还需求，负债也大多为短期债务。鉴于地方政府国有企业等可偿还债务资产较多，当前债务风险更多体现在流动性风险，而非偿债风险。地方政府债务风险防范、化解是同金融供给侧结构性改革相结合的。通过对改革节奏来把握，就可以在很大程度上避免系统性金融风险的发生。

可见，地方政府债务形式多样，透明度差，债务风险高，已经成为防范化解系统性金融风险的"灰犀牛"。

第三节　我国地方政府债务风险判断

一、地方政府债务风险指标描述和说明

目前国际上对政府性债务负担状况尚无统一评价标准，参考一些国家和国际组织的通常做法，并且考虑数据的可获性，本章将从"借债是否适度、用债是否有效率、偿债是否有信用"三方面，选取较为常用的指标分析法来识别地方政府债务风险，见表3－1。

表 3-1 地方政府债务指标类别

分类	静态指标	动态指标
借债环节	债务负担率	债务余额三年平均增长率/GDP 三年平均增长率
	债务依存度	
	财政赤字率	
	资产负债率	
	担保债务率	
	债务率	
	新增债务率	
用债环节	债务项目的投入产出比	民间投资增速与债务增速比例
	具备自我偿债能力债务占总债务比重	
偿债环节	债务逾期率	年偿还债务三年平均增长率/财政收入三年平均增长率
	偿债率	
	借新还旧占债务总额比重	年新增债务违约三年平均增长率/财政收入三年平均增长率
	偿债准备金率	
	违约债务比例	违约距离
	新增债务违约率	
	利息支出率	

（一）借债环节

债务负担率（负债率）是指该地区当年的债务余额与当年该地区 GDP 的比值，它揭示了地方所承担的债务总量相对于同年地方经济总产出规模的比例关系。该指标越大表明地方债务风险越大，如果债务负担率超过 60%，则需要警惕危机的发生（王晓光，2005）。

$$债务负担率 = \frac{当期期末债务余额}{当期 \, GDP} \times 100\%$$

债务依存度是指当年的新增负债与财政支出的比值，主要反映地方财政支出对债务的依赖程度，该指标越大表明地方债务风险越大，一般国际上规定债务依存度警戒线为 20%。（胡光辉，2008）。

$$债务依存度 = \frac{当年新增负债}{当年财政支出总额} \times 100\%$$

财政赤字率是指地方财政赤字占该地区 GDP 的比例。该指标主要反映该地区总收入对债务的承受能力，该指标越大表明地方债务风险越大，国际上通用的警戒线为3%。

$$财政赤字率 = \frac{财政支出 - 财政收入}{GDP\ 总量} \times 100\%$$

债务率是指地方政府债务余额与当年财政收入的比值，该指标主要反映地方财政收入对地方政府举债的支撑力度。该指标越大，表明政府的财政收入偿还债务的能力越不足，即债务风险越大，一般国内普遍认为该比例应当小于100%（陈均平，2010）。

$$债务率 = \frac{地方政府债务余额}{当年财政收入} \times 100\%$$

资产负债率是地方政府债务余额和资产额的比值，它反映地方政府的资产负债结构及其总体风险状况，一般来说，该指标越大，政府的债务风险越大。参考别国的经验，美国北卡罗来纳州的法律规定，该州地方政府的资产负债率要小于8%；新西兰规定资产负债率不得超过10%，我们规定该指标上限为10%。

$$资产负债率 = \frac{年末地方政府债务余额}{年末地方政府资产额} \times 100\%$$

担保债务率是当年担保债务余额和年末财政收入的比值。该指标反映地方政府的担保所形成的风险大小，是对或有债务风险的一种度量。该指标越大，说明政府的或有债务风险越大。参考国外经验，巴西规定地方政府担保余额与经常性净收入的比值必须低于22%。

$$担保债务率 = \frac{当年债务担保余额}{当年财政收入} \times 100\%$$

新增债务率是当年新增债务额与当年财政收入的比值。该指标反映了当期财政收入对地方政府新增债务的保障能力，能有助于控制地方政府债务规模。该指标越大，说明政府的债务风险就越大。将上限设为15%。

$$新增债务率 = \frac{当年新增债务额}{当年财政收入} \times 100\%$$

债务余额三年平均增长率/GDP 三年平均增长率：该指标从动态视角考察地方 GDP 对债务的承受能力，其值越大，表明地方政府的债务增长过快，有较大的债务风险。

（二）用债环节

债务项目的投入产出比：该指标用投入产出分析法反映债务项目的产出水平，其值越大，地方政府债务风险越小。

$$债务项目的投入产出比 = \frac{债务项目运行寿命期内产出总额}{债务项目全部投资额} \times 100\%$$

具备自我偿债能力债务占总债务比重：该指标重点监测债务资金的投入和债务项目的自我偿付能力，其值越大，表明债务的自我偿债能力越强，即地方政府债务风险越小。

$$\frac{具备自我偿债能力}{债务占总债务比重} = \frac{能够自我清偿债务的债务投资额}{当年债务总额} \times 100\%$$

民间投资增速与债务增速比例：该指标主要反映举债建设对私人资本的挤出效应的大小，其值越小，挤出效应越大，地方政府的债务风险越大。

$$民间投资增速与债务增速比例 = \frac{民间投资增速}{债务增速} \times 100\%$$

（三）偿债环节

债务逾期率是指截至年末一国或地区的逾期债务与应还债务之比。该指标越大，表明地方政府偿债能力越弱，债务风险越大。

$$债务逾期率 = \frac{当年到期应还未还债务}{当年到期全部债务} \times 100\%$$

偿债率是一国或地方政府的债务还本付息额与当年财政预算内外收入的比值，该指标越小，地方政府的偿债能力越强，债务风险越小。国际货币基金组织将偿债率的安全线划定在15%~20%之间（范钦亮，2010）。

$$偿债率 = \frac{当年还本付息额}{当期财政预算内外收入} \times 100\%$$

借新还旧占债务总额比重是指地方政府为还旧债而新借债务额与当年债务总额的比值。该指标分析了表明地方政府是否在不断"借新债还旧债"。该指标越大，债务风险越大。

$$借旧还新占债务总额比重 = \frac{当年为还旧债而新借债务额}{当年债务总额} \times 100\%$$

偿债准备金率是偿债准备金与当年债务余额的比值，该指标反映地方偿债体系的建设情况，该指标越大，表明地方政府偿债能力越强，债务风险越小。

$$偿债准备金率 = \frac{偿债准备金}{当年债务余额} \times 100\%$$

违约债务比例是当年违约债务余额与债务余额之比，该指标越大，表明违约债务越多，地方政府信用越差，债务风险越大。

$$违约债务比例 = \frac{当年违约债务余额}{当年债务余额} \times 100\%$$

新增债务违约率是指当年新增违约债务与当年财政收入的比值，该指标越大，表明新增违约债务越多，地方政府信用越差，债务风险越大。

$$新增债务违约率 = \frac{当年新增债务违约额}{当年财政收入} \times 100\%$$

利息支出率是指当年利息支出额与当年财政收入的比值，反映地方政府通过动用当期财政收入支付债务利息的能力。该指标越大，表明地方政府债务风险越大。参考（刘圆圆，2010），将上限设为15%。

$$利息支出率 = \frac{当年利息支出额}{当年财政收入} \times 100\%$$

年偿还债务三年平均增长率/财政收入三年平均增长率：该指标从动态视角考察地方政府的偿债能力，其值越大，表明地方政府的偿债压力越大，有较大的债务风险。

年新增债务违约三年平均增长率/财政收入三年平均增长率：该指标动态地考察了地方政府的偿债能力，其值越大，表明地方政府的违约债务增速越快，有较大的债务风险。

二、地方政府债务指标选取和分析

本书运用指标分析法来识别地方政府债务风险。由于目前地方政府对债务信息的披露还不完善，导致前文中许多指标的数据无法获得，进行了一番筛选后，我们选取了负债率、债务依存度、债务率和新增债务率指标。本书在参考国际标准的基础上，并结合我国国情，确定了每个指标的警戒线见表3-2。

表3-2　　　　　　　　　　　　地方政府债务指标

风险指标	公式	警戒线（%）	指标属性
负债率	当期期末债务余额/当期GDP	60	正向指标
债务率	当期期末债务余额/当期综合财力	150	正向指标
新增债务率	当期新增债务额/当期综合财力	15	正向指标
债务依存度	当期新增负债/当期一般财政支出	20	正向指标

资料来源：Wind数据库。

根据第二章第四节确定的各个省份地方政府债务余额（广义与狭义），结合各省份地方GDP，地方财政收入、地方财政支出等数据，计算东部、中部和西部GDP和财政收支，在此基础上，计算各区域（东部、中部和西部）和各省、直辖市、自治区对应的债务指标。

对于东、西、中部地区各省份划分借鉴国家统计局的做法。东部地区包括：北京、天津、河北、辽宁、上海、江苏、浙江、福建、山东、广东和海南；中部地区包括：山西、吉林、黑龙江、安徽、江西、河南、湖北和湖南；西部地区包括：重庆、四川、贵州、云南、西藏、陕西、甘肃、青海、宁夏、新疆、广西和内蒙古。

（一）负债率

如表3－3所示，2014年以来，全国和各区域的狭义地方政府负债率整体稳中有降。全国的狭义地方政府负债率由2014年的23%降至2018年的20%，明显低于国际通用的60%负债率。从各地区负债率看，西部地区负债率水平最高，2018年末达到31%；中部地区略低于全国水平，2018年末为20%；东部地区经济比较发达，其负债率水平最低，2018年末只有16%。

表3－3　　　　　　　2014～2018年我国各区域地方政府负债率　　　　单位：%

区域	狭义地方政府债务					广义地方政府债务				
	2014年	2015年	2016年	2017年	2018年	2014年	2015年	2016年	2017年	2018年
东部	19	16	16	16	16	50	50	50	51	52
中部	20	20	18	18	20	41	45	46	49	49
西部	35	32	32	31	31	73	75	80	82	80
全国	23	20	20	19	20	52	54	55	57	57

注：全国范围负债率仅考虑地方政府债务，没有包括中央政府债务等。下同。

从广义地方政府负债率视角来看，2014～2018年间全国和各区域整体有所增长，西部地区范围超出60%的警戒值。全国地方政府负债率由2014年的52%增至2018年的57%，接近警戒值。东部和中部虽有所增加，但没有超出。西部地区由2014年的73%增至2018年的80%，明显超出警戒值。

如表3－4所示，从狭义地方政府债务视角来看，2014～2018年期间，国内地方政府负债率变化存在较大差异。北京、上海、江苏、山东、湖南、广东、广西、海南、重庆、甘肃、宁夏和新疆省市自治区负债率出现了下降，其余各省份地方政府负债率表现为逐步增长的势头。甘肃省负债率由期初的64%降至期末的30%，降幅最高。青海省负债率由32%增至

62%，增幅最大。2014 年、2015 年间甘肃省负债率均超过了 60% 警戒线，2016 年后显著降至 30% 以下，降幅明显。而贵州省负债率由 2015 年 36% 增至 2016 年间 74%，2017 年和 2018 年分别为 64% 和 60% 也均超过警戒值。青海省 2018 年负债率为 62%，也超出了警戒值。其余各省份地方政府负债率均小于警戒值。综合而言，从地方政府狭义债务视角来看，除青海贵州和甘肃等个别省份外，地方政府债务风险处于可控范围。

表 3 - 4　　　　2014~2018 年我国各省份地方政府负债率　　　单位：%

省份	狭义地方政府债务					广义地方政府债务				
	2014 年	2015 年	2016 年	2017 年	2018 年	2014 年	2015 年	2016 年	2017 年	2018 年
北京	25	19	15	14	14	111	110	106	116	118
天津	21	17	16	18	22	126	128	119	120	117
河北	18	15	14	18	20	33	32	32	35	36
山西	15	16	18	17	18	29	30	36	35	34
内蒙古	39	38	31	39	40	46	46	42	51	49
辽宁	30	30	38	36	34	38	39	51	48	42
吉林	21	20	20	21	25	35	36	37	42	46
黑龙江	17	14	20	22	24	26	23	30	34	34
上海	25	20	16	15	15	61	52	41	38	37
江苏	16	15	14	14	14	62	67	70	70	69
浙江	17	14	18	18	19	53	52	56	61	66
安徽	18	23	22	22	22	45	58	61	65	63
福建	14	18	17	17	15	35	41	41	41	39
江西	17	22	21	22	22	44	54	58	63	65
山东	20	14	14	14	15	29	26	28	30	31
河南	11	15	14	12	14	26	31	32	30	32
湖北	16	13	16	16	17	44	44	50	56	56
湖南	44	38	22	23	24	72	70	58	62	61
广东	13	11	11	10	10	31	30	27	27	28
广西	41	35	33	26	27	75	73	75	70	72
海南	48	39	38	39	40	55	45	43	42	43
重庆	41	21	21	21	23	103	84	88	86	84
四川	22	26	24	23	23	68	76	80	81	83

续表

省份	狭义地方政府债务					广义地方政府债务				
	2014 年	2015 年	2016 年	2017 年	2018 年	2014 年	2015 年	2016 年	2017 年	2018 年
贵州	47	36	74	64	60	99	102	151	142	126
云南	32	46	43	41	40	72	92	102	103	97
西藏	0	3	5	8	7	9	14	27	31	23
陕西	24	20	25	25	24	58	62	68	70	65
甘肃	64	62	25	28	30	118	123	88	96	105
青海	32	51	52	41	62	90	115	115	106	114
宁夏	48	36	37	36	37	64	54	50	48	61
新疆	43	28	29	31	31	63	52	57	68	63

从广义地方政府债务视角来看，2014～2018 年期间，天津、上海、湖南、广东、广西、海南、重庆、甘肃和宁夏负债率出现了不同幅度的下降，其他省份地方政府负债率则出现了增长。其中上海降幅最高，下降了39%，西藏增幅最高，增长了154%。此外，在此期间，北京、天津、江苏、浙江、安徽、江西、湖南、广西、重庆、四川、贵州、云南、陕西、甘肃、青海和新疆负债率基本都超过60%警戒线。2018 年底，北京、天津、贵州、甘肃和青海负债率均超过了100%，表明这些省份地方政府债务风险较高。

（二）债务率

债务率是衡量各地政府债务水平的大小，是债务水平与地方政府综合财务的比率。其中，地方政府综合财力是指当年一般预算本级财力、政府性基金本级财力、国有资本经营预算本级财力和预算外财政专户资金本级财力之和。

我们对东部、中部、西部和全国范围内地方政府债务率进行了计算，结果如表 3 - 5 所示。从狭义地方政府债务视角来看，2014～2018 年期间，东部地方政府债务率低于出国际货币基金组织150%的上限标准，全国范围、中部和西部地区均显著高于上限，总体呈现"U"型走势。在此期间，东部地区债务率低于全国债务率水平，中部略高于全国水平，西部明显超出全国水平。东部经济发达地区债务率除 2014 年外都没有超过警戒值，中部、西部地区均超过了警戒值，西部地区债务率在 2014 年高至300%，超出警戒值 2 倍。从广义地方政府债务视角来看，2014～2018 年期间，东部、中部、西部和全国范围内地方政府债务率均超出了150%警戒值，且呈现逐步上升趋势，西部地区最高，中部略高于东部地区，中部和东部低于全国平均水平。

表3-5　　　　　　　　2014~2018年我国各区域地方政府债务率　　　　　单位：%

区域	狭义地方政府债务					广义地方政府债务				
	2014年	2015年	2016年	2017年	2018年	2014年	2015年	2016年	2017年	2018年
东部	162	134	130	135	140	429	412	416	440	446
中部	213	212	197	204	203	433	466	496	541	513
西部	307	270	292	293	287	633	632	729	779	734
全国	203	178	176	180	183	472	468	494	527	518

注：狭义地方政府债务仅包括地方政府负有偿还责任的显性债务，以地方政府发行的债券为主。广义地方政府债务包括地方政府负有偿还责任的显性债务和地方政府提供隐性担保的隐性债务。下同。

如表3-6所示，从狭义地方政府债务视角来看，2014~2018年期间国内各省份地方政府债务率总体上呈现先下降后上升的"U"型走势，个体上存在较大差异。在此期间，天津、山西辽宁、吉林、黑龙江、江苏、安徽、福建、河南、湖北、四川、贵州、西藏、云南、陕西和青海地方政府债务率出现了增长，其余省份地方政府债务率为负增长。青海增幅最高，高达121%，北京、上海、湖南、广西和甘肃债务率下降了40%以上。除了北京、山西、上海、江西、广东和西藏债务率低于国际公认的150%警戒值，其他省份债务率均高于警戒值。2018年，内蒙古、辽宁、黑龙江、湖南、云南和宁夏债务率超过警戒值2倍有余，贵州和青海债务率超出警戒值3倍以上。

表3-6　　　　　　　　2014~2018年我国各省份地方政府债务率　　　　　单位：%

省份	狭义地方政府债务					广义地方政府债务				
	2014年	2015年	2016年	2017年	2018年	2014年	2015年	2016年	2017年	2018年
北京	130	95	74	71	73	588	534	538	597	617
天津	141	107	107	148	194	830	794	782	962	1043
河北	214	168	162	190	207	397	363	356	370	369
山西	107	123	147	138	129	202	235	299	290	247

续表

省份	狭义地方政府债务					广义地方政府债务				
	2014 年	2015 年	2016 年	2017 年	2018 年	2014 年	2015 年	2016 年	2017 年	2018 年
内蒙古	375	343	282	365	373	446	420	373	477	454
辽宁	273	401	384	353	328	343	524	519	465	405
吉林	246	224	229	264	299	403	410	434	519	563
黑龙江	192	182	272	278	300	298	301	406	437	437
上海	128	91	70	71	71	311	235	180	174	171
江苏	142	131	134	147	154	558	586	671	734	745
浙江	167	122	158	159	164	518	465	500	543	558
安徽	166	229	199	207	220	424	570	555	621	623
福建	141	181	187	194	180	360	419	446	471	463
江西	145	173	184	190	125	365	416	499	563	376
山东	233	164	161	167	176	343	294	319	352	368
河南	141	181	175	163	174	333	384	409	395	403
湖北	173	126	165	176	202	470	434	526	608	663
湖南	531	438	253	278	304	856	805	681	768	778
广东	109	87	82	80	82	260	234	213	215	229
广西	450	387	391	301	197	830	813	888	806	525
海南	306	230	245	255	258	344	265	273	280	273
重庆	307	157	168	178	207	763	616	701	739	752
四川	210	233	231	238	238	630	679	773	838	858
贵州	322	249	558	533	512	673	714	1142	1193	1082
云南	244	344	351	357	358	543	696	828	897	873
西藏	0	23	37	53	48	67	104	200	219	147
陕西	224	175	268	269	262	547	538	720	763	711
甘肃	651	563	226	254	287	1201	1125	804	879	994
青海	292	463	561	434	646	824	1041	1242	1125	1196
宁夏	388	283	303	299	312	514	420	406	392	509
新疆	308	198	218	230	251	452	362	423	501	498

从广义地方政府债务率来看，2014~2018 年期间，各省份政府债务率均超过了警戒值，变化趋势上呈现较大差异。河北、上海、湖南、广东、

广西、海南、重庆、甘肃和宁夏政府债务率出现负增长，其余各省份政府债务率均出现了上升，上海债务率降低了45%，西藏增幅达到了120%。截至2018年底，北京、江苏、安徽、湖北、湖南、重庆、四川、云南、陕西、甘肃和青海超过警戒值4倍以上，天津、贵州和青海债务率高达1000%以上，债务风险隐患凸显。

（三）新增债务率

从狭义地方政府债务视角来看，2015～2018年期间新增债务率各区域总体上呈现增长态势，2015年和2016年由于供给侧结构性改革去杠杆，各区域新增债务率出现了一定程度的下降，随后由于稳增长的压力，新增债务率又出现了明显的回升，西部地区尤其显著（见表3-7）。2018年底，仅有东部地区债务率低于15%的警戒值，中部地区与西部地区新增债务率基本接近，西部地区最高，风险也最大。2015～2018年期间，广义地方政府新增债务率总体上倒"U"型的走势。相比较而言，东部地区新增债务率最低，西部地区最高。2016年西部地区新增债务率达到了99.5%的最高值。2015年和2017年中部地区新增债务率超过西部地区。在此期间所有地区新增债务率均超出了15%警戒值。这表明，考虑地方政府隐性债务后，各区域地方政府债务风险凸显。

表3-7　　　　2014～2018年我国各区域地方政府新增债务率　　　单位：%

区域	狭义地方政府债务				广义地方政府债务			
	2015年	2016年	2017年	2018年	2015年	2016年	2017年	2018年
东部	-12.6	5.7	11.4	13.3	23.2	32.6	45.0	34.5
中部	11.2	-5.5	17.1	26.3	57.7	50.4	72.6	42.7
西部	-13.3	23.0	9.6	28.2	47.7	99.5	71.3	46.3
全国	-7.9	6.9	12.2	19.1	35.3	49.4	55.8	38.6

由于去杠杆的推进，2015年大部分省份地方政府（除山西、江苏、安徽、福建、江西、河南、四川、云南、西藏和青海外）狭义债务新增债务率均出现负增长，2016年开始由于稳增长的压力，各省份地方政府重新开始通过债务融资来投资公益性项目，新增债务率逐步回升，此后新增债务率基本实现正增长。2018年，仅北京、辽宁、上海、福建、江西、广东、贵州和西藏新增债务率低于15%警戒值，而青海新增债务率甚至超过了200%（见表3-8）。可见，从狭义债务视角看各地方政府债务风险较

高。从广义地方政府债务视角来看,2015 年仅河北、黑龙江、上海、山东、海南、重庆、宁夏和新疆新增债务率出现负增长,安徽、四川、贵州、云南和青海通过违法违规变相举债,新增债务率甚至超过了 100%,大大加剧了地方政府债务风险。2018 年,天津、辽宁、贵州和西藏新增债务出现了负增长。此外,除上海外各省份地方政府新增债务率均超过警戒值,甘肃、青海和宁夏新增债务超过 100%,债务风险相对较大。

表 3 - 8　　　　　2014~2018 年我国各省份地方政府新增债务率　　　单位:%

省份	狭义地方政府债务				广义地方政府债务			
	2015 年	2016 年	2017 年	2018 年	2015 年	2016 年	2017 年	2018 年
北京	-16.5	-14.4	2.5	6.4	32.5	41.5	94.4	56.1
天津	-18.7	1.8	22.1	31.1	50.0	4.6	40.2	-12.2
河北	-29.2	6.0	47.2	32.1	-3.6	18.1	56.7	27.8
山西	4.5	17.1	15.4	16.8	10.5	51.0	40.5	11.2
内蒙古	-8.9	-52.4	31.7	38.5	1.8	-36.5	35.7	16.6
辽宁	-9.0	-3.2	0.0	5.3	9.9	12.6	-12.7	-20.6
吉林	-16.5	11.4	24.5	41.6	15.7	35.8	66.1	56.2
黑龙江	-31.7	86.6	26.9	31.0	-31.8	100.8	61.4	13.6
上海	-15.8	-8.2	3.1	4.8	-23.0	-23.3	0.7	8.0
江苏	3.5	4.4	13.6	14.6	83.4	91.0	67.9	49.5
浙江	-21.2	47.6	14.6	23.6	21.2	78.2	86.6	80.1
安徽	63.9	8.0	17.9	28.9	147.8	80.0	93.2	50.1
福建	49.4	14.5	17.3	-1.4	84.9	44.8	49.0	23.6
江西	46.3	10.2	13.9	12.9	98.8	80.1	84.7	42.7
山东	-48.0	6.6	12.3	19.1	-18.0	42.2	44.9	37.7
河南	53.4	1.9	0.7	26.4	82.0	41.2	17.1	45.1
湖北	-21.9	42.7	18.8	29.1	33.3	105.1	105.5	65.9
湖南	-39.0	-155.5	30.4	36.4	35.2	-69.4	101.1	37.6
广东	-6.6	3.3	4.4	7.7	9.7	1.8	19.5	27.9
广西	-35.2	14.4	-75.8	22.6	34.4	96.1	-50.0	58.3
海南	-40.1	17.9	23.6	29.6	-39.2	12.1	22.1	22.2
重庆	-117.4	16.1	12.5	29.7	-64.1	105.5	44.8	17.9
四川	41.4	0.1	19.3	20.3	104.2	101.0	106.2	91.4

续表

省份	狭义地方政府债务				广义地方政府债务			
	2015 年	2016 年	2017 年	2018 年	2015 年	2016 年	2017 年	2018 年
贵州	-43.3	317.9	-6.4	13.1	102.5	454.2	88.1	-32.6
云南	115.4	6.9	19.7	20.8	185.9	134.1	100.8	25.0
西藏	22.6	17.2	21.9	4.9	43.0	108.6	51.7	-29.7
陕西	-30.5	71.3	23.8	21.9	36.3	115.7	104.2	29.1
甘肃	-26.1	-305.7	35.5	49.4	39.0	-258.9	103.4	170.6
青海	187.5	43.1	-109.5	254.1	264.7	76.0	-78.7	180.8
宁夏	-70.0	30.2	17.5	31.5	-48.2	1.9	14.9	140.8
新疆	-99.1	15.7	36.9	30.3	-74.1	52.7	126.3	18.0

（四）债务依存度

从狭义地方政府债务视角看，2015～2018 年期间各区域地方政府债务依存度均显著低于 20% 警戒值，最高仅为 11.6%（见表 3-9）。2015 年，仅中部地区债务依存度为正。从广义地方政府债务来看，2015～2018 年期间各区域债务依存度波动较大，西部地区 2016 年债务依存度最高，其他地区 2017 年最高。2018 年间东部地区债务依存度均显著高于警戒值，债务风险较高，中部和西部地区接近警戒值但没有超出，全国范围略高于警戒值。总体而言，在考虑地方政府隐性债务后，各省份地方政府对债务依赖较高，债务风险也相对较大。

表 3-9　　　　2014～2018 年我国各区域地方政府债务依存度　　　单位：%

区域	狭义地方政府债务				广义地方政府债务			
	2015 年	2016 年	2017 年	2018 年	2015 年	2016 年	2017 年	2018 年
东部	-9.0	4.1	8.0	9.2	16.6	23.5	31.7	23.9
中部	4.9	-2.3	7.1	11.6	25.1	21.5	30.1	18.8
西部	-5.3	8.6	3.4	10.4	18.9	37.1	25.3	17.1
全国	-4.3	3.7	6.4	10.2	19.5	26.9	29.4	20.6

从狭义债务视角来看，2015～2018 年期间各省份地方政府债务依存度表现差异较大。内蒙古、安徽、江西、河南、湖南、四川、云南、甘肃和

青海债务依存度呈现先跌后涨的态势，黑龙江、陕西和新疆呈现先涨后跌的走势，河北、浙江、福建、湖北、广西、重庆和贵州呈现震荡的走势，其余各省份总体上表现为增长的趋势。2015 年，安徽、福建、江西、河南、云南和青海债务依存度均超过 20% 警戒线，债务风险相对较高。2018年底，除天津和青海外其余省份债务依存度均少于 20% 警戒值，债务风险有所降低（见表 3 – 10）。

表 3 – 10　　　　2014 ~ 2018 年我国各省份地方政府债务依存度　　　单位：%

省份	狭义地方政府债务				广义地方政府债务			
	2015 年	2016 年	2017 年	2018 年	2015 年	2016 年	2017 年	2018 年
北京	– 13.56	– 11.43	1.96	4.98	26.79	32.92	75.11	43.43
天津	– 15.41	1.31	15.57	21.10	41.24	3.41	28.27	– 8.30
河北	– 13.75	2.82	23.00	14.61	– 1.69	8.51	27.64	12.64
山西	2.14	7.75	7.66	8.99	5.02	23.15	20.13	5.98
内蒙古	– 4.12	– 23.41	11.92	14.89	0.84	– 16.32	13.41	6.41
辽宁	– 4.29	– 1.55	0.00	2.59	4.70	6.03	– 6.23	– 10.13
吉林	– 6.30	4.01	7.98	13.63	5.98	12.62	21.47	18.39
黑龙江	– 9.19	23.52	7.20	8.50	– 9.22	27.39	16.45	3.73
上海	– 14.07	– 7.59	2.77	4.08	– 20.54	– 21.54	0.63	6.78
江苏	2.93	3.60	10.46	10.80	69.08	74.06	52.27	36.66
浙江	– 15.36	36.15	11.27	18.03	15.37	59.43	66.73	61.23
安徽	27.15	3.85	8.12	13.41	62.84	38.70	42.26	23.26
福建	31.43	8.97	10.37	– 0.90	53.97	27.71	29.37	14.66
江西	22.69	4.73	6.10	8.66	48.39	37.29	37.14	28.59
山东	– 32.14	4.40	8.13	12.26	– 12.09	28.27	29.57	24.23
河南	23.68	0.81	0.29	10.78	36.39	17.42	7.08	18.39
湖北	– 10.72	20.61	9.00	13.25	16.32	50.78	50.41	30.01
湖南	– 17.14	– 66.19	12.22	13.91	15.44	– 29.55	40.59	14.38
广东	– 4.85	2.55	3.27	5.94	7.07	1.38	14.66	21.47
广西	– 13.09	5.02	– 24.93	11.86	12.79	33.45	– 16.42	30.61
海南	– 20.28	8.29	11.03	13.20	– 19.87	5.61	10.32	9.91
重庆	– 66.70	8.94	6.49	14.80	– 36.43	58.73	23.25	8.92
四川	18.52	0.05	7.96	8.18	46.62	42.73	43.76	36.77

省份	狭义地方政府债务				广义地方政府债务			
	2015 年	2016 年	2017 年	2018 年	2015 年	2016 年	2017 年	2018 年
贵州	-16.57	116.46	-2.23	4.52	39.21	166.38	30.87	-11.24
云南	44.28	2.48	6.50	6.84	71.33	48.42	33.29	8.22
西藏	2.24	1.69	2.42	0.58	4.27	10.66	5.71	-3.47
陕西	-14.35	29.77	9.89	9.28	17.11	48.34	43.26	12.33
甘肃	-6.56	-76.38	8.76	11.40	9.81	-64.69	25.54	39.36
青海	33.05	6.74	-17.62	42.10	46.67	11.88	-12.65	29.95
宁夏	-22.98	9.30	5.31	9.79	-15.82	0.59	4.52	43.74
新疆	-34.67	4.92	11.66	9.32	-25.92	16.55	39.93	5.54

从广义债务视角来看，各省份地方政府债务依存度表现严重分化。2018 年，天津、辽宁、贵州和西藏债务依存度为负值，表明这些省份地方政府不存在对债务的依赖；河北、山西、内蒙古、吉林、黑龙江、上海、福建、河南、湖南、海南、重庆、云南、陕西和新疆债务依存度小于20%警戒值，对债务依赖相对较低；而其他省份均大于警戒值，这些省份地方政府通过隐性债务融资依赖度较大，债务风险较高。

三、我国地方政府债务风险判断

从区域视角来看，按照狭义债务的统计口径，2014～2018 年间西部地区地方政府债务风险最高，东部地区经济比较发达，其债务风险最低，中部地区与全国范围适中，各区域地方政府债务风险总体处在安全可控的范围。从全口径的广义地方政府债务来看，各区域地方政府债务风险不容乐观，西部地区尤为严重。尽管 2014～2016 年去杠杆期间地方政府显性债务规模得到有效的控制，但其后随着稳增长压力的增加，部分省份通过地方政府隐性担保形式违法违规变相举债，形成了大量隐性债务，导致地方政府债务风险激增。2015 年新预算法实施以后，地方政府通过融资平台等主体进行违法违规变相举债。部分省份地方政府不考虑自身财政状况、偿债能力，盲目举债融资，使得债务规模不断增长，存在较大的债务风险。

从各省份来看，北京、天津、吉林、江苏、安徽、江西、湖北、湖南、广西、重庆、四川、贵州、云南、陕西、甘肃和青海等省份，尤其是天津、云南、贵州和湖南4个省份，债务规模相对较高或经济欠发达，债务指标表现较差，债务风险较高；上海、广东和山东债务指标表现相对领先，尽管债务规模较大，但益于其相对较强的经济和财政实力，对各自债务偿还能力较高，因此整体债务指标表现也较弱。浙江、福建和海南等地整体债务指标表现适中。新疆、辽宁、西藏、宁夏、山西、内蒙古、黑龙江、河北、河南省虽然经济不够发达，但存在较高规模的上级转移支付，加之债务规模较少，债务指标表现较好。

因此，不难看出不少地方政府依然面临较大的债务压力，这也是未来地方政府债务依然要坚持"总量控制"的核心理由。考虑到近年地方政府债券规模基本稳定，隐性债务增长迅速，未来控制的重点将聚焦于地方政府隐性债务。

尽管当前我国地方政府债务总体规模仍处在可控范围。但仍存在一些风险，如与期限错配造成的流动性风险，债务增信过度依赖土地，部分项目收益无法覆盖债务本息，地方政府债务违约和重组机制不健全，风险定价扭曲等。如果未来受到外部冲击，出现经济紧缩。期限失配等上述问题将大幅放大紧缩的破坏力，从而可能引发系统性的债务危机。

当然，分析某省份地方政府的债务风险时，需要结合该省份的财政收入结构、经济实力、转移支付结构等多方面因素，不能以一指标而概论。如江苏、河北的狭义债务率较为相近，但江苏省的经济实力显著高于河北，算上隐性债务的广义债务率江苏明显高于河北。为此，如何准确地测度各省份和地区的地方政府债务风险？在正常市场条件和极端市场条件下地方政府债务风险如何？地方政府偿债能力如何？资产债务规模和结构如何影响地方政性债务风险？如何建立有效的地方政性债务风险预警机制？地方政性债务治理整顿对经济的影响如何？诸如此类的很多问题现有的研究成果还没有给出令人信服的答案。而本书的下面章节将试图解决这些问题。

第四章　我国地方政府债务风险测度

2013 年 6 月国际货币基金组织对中国潜在的债务风险再次表示关注。2013 年 7 月美国底特律市由于无力偿还巨额债务正式申请破产保护。这些引发了人们对国内地方政府债务的警觉。2013 年底，审计署公布截至 2013 年 6 月底全国地方政府债务余额为 17.89 万亿元。但关于地方政府债务，目前仍有不少质疑。迄今为止，由地方政府债务形成的资本情况如何？地方政府用于偿还债务的资产为多少？地方政府债务风险状况如何？地方政府负有担保责任的债务如何影响地方政府债务风险？债务规模和资产变化又如何影响地方政府债务风险？这些都是不得而知。以上问题表明，对于各级地方政府债务问题，尚未建立起一个起码的债务统计、分析评价、风险管理机制。因此，如何监测和分析中国地方政府债务风险已经成为当务之急。

目前，国内外对地方政府债务风险的研究大多是定性的分析，少有深入的量化研究和实证分析（马金华、王俊，2011；龚强、王骏、贾坤，2011；刘蓉、黄洪，2012）。当然，这也与各省份地方政府债务数据信息披露不充分有关。

国外一些学者最早开始探讨运用或有权益分析研究宏观的系统性金融风险。该方法源于布莱克和斯科尔斯（1973）、默顿（1974）对期权定价理论的开拓性研究，后来得到逐步完善。格雷（2001，2002，2006，2007，2008，2010）等提出了运用或有权益分析方法监测、分析和管理宏观金融风险理论框架，将该方法的适用范围从微观提升到宏观。在实证应用方面，格雷（2004，2007）和加彭（2005）等分别应用该方法讨论了主权风险评估和主权债务可持续性等问题。范登恩和塔巴（2005）利用该方法通过违约概率和预期损失两个风险指标测度了荷兰的金融稳定状况；而克里斯汀（2007）用或有权益方法分析了土耳其主权风险的 2001 年以来的演变，并通过对主要风险指标的情景分析评估了潜在的市场波动和政策调整可能产生的影响。奥利和伊利亚（Olli & llja，2009）运用欧元区资本账户数据构建了基于行业的资产负债表网络，研究局部冲击对网络中其他若干资产负债表的影响，并在此基础上运用或有权益方法分析了欧元区的宏观金融风险及其传递。安德烈亚斯（Andreas，2012）和格雷（2013）运用或有权益方法测度金融行业系统性风险。

国内学者近年来有些学者开始应用或有权益方法测度宏观金融风险。叶永刚、宋凌峰（2007）首先提出运用基于资产负债表的或有权益方法来研究宏观金融风险管理。宫晓琳（2012a）用或有权益方法（contigent claims analysis）测度了 2000～2008 年时间段内国民经济各机构部门风险的动态演变。宫晓琳（2012b）则将 CCA 方法分析了我国宏观金融风险的传染机制。孙洁和魏来（2009）曾首次运用 CCA 方法，对我国具有代表性的 7 家上市商业银行风险状况进行了整体评估。刘海龙、杨继光（2011）在 CCA 方法的基础上，利用存款保险的期权定价理论以及银行破产时被保险存款的期望损失定价方法，研究了我国上市银行存款保险费率的定价问题。苏健、姬明和钟恩庚（2012）运用 CCA 方法测算了我国银行业的整体风险水平，结果显示，我国商业银行整体经营情况较为稳定。许友传、刘庆富和陈可桢（2012）在 CCA 方法的框架内，分别估计了政府对每家上市银行的隐性救助概率和救助成本。

此外，还有部分学者运用或有权益方法研究政府债务风险。沈沛龙、樊欢（2012）在编制了简化的政府"可流动性资产负债表"基础上，运用 CCA 方法分析了我国中央政府的债务风险问题。刁伟涛（2016）基于未定权益分析方法构建地方政府债务的风险测度模型，引入地方国有企业国有资产和土地资产，研究发现，地方债务不存在资不抵债的风险，地方政府国有资产可以化解用来地方债务，但是要避免大规模资产处置的负面影响。潘志斌（2014，2015）首次将或有权益方法应用于地方政府债务风险测度，通过构建简化的地方政府或有权益资产负债表，研究我国 31 个省份地方政府债务规模与资产价值变动对地方政府债务风险的影响。研究结果表明，目前我国地方政府债务风险总体可控，地方政府债务风险与地方政府资产价值显著负相关，与债务规模正相关。

相比之下，现有研究成果中将或有权益方法用于对地方政府债务风险测度，但 2015 年新预算法实施后，地方政府债务统计口径发生了变化，由原来的地方政府债务调整为地方政府显性债务和隐性债务，从这个视角对地方政府债务风险进行的系统性分析还很少见。为此，本书则分别利用违约距离和违约概率两个风险指标研究了 2018 年底我国 31 个省份地方政府债务风险。本章主要内容如下：首先，核实数据汇整编制和模型建立的有效性；其次，研究我国 31 个省市自治区的地方政府债务风险进行了评估，分析资产价值变化、违约阈值变化和无风险利率变化时政务风险的敏感性；然后，在此基础上，通过情景分析和压力测试，研究在极端市场条件下我国地方政府债务风险的变化；最后，根据实证分析和数值模拟的结果，探讨了当前资产价值、违约阈值和债务价值及其内部结构对地方政府债务风险的影响，以及违约距离和违约概率等风险指标在地方政府债务风险演变中的作用。

第一节　或有权益理论

无论对于公司、金融机构还是政府，资产负债表对理解信用风险和违约概率是非常重要的。所有主体的资产和负债都是以市场价值记录的。现金流入流出、市场价格随机波动都会使得主体资产负债价值的变化。当资产价值低于承诺债务支付水平时就会出现债务危机和违约。

或有权益模型为估计预期违约概率给出了如下的思路：假设当政府资产低于某一被称为违约点的临界价值时，政府就会违约；定义预期违约概率为政府资产价值达到违约点的发生概率；假定政府资产价值服从某一随机过程，并将在推导预期违约概率时得到的某个中间变量定义为违约距离（DD）。违约距离越大，预期违约概率越小。在或有权益模型中，违约距离与预期违约概率同样可以作为衡量债务风险的指标。

一、或有权益模型

或有权益模型的根本目的是通过计算预期违约概率来度量信用风险（即违约可能性），在或有权益模型的视角下，这种违约可能性等价于未来市场价值低于资产价值临界值的概率。

地方政府债务风险本质上是由地方政府资产价值变动引起的。只要了解资产价值的随机过程，那么任何期限条件下的预期违约概率都可以被推导出来。

图 4-1 展示了或有权益理论的基本原理。资产价值服从几何布朗运动，其在时间 T 的不确定性体现为 T 时刻资产价值的一个概率分布。而该

分布的均值即资产价值的预期收益率/漂移率 μ_A，σ_A 为资产收益率的标准差。如令 t 表示即期到未来负债到期日的时间长度，A_t 为 t 时刻资产的价值，资产价值的波动遵循几何布朗运动过程：

$$dA_t = \mu_A A_t dt + \sigma_A A_t dz(t) \tag{4-1}$$

其中 $z(t)$ 服从标准布朗运动，r 为无风险利率，$\ln(A_t/A_0) \in N(\mu t, \sigma_A^2 t)$，t 时刻的违约阈值（又称违约边界或资产临界价值）为：

根据伊藤引理：

$$
\begin{aligned}
d\ln(A_t) &= \left(\frac{1}{A_t}A_t r - \frac{1}{2}\frac{A_t^2 \sigma_A^2}{A_t^2}\right)dt + \frac{1}{A_t}A_t \sigma_A dz(t) \\
&= \sum_{i=1}^{t} \ln\left(\frac{A_t}{A_{t-1}}\right) \\
&= \ln(A_t) - \ln(A_0) \\
&= \left(r - \frac{\sigma_A^2}{2}\right)t + \sigma_A \sqrt{t} Z_t
\end{aligned}
\tag{4-2}
$$

$$\text{Prob}(A_t \leqslant B_t) = \text{Prob}\{\ln(A_t) \leqslant \ln(B_t)\} \tag{4-3}$$

$$
\begin{aligned}
\text{Prob}(A_t \leqslant B_t) &= \text{Prob}\left\{Z_t \leqslant -\frac{\ln\left(\frac{A_0}{B_t}\right) + \left(r - \frac{1}{2}\sigma_A^2\right)t}{\sigma_A \sqrt{t}}\right\} \\
&= N\left(-\frac{\ln\left(\frac{A_0}{B_t}\right) + \left(r - \frac{1}{2}\sigma_A^2\right)t}{\sigma_A \sqrt{t}}\right)
\end{aligned}
\tag{4-4}
$$

其中，$Z_t \in N(0, 1)$。

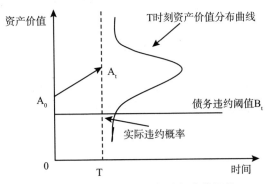

图 4-1　资产价值分布与债务违约阈值

二、省级地方政府债务风险度量模型

当 CCA 方法应用于以国民经济机构为单位的宏观金融层面时，任一部门隐含资产的市场价值 A 依然为各种优先级的索取权之市场价值的总和（Gray et al. , 2006, 2008；Gapen et al. , 2004, 2008），包括：低等索取权 J 与风险债务 D：

$$A = J + D \tag{4-5}$$

其中，风险债务 D 的市场价值等于无违约风险债务价值，即债务的账面价值，减去违约担保的价值。

在 Black – Scholes – Merton 期权定价理论假设下，该违约担保模型可化为一个 t 时间后到期隐性看跌期权，其执行价格为到期的承诺偿付金额。此隐性看跌期权价值 P_t 反映了债务投资者的预期损失。则有：

$$D_t = Be^{-rt} - P_t \tag{4-6}$$

另外具有低等索取权的次级偿还债务则可模型化为一个以资产为标的的隐性看涨期权

$$J = AN(d_1) - Be^{-rt}N(d_2) \tag{4-7}$$

$$d_1 = \frac{\ln(A/B) + (r + \sigma_A^2/2)t}{\sigma_A\sqrt{t}}, \quad d_2 = d_1 - \sigma_A\sqrt{t} = \frac{\ln(A/B) + (r - \sigma_A^2/2)t}{\sigma_A\sqrt{t}}$$

其中 $N(\cdot)$ 表示标准正态分布函数，t 表示债务期限，σ_A 表示资产价值的波动率。B 为违约阈值，也是期权的执行价格。

观察上式中的参数可以发现 A 与 σ_A 是隐含变量不能直接获得，所以必须存在另一个条件才能使用这个定价公式。根据伊藤引理，通过对方程中两边求导再求期望，可到低等索取权的波动率与资产的波动性存在如下关系：

$$\sigma_J = \frac{N(d_1)A}{J}\sigma_A \tag{4-8}$$

联立式（4-7）和式（4-8），运用迭代技术可以求得非线性方程组的解，得到隐含地方政府资产价值及其对应期间的波动率。在此基础上，计算违约距离 DD 和违约概率 EDF。

第二节　数据选取、分析与处理

出于数据可得性等原因，本书将在我国特定的经济与数据背景下，自

行汇整编制相应数据，进而展开对我国地方政府债务风险的系统性研究。除了数据的存/流量性质之外，我国当前地方政府债务数据还因时效性、数据完整性、项目分类设计等原因而不适于直接用于 CCA 宏观金融风险研究。因而，我们以自行汇整编制的我国地方政府债务的系统性数据为本书的数据基础。其中，地方政府债券数据来源于 Wind 数据库以及财政部官网与各省份地方政府财政决算报告。地方政府隐性债务估算数据，选取 Wind 口径地方政府融资平台的有息债务估算结果。需特别指出的是，在年份数据缺失的个别情况下，我们尽可能通过流量数据推算缺失的存量数据，具体过程可参考第二章第三节和第四节。

一、全国各省份地方政府债务余额的确定

（一）2014 年前地方政府债务余额估算

截至 2014 年 1 月底，已有 30 个省、自治区、直辖市（除西藏外）和三个计划单列市（宁波、青岛和厦门）公布的地方政府债务审计结果中。其中，大多数省份地方政府（除天津外）给出了 2012 年底的地方政府债务规模，其中天津没有给出 2013 年 6 月底政府负有偿还责任债务规模相对于 2010 年的具体增长规模或增长率，贵州和江苏均给出了相对于 2010 年以来的政府负有偿还责任债务年均增长率，其他省份则给出了增长的具体规模。因此，我们可以根据这些已知的数据推算 2010 年各省份负有偿还责任债务的具体规模。然后假定在 2010～2013 年间政府负有偿还责任债务占比保持不变，这样就可以估算出 2010 年底各省份地方政府债务规模，然后利用插值法估算 2011 年各省份地方政府债务余额。

（二）2014 年后地方政府债务余额估算

2014 年以来，《预算法》的修订实施与《关于加强地方政府债务管理的意见》（43 号文）的发布，为地方政府举债融资提供了新的法律制度框架，地方政府债务也发生了明显变化，突出表现为债券融资的占比提高。2014 年新修订的《预算法》明确规定："经国务院批准的省、自治区、直辖市的预算中必需的建设投资的部分资金，可以在国务院确定的限额内，通过发行地方政府债券举借债务的方式筹措。除前款规定外，地方政府及其所属部门不得以任何方式举借债务。"从法律层面准许地方政府发行债券融资，也规定了这是地方政府融资的唯一方式。43 号文也明确规定："经国务院批准，省、自治区、直辖市政府可以适度举借债务，市县级政府确需举借债务的由省、自治区、直辖市政府代为举借。"明确划清政府

与企业界限，政府债务只能通过政府及其部门举借，不得通过企事业单位等举借。随后，地方政府债务统计口径也随之发生了变化，由之前的地方政府债务转变为地方政府债券，以及 2017 年开始使用的地方政府隐性债务。为此，我们从狭义和广义两个视角分别进行估算。

地方政府的显性负债是指地方政府负有偿还责任的债务，即地方政府发行的一般债券和专项债券，以及 2013 年之前的部分负有担保责任的存量债务。根据 Wind 数据库提供的 2014～2017 年我国地方政府负有偿还责任债务数据显示，2016 年、2017 年和 2018 年数据较为完整，2014 年和 2015 年部分数据缺失。为此，以未知余额省份前一年债务规模占其在当年未知省份地方政府债务余额之和的占比为权重，乘以已知各省份债务之和与全国地方政府债务余额的差值进行估算。

各地方政府的隐性债务规模无须定期对社会公开，具体余额目前只能通过相关数据进行估算。且考虑部分地区隐性债务认定规模还将由财政部门调节，因此估算结果与财政系统实际认定的金额或有较大偏离。为此，我们提取 2018 年底具有有存量债券的 Wind 口径城投主体，从负债端入手，将每个主体的最新一期带息债务（长期借款、短期借款、应付债券、应付票据和一年内到期的非流动负债）加总，得到估算的隐性债务规模；或从资产端入手，将城投主体最新一期的应收账款、其他应收款、存货、固定资产、在建工程五项科目加总，得到每个主体的五类资产综合科目，而后对每个主体该综合科目简单加总作为隐性债务。具体过程请参考第二章第四节。

二、优先级和次级偿还债务确定

审计署发布的在 2010 年、2012 年和 2013 年 6 月底的全国地方政府债务审计结果中，为分清政府偿债责任，按照法律责任主体，将地方政府债务划分为三类，即政府负有偿还责任的债务、政府负有担保责任的债务和政府可能救助的债务。

第一类政府负有偿还责任的债务，即由政府或政府部门等单位举借，以财政资金偿还的债务。第二类政府负有担保责任的债务，即由非财政资金偿还，地方政府提供直接或间接担保形成的或有债务，债务人出现偿债困难时，地方政府要承担连带责任；其中这里的担保主体地方政府及所属部门和机构。第三类政府可能救助的债务，即由相关企事业等单位自行举借用于公益性项目，以单位或项目自身收入偿还的债务，地方政府既未提供担保，也不负有任何法律偿还责任，但当债务人出现偿债困难时，政府可能需给予一定救助。

2014 年 10 月国务院发布的 43 号文要求对地方政府债务实行限额管理和预算管理，地方各级政府加快建立了规范的举债融资机制，显性的地方政府债务得到了有效的管理。这类债务地方政府超出了显性债务的范畴，无法运用财政资金进行偿还，属于地方政府隐性债务，也就是地方政府负有担保责任的债务和政府可能救助的债务。

加彭（2004）和格雷（2007）等指出，各国政府在面临主权债务危机时的实际行为表明了外债的相对优先级。而参考格雷（2008）等的处理方法，在地方政府面临债务危机时，地方政府应该先偿还负有偿还责任的债务，然后再根据自身的财务状况考虑偿还其他相关债务。为此，我们认为地方政府负有偿还责任的债务具有优先索取权，可以视为需要优先偿还债务；而对于以相关企事业单位或项目自身收入偿还的债务，地方政府只是在一定情况下才救助，因此可以视为需要次级偿还的债务。

为了估算地方政府的隐含资产价值及其波动率，需要确定具有低等索取权的次级偿还地方政府债务价值。根据上述分析，地方政府隐性债务即地方融资平台债务为地方政府负有担保责任债务与地方政府可能救助的债务组成。两者的具体比例由下述方法确定：我们可以假定 2014~2018 年间地方政府负有担保责任债务与政府可能救助的债务在两者之和中的占比为 2010 年和 2013 年 6 月底的平均值且保持一致①。然后，根据从负债端和资产端分别估算了地方政府隐性债务的规模（具体过程参考第二章第四节），计算地方政府可能救助的债务规模，即为确定具有低等索取权的次级偿还地方政府债务价值。

表 4－1 为 2014~2018 年 30 个省级地方政府债务违约阈值。

表 4－1　　　　2014~2018 年 30 个省级地方政府债务违约阈值　　单位：亿元

省份	2014 年	2015 年	2016 年	2017 年	2018 年
北京	3338	2843	2378	2463	2699
天津	1917	1633	1661	1953	2326
河北	3049	2598	2697	3588	4246
山西	1058	1098	1242	1398	1607

---

①　根据审计署数据给出了 2010 年和 2013 年 6 月底部分省份的审计结果，我们发现，在 2010~2013 年 6 月间，地方政府负有担保责任债务与政府可能救助的债务在两者之和中的占比没有出现较大的变化。

续表

省份	2014 年	2015 年	2016 年	2017 年	2018 年
内蒙古	3793	3697	3117	3413	3806
辽宁	5072	4961	4919	4919	4999
吉林	1558	1451	1527	1683	1956
黑龙江	1342	1144	1678	1858	2072
上海	3715	3164	2833	2965	3180
江苏	6356	6531	6754	7441	8220
浙江*	3840	3271	4676	5149	6016
安徽	2002	2775	2891	3164	3643
福建*	1761	2425	2628	2885	2862
江西	1530	2091	2213	2387	2662
山东*	6450	4990	5202	5616	6299
河南	2296	3255	3290	3304	3897
湖北	2388	2035	2747	3076	3594
湖南	8071	7411	4590	5154	5854
广东	4663	4334	4516	4776	5271
广西	3379	3097	3215	2568	2901
海南	883	752	812	894	1010
重庆	3270	1870	2068	2224	2596
四川	3828	4656	4658	5070	5544
贵州	2549	2172	5050	4990	5122
云南	2463	3703	3778	3998	4245
西藏	0	18	34	58	65
陕西	2391	2037	2774	3043	3321
甘肃	2217	2119	901	1047	1265
青海	397	668	724	578	953
宁夏	752	603	670	711	791
新疆	2265	1509	1625	1935	2201

三、违约阈值估算

在确定相关各类债务的价值用于 CCA 金融风险分析时，我们需要债务的账面价值。因为债务的账面价值即各机构在到期日需实际偿付的数额。

在企业数据库和违约与破产案例库的基础上，KMV 模型被用于测算企业违约风险的债务规模估算（Crosbie & Bohn，2003）。近期，运用或有权益方法测度宏观金融风险研究也多选用该法推算相应的违约阈值。本书选择具有优先偿还级别的债务（即政府负有偿还责任的债务）的短期债务（界定为剩余到期时间为一年或一年以内的债务）、半数长期债务（界定为到期日距考察日的时间在一年以上的债务）之和作为测算地方政府债务风险敞口的债务临界值。

地方政府债券为具有优先偿还级别的债务（即政府负有偿还责任的债务），其对应的短期债务为一年内到期的长期债务。由于地方政府债券没有公布具体的期限结构，为此我们进行如下估算违约阈值：首先，根据Wind 数据库数据，计算 2019 年 5 月 20 日的短期债务，假设 2018 年底至2019 年 5 月 20 日短期债务规模没有变化，计算 2018 年底各省份地方政府短期债务占比；其次，假定 2014～2018 年间各省份地方政府短期债务占比保持不变，据此估算短期和长期债务规模；最后，根据短期债务与半数长期债务之和计算各省份地方政府债券违约阈值。

四、无风险利率确定

在详细考察了我国债券市场的综合情况后，参考宫晓琳（2012），我们选用一年期存款利率作为本分析所使用的无风险收益率。若当年一年期存款利率发生变化，则选用该年度年末的利率。详细可参考附录 3。

第三节　实证分析

一、计算地方政府隐含资产及其波动率

政府负有担保责任的或有债务包括政府担保的债务、为国有企业改革所支付的一些相关成本、地方金融机构的不良资产、政策性投资公司呆坏账损失、下级政府财政危机、对非公共部门债务的清偿等组成。

格雷（2002，2006）、加彭（2004）、范登恩和塔巴（2005）等将政府负有担保责任的债务从财政净资产中扣除，构建政府或有权益资产负债表。但政府负有担保责任的债务不可能完全违约，该方法处理比较保守，且略显简单。为此我们在计算的过程中，设定基准情景，即将政府具有担

保责任的债务从净资产中扣除，并考虑不同扣除比例（0，25%，50%，75%，100%）情景下的地方政府债务风险。具体地方政府或有权益资产负债表如表4-2所示。

表4-2　　　　　　　　　地方政府或有权益资产负债表

资产和政府净值	负债
地方政府的公共部门资产	地方政府负有偿还责任的债务
财政净资产扣除政府负有担保责任的或有债务	政府可能承担一定救助责任的其他相关债务

采用现有学者的处理方法（Gapen et al.，2004；Chacko et al.，2006；Gray et al.，2008），将需要次优先偿还债务，即政府可能承担一定救助责任的其他相关债务，视为地方政府资产的看涨期权，利用期权定价技术计算地方政府隐含的资产价值及其波动率。结果参考附录4。

二、各省级地方政府债务风险度量

利用计算出的各省份地方政府隐含的资产价值及其波动率，计算各省份地方政府违约距离和违约概率。各省份违约距离和违约概率的计算结果如图4-2所示。

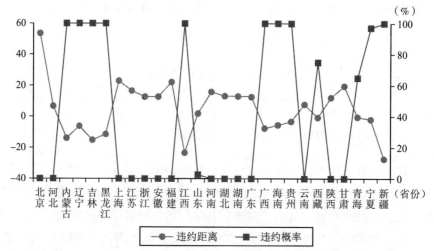

图4-2　2018年底27个省级地方政府债务违约距离与违约概率

从各省份地方政府债务风险指标违约距离和违约概率来看，内蒙古、辽宁、吉林、黑龙江、江西、广西、海南、贵州、宁夏和新疆地方政府违约距离基本上在 -27.27 和 -1.91 之间变化，违约概率基本都接近或等于100%。此时这些省份地方政府会资不抵债，很有可能处于债务危机之中。然而，事实上这些省份并没有出现违约行为。这主要是由于，在计算违约距离和违约概率时，我们将各省份地方政府负有担保责任的债务的 3/4 从对应的地方政府资产中扣除，而实际上，这些债务并没有出现大规模的违约现象。也就是说，地方政府并没有为这些负有担保责任债务的违约而支付相应的资金。而我们的处理是从保守的角度来度量地方政府债务风险的。西藏和青海违约距离分别为 -0.67 和 -0.38，对应的违约概率为74.89% 和 64.86%。这两个省份地方政府存在违约风险，很有可能发生违约。山东的违约距离为 1.93，违约概率最大 2.66%，债务违约是小概率事件。

北京、河北、上海、江苏、浙江、安徽、福建、河南、湖北、湖南、广东、云南、陕西和甘肃违约距离均大于 6，违约概率均为零（见表 4-3）。表明这些省份地方政府在考虑其负有担保责任债务违约的情况下，对其可能救助的债务仍不会出现违约现象，也就是说明地方政府债务风险状况良好，基本不存在违约的可能。此外，天津、山西、重庆和四川省政府资产价值低于其负有担保责任的债务，即扣除负有担保责任的债务后资产价值为负值，表明这些省份地方政府已无法承担其负有救助责任的债务。因此，为了深入了解地方政府负有担保责任债务的违约对地方政府债务风险的具体影响，我们接下来需要进行具体的情景分析。

表 4-3　　　　　　2018 年底全国各省份地方政府债务风险指标

省份	资产价值（亿元）	隐含资产波动率	违约距离	违约概率（%）
北京	29309.84	0.0415	53.56	0.00
天津	9872.27	0.0670	#	#
河北	8261.27	0.0694	6.69	0.00
山西	1926.83	0.0230	#	#
内蒙古	4118.72	0.0164	-13.95	100.00
辽宁	5595.91	0.0228	-6.19	100.00
吉林	3216.21	0.0297	-15.12	100.00
黑龙江	2604.61	0.0319	-11.44	100.00
上海	9020.45	0.0398	23.00	0.00

续表

省份	资产价值（亿元）	隐含资产波动率	违约距离	违约概率（％）
江苏	51727.47	0.1020	16.63	0.00
浙江*	24819.42	0.0853	12.79	0.00
安徽	12403.64	0.0712	12.78	0.00
福建*	9995.81	0.0504	22.24	0.00
江西	6613.11	0.0372	-23.29	100.00
山东*	12710.97	0.0438	1.93	2.66
河南	11210.25	0.0595	15.98	0.00
湖北	13961.17	0.0711	13.29	0.00
湖南	16912.69	0.0702	13.12	0.00
广东	17124.17	0.0615	12.69	0.00
广西	6907.47	0.0604	-7.58	100.00
海南	1032.47	0.0074	-5.50	100.00
重庆	7349.19	0.0608	#	#
四川	14519.20	0.0232	#	#
贵州	9249.73	0.1064	-3.21	99.93
云南	12248.11	0.1114	7.80	0.00
西藏	173.15	0.3576	-0.67	74.89
陕西	10405.49	0.0674	12.22	0.00
甘肃	5826.20	0.0623	19.66	0.00
青海	1677.52	0.0666	-0.38	64.86
宁夏	1111.18	0.1726	-1.91	97.18
新疆	3181.14	0.0611	-27.27	100.00

注：数据来源于全国地方政府债务审计结果。#表示该省份地方政府于 2018 年底资产价值低于其负有担保责任债务，无法计算违约距离与违约概率。这些省份地方政府已经资不抵债，处于债务危机之中。

三、地方政府负有担保责任债务违约比例变化的情景分析

基于宏观审慎的政策视角，格雷（2002，2006）、加彭（2004）、范登恩和塔巴（2005）将 100% 政府或有债务从政府资产中扣除。然而事实上，并非全部地方政府负有担保责任的债务均出现违约，这种做法无疑会对违约距离与违约概率的计算结果产生影响。为了进一步分析，我们将 100% 或有债务的违约比例为基准，假定在 2018 年底各省份地方政府债务

和资产规模分别保持不变，考虑地方政府负有担保的或有债务违约比例为
0、25%、50%、75% 和 100% 情景（见表4－4），将违约部分的负有担保
责任债务从地方政府资产中扣除，分析我国地方政府债务风险指标违约距
离和违约概率的变化。

表4－4　　　　　　地方政府负有担保责任债务违约情况

情景	情景1	情景2	情景3	情景4	基准
违约比例（%）	0	25	50	75	100

根据表4－5和表4－6中的分析结果与基准数据比较，可知：

表4－5　地方政府负有担保责任债务违约比例变化情景下的违约距离　　单位：%

省份	情景1 0	情景2 25%	情景3 50%	情景4 75%	基准 100%
北京	57.86	56.86	55.81	54.71	53.56
天津	21.75	17.24	10.75	-1.02	#
河北	9.77	9.06	8.31	7.52	6.69
山西	8.55	-7.34	-32.60	-99.71	#
内蒙古	5.71	1.36	-3.33	-8.41	-13.95
辽宁	5.58	2.92	0.09	-2.94	-6.19
吉林	17.23	11.59	4.80	-3.71	-15.12
黑龙江	7.63	3.84	-0.48	-5.48	-11.44
上海	26.59	25.74	24.86	23.95	23.00
江苏	18.13	17.78	17.41	17.03	16.63
浙江	16.76	15.88	14.94	13.91	12.79
安徽	17.38	16.36	15.27	14.08	12.78
福建	25.09	24.41	23.72	22.99	22.24
江西	24.86	18.58	10.37	-1.50	-23.29
山东	16.35	13.50	10.26	6.47	1.93
河南	17.98	17.50	17.01	16.50	15.98
湖北	19.25	17.98	16.59	15.04	13.29
湖南	15.29	14.78	14.25	13.70	13.12
广东	19.39	17.95	16.38	14.64	12.69

续表

省份	情景1 0	情景2 25%	情景3 50%	情景4 75%	基准 100%
广西	14.57	11.20	6.95	1.23	−7.58
海南	4.99	2.44	−0.15	−2.80	−5.50
重庆	17.32	12.44	5.45	−6.93	#
四川	42.12	29.03	10.13	−24.31	#
贵州	5.65	4.09	2.22	−0.11	−3.21
云南	9.59	9.17	8.74	8.28	7.80
西藏	2.62	2.09	1.43	0.57	−0.67
陕西	17.14	16.05	14.88	13.61	12.22
甘肃	24.74	23.61	22.40	21.09	19.66
青海	8.69	6.88	4.83	2.45	−0.38
宁夏	1.97	1.21	0.35	−0.67	−1.91
新疆	6.24	2.22	−3.12	−11.09	−27.27

注：#表示地方政府资产价值已经低于其负有担保责任的债务，两者之差为负数，无法计算违约距离。这也就是意味着该省份地方政府已无法承担其可能救助债务的偿还责任，处于债务违约状态。

表4-6　地方政府负有担保责任债务违约比例变化情景下的违约概率　　单位：%

省份	情景1 0	情景2 25%	情景3 50%	情景4 75%	基准 100%
北京	0.00	0.00	0.00	0.00	0.00
天津	0.00	0.00	0.00	84.63	#
河北	0.00	0.00	0.00	0.00	0.00
山西	0.00	100.00	100.00	100.00	#
内蒙古	0.00	8.71	99.96	100.00	100.00
辽宁	0.00	0.17	46.49	99.84	100.00
吉林	0.00	0.00	0.00	99.99	100.00
黑龙江	0.00	0.01	68.28	100.00	100.00
上海	0.00	0.00	0.00	0.00	0.00
江苏	0.00	0.00	0.00	0.00	0.00
浙江	0.00	0.00	0.00	0.00	0.00
安徽	0.00	0.00	0.00	0.00	0.00

续表

省份	情景 1 0	情景 2 25%	情景 3 50%	情景 4 75%	基准 100%
福建	0.00	0.00	0.00	0.00	0.00
江西	0.00	0.00	0.00	93.38	100.00
山东	0.00	0.00	0.00	0.00	2.66
河南	0.00	0.00	0.00	0.00	0.00
湖北	0.00	0.00	0.00	0.00	0.00
湖南	0.00	0.00	0.00	0.00	0.00
广东	0.00	0.00	0.00	0.00	0.00
广西	0.00	0.00	0.00	10.85	100.00
海南	0.00	0.72	55.99	99.74	100.00
重庆	0.00	0.00	0.00	100.00	#
四川	0.00	0.00	0.00	100.00	#
贵州	0.00	0.00	1.31	54.25	99.93
云南	0.00	0.00	0.00	0.00	0.00
西藏	0.44	1.83	7.59	28.27	74.89
陕西	0.00	0.00	0.00	0.00	0.00
甘肃	0.00	0.00	0.00	0.00	0.00
青海	0.00	0.00	0.00	0.72	64.86
宁夏	2.45	11.23	36.38	74.88	97.18
新疆	0.00	1.31	99.91	100.00	100.00

注：基准为第四章第三节中 2018 年底各省份地方政府债务时假定的或有债务违约比例为
100%。

总体上来看，随着政府负有偿还责任的债务违约比例增加，各省份地方政府违约距离不断减少，且呈现非线性变化。当地方政府负有担保责任债务违约比例为 50% 时，山西、内蒙古、黑龙江、海南和新疆违约距离小于零，且减少的幅度出现加速的迹象。当违约比例高于 75% 时，天津、辽宁、吉林、江西、重庆、四川、贵州和宁夏违约距离开始变为负数，且随着负有担保责任债务违约比例的增加，违约距离也存在加速恶化的趋势。而对于部分省份地方政府，如北京、河北、上海、江苏、浙江、安徽、福建、河南、湖北、湖南、广东、云南、陕西和甘肃，政府负有担保责任的或有债务违约比例在 0 ~ 100% 区间变化时，这些省份地方政府债务的违约距离均大于零，违约概率始终为零，地方政府债务风险状况较好。

在不考虑各省份地方政府负有担保责任或有债务违约的情景下，2018 年底，宁夏和西藏违约距离相对较小，分别为 1.97 和 2.62，对应的违约概率为 2.45% 和 0.44%，其余各省份地方政府的违约距离均在 4 至 60 之间变化，违约概率为零。当地方政府负有担保责任的债务违约 25% 的情景下，山西违约距离骤然减少，变为 - 7.34，违约概率为 100%，处于债务危机中。内蒙古、辽宁、黑龙江、海南、西藏、宁夏和新疆违约距离位于 0 ~ 4 之间，违约概率均低于 15%，存在一定的违约风险。其余各省份地方政府的违约距离均大于 4，违约概率为零，不存在违约的可能。

在考虑各省份地方政府负有担保责任的债务违约 50% 的情景下，山西、内蒙古、黑龙江、海南和新疆违约距离均为负数，违约概率超过 50%，有可能处于债务危机之中。还有一些省份，如辽宁、贵州、西藏和宁夏违约距离处于 0 和 3 之间，对应违约概率也在 0 ~ 50% 之间变化，存在一定的违约风险。其余各省份违约距离均大于 3，违约概率也都为 0，不存在违约风险。

在考虑各省份地方政府负有担保责任的债务违约 75% 的情景下，山西、四川、新疆、内蒙古、重庆、黑龙江、吉林、辽宁和海南 9 个省份地方政府违约距离基本上在 - 99.71 和 - 2.8 之间变化，违约概率基本接近或等于 100%。此时这些省份地方政府会资不抵债，很有可能处于债务危机之中。然而，事实上这些省份并没有出现违约行为。这主要是由于各省份地方政府负有担保责任的债务并没有出现大规模的违约现象。也就是说，地方政府并没有为这些负有担保责任债务的违约而支付相应的资金。江西、天津、宁夏、贵州、西藏、广西和青海省违约距离位于 - 1.5 至 2.45 之间，违约概率分别为 93.39%、84.63%、74.88%、54.25%、28.27%、10.85% 和 0.72%，均大于零。这说明这些省份地方政府存在违约风险。

北京、上海、福建、甘肃、江苏、河南、湖北、广东、安徽、浙江、湖南、陕西、云南、河北和山东省违约距离均大于 6，违约概率均为零。表明这些省份地方政府在其负有担保责任债务中 3/4 违约的情况下，对其可能救助的债务仍不会出现违约现象，也就是说明地方政府债务风险状况良好，基本不存在违约的可能。见图 4 - 3 和图 4 - 4。

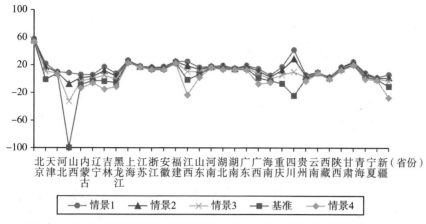

图4-3　负有担保责任债务违约比例变化下各省区地方政府债务违约距离

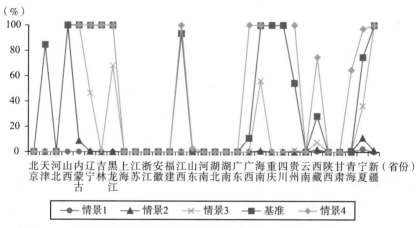

图4-4　负有担保责任债务违约比例变化下各省区地方政府债务违约概率

可见，正常经济形势下，若地方政府负有担保责任的债务没有出现较大规模的违约，各省份地方政府债务风险状况良好。若负有担保责任的债务违约比例超过25%，将会出现部分省份的资不抵债现象，而且随着违约比例的上升，这种现象将更为明显。此外，若考虑到地方政府债务期限结构和政府负有偿还责任债务规模的变化，以及极端市场条件下地方政府资产价值的缩减，那么债务风险状况将很难确定。这种情景我们将在后续进行分析。

第四节　结论与启示

本章得到以下几点有益的结论。

（1）本书从资产负债角度研究地方政府债务风险，应用或有权益理论，构建简化的地方政府或有权益资产负债表，将政府负有直接偿还责任的债务视为优先偿还债务，政府负有救助的债务视为以政府资产为标的物的看涨期权，考虑政府负有担保责任的债务，度量地方政府债务风险指标违约距离和违约概率。此方法将政府资产与负债联系起来，将政府资产看作保障政府债务顺利偿还的基础，避免了以往研究地方政府债务风险单纯就债务论债务的局限，从而客观地反映地方政府债务风险。

（2）本书通过收集 2010～2018 年底我国 31 个省份的地方政府债务信息，综合整理和编制了具有对应关系和反映市场实时状况的地方政府或有权益资产负债表，计算了 2018 年底地方政府的违约距离和违约概率。

研究结果表明，考虑到地方政府负有担保责任的债务时（此处为基准情景，即将地方政府负有担保责任的债务从资产价值中扣除），我国地方政府债务风险较为严重。北京、上海、福建、甘肃、江苏、河南、湖北、广东、安徽、浙江、湖南、陕西、云南、河北和山东省违约距离均大于 6，违约概率均为零，地方政府债务风险状况良好，基本不存在违约的可能。江西、天津、宁夏、贵州、广西和青海违约距离位于 -1.5 至 2.45 之间，违约概率分别为 93.39%、84.63%、74.88%、54.25%、10.85% 和 0.72%，均大于零。这说明这些省份地方政府存在违约风险。然而，山西、四川、新疆、内蒙古、重庆、黑龙江、吉林、辽宁和海南 9 个省份地方政府违约距离基本上在 -99.71 和 -2.8 之间变化，违约概率基本接近或等于 100%。这些省份地方政府会资不抵债，很有可能处于债务危机之中。然而，事实上这些省份并没有出现违约行为。这主要是由于，在计算违约距离和违约概率时，我们将各省份地方政府负有担保责任的债务从对应的地方政府资产中扣除，而实际上，这些债务并没有出现大规模的违约现象。也就是说，地方政府并没有为这些负有担保责任债务的违约而支付相应的资金。而我们的处理是从保守的角度来度量地方政府债务风险的。

（3）地方政府负有担保责任的或有债务对债务风险影响显著。通过分析发现，当不考虑政府负有担保责任的或有债务时，各省份地方政府债务基本上没有违约风险，但是若考虑了或有债务，地方政府债务违约风险显著增加。当或有债务违约比例达到25%时，地方政府债务风险状况明显恶化。当或有债务违约比例达到或超过50%时，很多省份地方政府出现违约或"破产"。而当经济减速或衰退时，地方政府资产价值缩减时，债务风险很有可能会出现加速恶化的现象。本书认为，首先，需要加强地方政府或有债务的管理，其次，要健全政府财务体制，将地方政府或有债务纳入政府债务管理范围，最后，严格规范政府担保行为，严格防范地方政府的或有债务风险等。

（4）本书在我国特殊的数据背景下，基于我国地方政府债务现状，探索了度量我国地方政府债务风险的具体理论与方法。文中的数据和结论所揭示出的我国各省份地方政府债务问题远不止于此。我们将在后续研究中对其另作深入分析。更多的研究将致力于：深入探究地方政府债务风险积累和传染的非线性机制；解析地方政府资产价值、债务期限结构对债务风险的影响机理；构建地方政府债务风险压力测试理论框架；评估相应时期我国地方政府债务危机应对政策的效应；设计基于宏观审慎视角下的地方政府债务监管政策等。

第五章　我国地方政府债务系统性风险度量

截至 2018 年末，地方政府债务余额为 18.39 万亿元，债务率（债务余额/地方综合财力）为 76.6%，低于国际通行的 100%～120% 的水平。此外，国际货币基金组织 2017 年第四条磋商访问报告显示，我国 2016 年底的广义政府债务余额为 46.4 万亿元，而狭义的政府债务余额为 27.3 万亿元，即我国 2016 年底的地方政府隐性债务余额约为 19.1 万亿元。美国次贷危机后，地方政府财政收入的加速下行，中国的地方政府债务安全正在快速逼近系统性金融风险积累的阈值。

地方政府债务主要投向公益或准公益的基础设施项目，资金回收期较长，期限错配严重，项目收益难以满足偿还债务本息需求。此外，由于利率、期限结构、投资标的差异，即使不同省份地方政府具有相同隐性债务规模，它们的风险敞口也会具有很大差别，经济实力差、财政收入有限和显性债务较高的省份或地区在扩张隐性债务的过程中必然要付出更高的风险溢价，也面临着更大的债务风险。

在当前财政体制下，尽管地方政府债务风险与日俱增，但考虑到地方政府不能破产清算，地方政府若出现无法偿还债务，风险会转嫁到银行等金融机构，或者将不断向上传导，最终将不得不由中央财政兜底。当地方政府债务风险积累到一定程度，就可能引发系统性金融风险。此外，当前地方政府债务还面临着期限失配严重、增信过度依赖土地、项目收益率低于债务利率、市场化债务违约和重组机制不健全和风险定价扭曲等一系列问题。如果未来经济受到外部冲击，造成经济增长大幅下滑，这些问题将大幅放大破坏力，从而可能引发系统性的债务危机。为此，研究我国地方政府债务系统性风险评估和管理无疑具有十分重大的现实意义。

近年来，国外很多文献运用或有权益方法研究宏观层面的系统性风险，同时也引发了一些国内学者的研究兴趣。格雷（2007，2008，2010，2011）运用此方法测度宏观金融风险，根据债务偿还的不同优先级别（高级和低级索取权），在考虑担保债务的基础上将次优先偿还债务视为资产的隐含欧式看涨期权，在债务到期时如果资产价值低于债务阈值的价值则发生违约。资产市场价值和违约阈值间就是违约距离（distance-to-default，DD）。还有一些学者运用或有权益方法进行了实证研究。范登恩和塔巴（2005）利用 CCA 方法测度了荷兰的系统性金融风险状况；奥利和伊利亚（2009）利用 CCA 方法运用违约距离指标度量了欧元区的系统性金融风险。

或有权益方法测度系统性金融风险可以运用违约距离指标实现。现有的大部分研究成果最多仅取每个金融机构违约距离的算术均值即平均违约距离（average distance-to-default，ADD）或资产加权均值（asset-weighted distance-to-default，WDD）来度量整体系统性风险。平均违约距离指标没有考虑规模差异和风险的相依性以及银行体系尾部风险。资产加权指标在金融危机等极端时期无法解决银行间相依性问题（Čihák，2007；Chan-Lau & Gravelle，2005）。近年来，国外学者将银行体系视为投资组合，通过银行间资产的协方差矩阵以及股票收益波动率计算组合违约距离（portfolio distance-to-default，PDD）。组合违约距离考虑了银行间风险相依性，比平均违约距离和加权违约距离更为有效。德尼科罗和蒂曼（De Nicolò & Tieman，2007）研究了欧洲地区的平均违约距离和组合违约距离后，发现在市场困境期间银行间资产具有高度的相依性，在基本面情况恶化时两者间的差距将缩小并且都趋于下降，两者各指标的变动趋势可以用来分析系统性风险。基于此，IMF（2009）还曾发布了欧洲地区和美国金融体系的平均违约距离和组合违约距离系列指标来测度系统性金融风险。萨尔迪亚斯（Saldías，2012）运用组合违约距离和平均违约距离的联合变动测度了欧洲银行体系的系统性风险，发现能很好地预测到系统性风险的变动，是比较理想的系统性风险预警指标。

近年来，国内已有一些学者开始运用或有权益方法度量宏观金融风险（叶永刚、宋凌峰，2007；王丽娅、余江，2008；宫晓琳，2012），也有部分学者应用该方法来度量银行业的整体风险水平（孙洁、魏来，2009；苏健、姬明、钟恩庚，2012）以及政府债务风险（沈沛龙、樊欢，2012；潘志斌，2014，2015）。

这些文献有较大参考价值和启示意义，但是这些文献并未专门探讨我国地方政府债务系统性风险。此外，这些研究成果运用 CCA 方法展开研究时，仅采用了违约概率和平均违约距离指标来度量风险，没有采用加权违约距离、组合违约距离以及政府隐性担保等度量指标，这样的研究结果就可能出现较大误差。为此，本章在第四章的基础上，运用平均违约距离、加权违约距离、组合违约距离和中央政府隐性担保指标，研究我国东部、中部、西部和全国范围内地方政府债务的系统性风险。第一节主要是对系统性风险度量指标（即平均违约距离、加权违约距离、组合违约距离和中央政府隐性担保指标）计算方法进行说明，第二节是对我国东部、中部、西部和全国范围地方政府债务的系统性风险进行评估，对系统性风险指标进行分析和说明，第三节得出研究具体结论和建议。

第一节　地方政府债务系统性风险度量模型构建

一、系统性风险度量指标：违约距离和违约概率系列指标

将地方政府体系看成由多个地方政府构成的组合，在得出每个地方政府的隐含资产价值及其波动率，计算对应违约距离后，然后进行风险中性测度下的地方政府债务系统性风险测度：平均违约距离 ADD、资产加权违约距离 WDD 和组合违约距离 PDD（见图 5 – 1）。

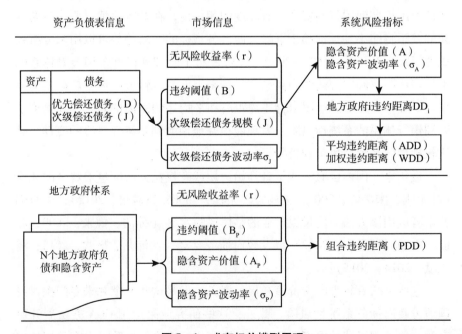

图 5 – 1　或有权益模型原理

$$\text{ADD}_t = \frac{1}{N} \sum \text{DD}_{i,t} \tag{5-1}$$

$$\text{WDD}_t = \sum \omega_{i,t} \times \text{DD}_{i,t} \tag{5-2}$$

$$\text{PDD}_t = \frac{\ln(A_t^P/B_t^P) + (r - \sigma_P^2/2)(T-t)}{\sigma_P \sqrt{T-t}} \tag{5-3}$$

其中，N 表示地方政府体系中地方政府的数量，$B_t^P = \sum\limits_{i=1}^{N} B_{i,t}$ 是 t 时刻组合违约阈值之和，$A_t^P = \sum\limits_{i=1}^{N} A_{i,t}$ 是 t 时刻各个地方政府的隐含资产价值之和。地方政府"组合"的资产波动率 $\sigma_P^2 = \sum\limits_{i}^{N} \sum\limits_{j}^{N} \omega_i \omega_j \sigma_{ij}$，其中 σ_{ij} 是地方政府 i 和地方政府 j 资产收益率的协方差，$\omega_i = A_i / A_t^P$ 表示每个地方政府资产价值占整个组合资产的权重。地方政府 DD 的变化会相互间对冲，使得 PDD 会高于 ADD 和 WDD，因而 ADD 和 PDD 可以分别作为联合违约概率的上下界。PDD 和 ADD 之差能反映地方政府间的对冲效应，差值越大表明风险在地方政府间对冲效果越明显，地方政府抵御冲击的能力越强。

二、中央政府隐性担保模型构建

违约距离系列指标能够有效测度和预警地方政府体系的系统性风险。但在现实中很少有地方政府发生违约，地方政府不能破产清算，上级政府对下级政府承担着无限责任，中央政府提供了隐性担保（central government's implicit guarantee）。为此，在 CCA 方法的基础上，将企业的风险债务价值 D_T 看成企业资产的隐性看跌期权，默顿（1977）构建了存款保险和贷款担保定价模型。

$$D_T = \min(A_T, B_t) \tag{5-4}$$

为了估计中央政府对整个地方政府体系提供的隐性担保，假定地方政府发生违约时中央政府将全部兜底，偿还除去地方政府资产价值后的所有还没有偿还的债务，也就是承担地方政府违约时债权人损失，从而保证地方政府债务是无风险的。因此在债务到期时刻 T 政府所需支付的担保金额为：

$$G_T = \max(B_t - A_T, 0) \tag{5-5}$$

当中央政府对各省份地方政府债务提供担保时，相当于给各省份地方政府的权益所有者提供了一个看跌期权。该期权以各地方政府资产为标的资产，执行价格为各省份地方政府债务账面价值，期限为债务到期时间。根据期权定价公式可得：

$$G_t = B_t e^{-r(T-t)} N(-d_2) - A_t N(-d_1) \qquad (5-6)$$

整理后得到风险中性条件下各省份地方政府的预期损失即中央政府隐性担保为：

$$G_t = B_t e^{-r(T-t)} N(-d_2) \left\{ 1 - \frac{A_t}{B_t e^{-r(T-t)}} \frac{N(-d_1)}{N(-d_2)} \right\} \qquad (5-7)$$

其中，$EAD = B_t e^{-r(T-t)}$ 为违约风险敞口（exposure at default），$LGD = 1 - \frac{A_t}{B_t e^{-r(T-t)}} \frac{N(-d_1)}{N(-d_2)}$ 为违约的损失率（loss given default），$RR = \frac{A_t}{B_t e^{-r(T-t)}} \frac{N(-d_1)}{N(-d_2)}$ 为挽回率（recovery rate），$QDR = \frac{A_t}{B_t e^{-r(T-t)}}$ 为准债务比率（quasi-debt ratio）。由式（5-7）可以看出一家地方政府违约概率越高，中央政府对其隐性担保额度越大；挽回率依赖于违约概率、资产价值、债务比例和资产波动率。中央政府对整个地方政府体系的隐性担保就是对每个地方政府隐性担保的总和。

第二节　实 证 分 析

本章实证研究所需数据沿用第四章中的分析数据。分析对象为全国、东部、中部和西部地区。区域划分参考国家统计局的划分标准。东部地区包括：北京市、天津市、河北省、辽宁省、上海市、江苏省、浙江省、福建省、山东省、广东省和海南省；中部地区包括：山西省、吉林省、黑龙江省、安徽省、江西省、河南省、湖北省和湖南省；西部地区包括：重庆市、四川省、贵州省、云南省、西藏自治区、陕西省、甘肃省、青海省、宁夏回族自治区、新疆维吾尔自治区、广西壮族自治区和内蒙古自治区。

一、全国和区域系统性风险指标分析

参考现有学者（Gray et al.，2002，2006；Gapen et al.，2004；Gray et al.，2008；潘志斌，2014；潘志斌，2015）对政府或有债务的处理方法，构建地方政府或有权益资产负债表，将需要次优先偿还债务，即政府可能承担一定救助责任的其他相关债务，视为地方政府资产的看涨期权，利用期权定价技术计算地方政府隐含的资产价值及其波动率。考虑地方政府或有债务时，现有研究成果均将政府或有债务从政府资产中扣除。这样，计算考虑或有债务情景下违约距离和违约概率等债务风险指标。具体

参考第四章第三节。此外,在计算2014~2015年各省份地方政府债务违约距离时,由于受到债务历史数据缺失的影响,无法计算次级偿还债务波动率。本书选用2016~2018年各省份的次级偿还债务波动率的平均值。

需要指出的是,2014~2018年期间,天津和山西地方政府资产价值低于其负有担保责任债务价值,已经处于技术违约状态之中,无法计算违约距离。类似的情况还有,重庆2015~2018年期间与四川省在2016~2018年期间。为此,计算ADD和WDD时,本书假设当地方政府资产价值低于其负有担保责任债务价值时,这些省份地方政府扣除其负有担保责任债务后的资产价值为1亿元。当然这会低估该区域地方政府债务的系统性风险,但与不考虑该省份相比较,这样做可以更好地反映该地区的整体的地方政府债务风险。

(一)　全国和区域地方政府债务系统性风险测度

由于我国东部、中部和西部地区经济发展水平存在较为显著差异,地方政府债务规模和增速也颇为不同,为此有必要研究各个区域的地方政府债务系统性风险的变动情况。

根据我国31个省级地方政府的违约距离指标,结合各省份地方政府资产价值,计算平均违约距离ADD和加权违约距离WDD。随后,将我国各省份地方政府按照东部、中部和西部进行区域划分,构建地方政府"组合",计算各个组合隐含资产价值及其隐含波动率,计算全国、东部、中部和西部区域地方政府债务的系统性风险指标组合违约距离PDD。最后,计算各个违约距离指标对应的违约概率。

由表5-1可知,三组违约距离得到结果并不一致。整体上看,各区域组合违约距离最大,平均违约距离最小,加权违约距离居中。从整个地方政府体系来看,各个地方政府间的资产权重存在差别,WDD和ADD表现出显著的差异。由于加权违约距离考虑到了每个省份地方政府资产价值的权重,相应的计算结果也就相对更为准确。对于全国、东部和中部的结算结果,WDD要明显高于ADD,是因为经济发达的部分省份地方政府(如广东、江苏、上海和浙江等)所占权重要远远大于经济不发达的地区省份地方政府(如吉林、江西等),地方政府体系的风险受经济较为发达地区地方政府的影响显著。但对于西部地区而言,WDD却明显小于ADD,主要是由于重庆和四川违约距离为倒数两位,且其在西部地区权重相对较高,导致WDD明显小于ADD。

表 5 - 1　　2014～2018 年底区域地方政府债务系统性风险指标—违约距离

负有担保责任债务违约比例	区域	2014 年	2015 年	2016 年	2017 年	2018 年
ADD	全国	-2.08	-13.60	-2.88	2.17	4.13
	东部	-1.12	-10.26	0.91	1.76	2.04
	中部	-49.93	-107.99	-34.72	-45.38	-39.45
	西部	-14.95	-47.71	-80.23	-59.02	-42.93
WDD	全国	14.50	19.95	27.38	20.14	16.64
	东部	7.17	2.11	13.77	12.87	12.78
	中部	-0.47	-7.29	28.84	3.49	-1.53
	西部	-23.38	-54.69	-113.32	-101.83	-81.08
PDD	全国	30.14	35.46	36.34	49.59	34.59
	东部	47.70	55.49	80.44	48.91	57.04
	中部	16.25	18.86	23.01	31.99	18.17
	西部	-0.64	-0.65	-0.69	-0.85	-0.67

　　注：天津和山西、2015～2018 年间的重庆和 2016～2018 年间的四川，地方政府资产价值低于其负有担保责任债务价值。计算 ADD 和 WDD 时，假设其间这些扣除负有担保责任债务后的地方政府资产价值为 1 亿元。

　　而组合违约距离 PDD 由于考虑了地方政府资产规模、地方政府资产间的联动性以及风险的相依性等因素，对市场信息反应更灵敏，能更好地解释地方政府体系的系统性风险时变性，结果也比加权违约距离 WDD 表现得更为准确。

　　在 2018 年底，全国、东部和中部的组合违约距离最小为 18.17，相应的违约概率为零，表明这些区域地方政府债务的系统性风险状况较好，即使考虑处于技术性违约状态的天津和山西，也基本不存在系统性违约的可能。但西部区域地方政府的组合违约距离为 -0.67，对应违约概率为74.98%，该区域地方政府债务的系统性风险较高，出现系统性违约行为是大概率事件。考虑到处于技术性违约状态的重庆和四川，西部区域面临的违约风险会更高。但之所以没有爆发，部分原因是政府负有担保责任债务没有出现大规模的违约现象（见表 5 - 2）。

表 5－2　2014～2018 年底区域地方政府债务系统性风险指标—违约概率　单位：%

负有担保责任债务违约比例	区域	2014 年	2015 年	2016 年	2017 年	2018 年
平均违约概率	全国	98.14	100	99.80	1.49	0
	东部	86.94	100	18.26	3.96	2.09
	中部	100	100	100	100	100
	西部	100	100	100	100	100
加权违约概率	全国	0	0	0	0	0
	东部	0	1.73	0	0	0
	中部	68.01	100	0	0.02	93.74
	西部	100	100	100	100	100
组合违约概率	全国	0	0	0	0	0
	东部	0	0	0	0	0
	中部	0	0	0	0	0
	西部	73.80	74.29	75.53	80.10	74.98

2014～2018 年，各区域地方政府债务系统性风险由低到高依次为东部、中部和西部地区，全国范围的系统性风险状况位于中部和东部之间。整体走势上看，全国和中部地区逐渐转好，2018 年转差。东部地区波动较大，但整体状况良好。西部地区从 2014～2017 年间系统性风险不断恶化，但进入 2018 年后呈现改善的迹象。

在此期间，东部地区地方政府债务不存在系统性风险。主要是由于东部地区各省份经济较为发达，土地出让收入和财政收入也较为充足，抵抗风险能力较强。而西部地区刚好相反，由于经济上欠发达，加之土地出让收入和财政收入较低，导致该区域系统性风险一致很高，组合违约距离最大值为 －0.64，最小值为 －0.85，违约概率最小为 73.80%，最大为80.10%，区域范围内出现系统性违约行为为大概率事件。此外，之所以没有爆发区域性债务危机，主要是由于这些省份地方政府担保的债务没有出现较大规模的违约，以及存在中央政府对地方政府的隐性担保。

为此，为了准确地度量各区域的地方政府债务的系统性风险，需要对政府负有担保责任的债务进行情景分析。

（二）考虑地方政府负有担保责任债务违约比例的情景分析

表 5－3 给出了 2014～2018 年间地方政府负有担保责任债务不发生违

约、违约比例为 25%、50%、75% 和 100% 的情景下我国全国、东部、中部和西部地区地方政府"组合"债务的系统性风险指标组合违约距离及其变化趋势。2014～2018 年期间，天津和山西地方政府资产价值低于其负有担保责任债务价值，已经处于技术违约状态之中，无法计算违约距离。类似的情况还有，2015～2018 年期间，重庆与 2016～2018 年期间四川省。我们没有考虑这些省份在该省份对其对应区域产生的影响，纳入计算的为其他 27 个省份地方政府。这种做法产生的计算结果会低估该区域地方政府债务的系统性风险。

表 5－3　　　　　　2014～2018 年底区域地方政府组合违约距离

负有担保责任债务违约比例	区域	2014 年	2015 年	2016 年	2017 年	2018 年
0	全国	51.63	59.02	60.09	80.82	55.75
	东部	64.62	73.76	105.47	63.49	73.47
	中部	28.53	31.87	37.77	52.87	30.26
	西部	11.15	13.16	12.24	16.23	15.83
25%	全国	46.97	53.98	55.05	74.21	51.25
	东部	60.84	69.72	99.92	60.25	69.81
	中部	25.82	29.02	34.60	48.42	27.67
	西部	8.89	10.62	9.92	13.23	12.88
50%	全国	41.89	48.45	49.50	66.93	46.29
	东部	56.78	65.36	93.95	56.77	65.88
	中部	22.89	25.93	31.12	43.53	24.83
	西部	6.27	7.63	7.16	9.64	9.37
75%	全国	36.32	42.33	43.31	58.79	40.79
	东部	52.42	60.63	87.48	53.00	61.64
	中部	19.72	22.56	27.29	38.10	21.68
	西部	3.17	3.99	3.76	5.15	5.03
100%	全国	30.14	35.46	36.34	49.59	34.59
	东部	47.70	55.49	80.44	48.91	57.04
	中部	16.25	18.86	23.01	31.99	18.17
	西部	-0.64	-0.65	-0.69	-0.85	-0.67

2014～2018 年间，当地方政府负有担保责任债务违约比例不超过 75%时的情景下，各区域组合违约距离上大体上由大到小依次为：东部、全国、中部和西部区域，违约距离也是依次下降，但违约概率基本为零。但这表明西部区域地方政府在金融危机后债务的系统性风险状况最差，但发生系统性违约行为还是小概率事件。西部地区各省份采用债务展期、借新债还旧债、出让土地使用权等方式使得系统性风险得到了缓解（见表 5－4）。

表 5－4　　　　　　2014～2018 年底区域地方政府组合违约概率　　　单位：%

负有担保责任债务违约比例	区域	2014 年	2015 年	2016 年	2017 年	2018 年
0	全国	0	0	0	0	0
	东部	0	0	0	0	0
	中部	0	0	0	0	0
	西部	0	0	0	0	0
25%	全国	0	0	0	0	0
	东部	0	0	0	0	0
	中部	0	0	0	0	0
	西部	0	0	0	0	0
50%	全国	0	0	0	0	0
	东部	0	0	0	0	0
	中部	0	0	0	0	0
	西部	0	0	0	0	0
75%	全国	0	0	0	0	0
	东部	0	0	0	0	0
	中部	0	0	0	0	0
	西部	0.08	0	0	0	0
100%	全国	0	0	0	0	0
	东部	0	0	0	0	0
	中部	0	0	0	0	0
	西部	73.80	74.29	75.53	80.10	74.98

注：此处计算没有包括天津和山西省，2015～2018 年没有包括重庆，2016～2018 年没有包括四川。

当地方政府负有担保责任债务违约比例为100%时，全国、东部和中部区域组合违约距离显著大于10，对应的违约概率均为0。可见，即使政府负有担保责任的债务全部违约，全国、东部和中部区域也基本上不会出现由地方政府债务引发的系统性风险。而西部区域违约距离均小于零，违约概率均大于70%，若不采取相关的防范措施，则很有可能爆发债务危机，甚至会影响到其他区域或全国。

二、中央政府隐性担保测算

（一）中央政府隐性担保测算

由于中央政府对地方政府体系提供了隐性的信用担保，使得在现实中很少有地方政府发生违约。中央政府隐性担保的研究是制定宏观审慎管理政策不可或缺的组成部分。图5－2显示了2014～2018年间我国全国、东部、中部和西部地区中央政府对地方政府体系债务隐性担保的趋势图。可以看出，在此期间，各区域中央政府隐性担保金额在2014～2016年间不断增长，系统性风险也逐步增加，至2016～2017年间增长势头有所缓和，2018年基本保持稳定。

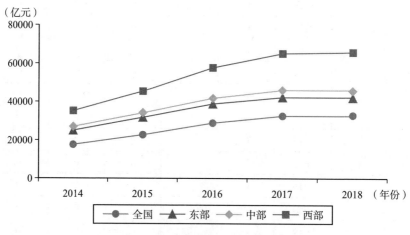

图5－2　中央政府隐性担保规模

从区域的视角来看，2014～2018年间东部区域中央政府隐性担保最少，不足中部和西部的1/3。东部地区隐性担保规模在期略低于西部地区，但西部地区增长相对较快，至2018年底西部区域中央政府隐性担保规模为东部地区2倍以上，超出中部地区4倍有余（见表5－5）。

表 5 - 5		中央政府隐性担保规模		单位：亿元	
区域	2014 年	2015 年	2016 年	2017 年	2018 年
全国	17858	22843	29153	32736	33025
东部	7603	9214	10113	9766	9179
中部	1999	2324	2970	3730	3629
西部	8256	11305	16071	19240	20217

注：天津、山西、重庆和四川在资产价值低于负有担保责任债务年度，其中央政府隐性担保规模为其负有救助责任债务规模加上资产价值与负有担保债务差额。

在 2018 年全国范围内中央政府隐性担保达到了最大值，为 32905.51 亿元，已经占我国 2018 年一般预算收入的 17.95%。可见，从这个指标上来看，我国地方政府债务的系统性风险已经很显著，对地方政府隐性债务治理整顿迫在眉睫。

（二）考虑地方政府负有担保责任债务违约比例的情景分析

由于地方政府负有担保责任的债务，我们需要考虑在这些债务违约时，中央政府隐性担保债务规模的变动。为此，基于宏观审慎的视角，本节研究地方政府负有担保责任债务违约比例为 0、25%、50%、75% 和 100% 情境下，我国中央政府隐性担保债务规模的变动情形。

（1）全国范围。由表 5 - 6 可知，随着地方政府负有担保责任的债务违约比例增加，中央政府隐性担保规模激增，且呈现为非线性的变化。地方政府负有担保责任的债务违约比例由 20% 增至 40% 时，中央政府隐性担保增幅最大。地方政府负有担保责任的债务违约比例由 80% 增至 100% 时，中央政府隐性担保的增幅最小。

表 5 - 6		2014 ~ 2018 年底区域中央政府隐性担保规模				单位：亿元
负有担保责任 债务违约比例	区域	2014 年	2015 年	2016 年	2017 年	2018 年
0	全国	758	465	655	503	529
	东部	58	46	58	57	57
	中部	101	70	228	111	104
	西部	599	349	369	336	368

续表

负有担保责任债务违约比例	区域	2014 年	2015 年	2016 年	2017 年	2018 年
25%	全国	2665	2497	3399	3707	3538
	东部	80	61	68	66	61
	中部	1499	1538	2084	2378	2263
	西部	1085	898	1248	1263	1214
50%	全国	4093	3914	5300	6068	5668
	东部	461	452	367	468	390
	中部	1660	1711	2211	2612	2467
	西部	1972	1751	2722	2989	2810
75%	全国	13637	15576	17513	19915	21051
	东部	3436	3759	3886	3815	3412
	中部	2652	2949	2684	3441	4539
	西部	7549	8869	10944	12659	13100
100%	全国	17858	22843	29153	32736	33025
	东部	7603	9214	10113	9766	9179
	中部	1999	2324	2970	3730	3629
	西部	8256	11305	16071	19240	20217

注：天津、山西、重庆和四川在资产价值低于负有担保责任债务年度，其中央政府隐性担保规模为其负有救助责任债务规模加上资产价值与负有担保债务差额。

当地方政府负有担保责任债务没有发生违约以及违约比例为 25% 和 50% 时，中央隐性担保规模逐渐增加，最大值分别为 758 亿元、3707 亿元和 6068 亿元。这表明随着地方政府负有担保责任债务违约比例的上升，中央政府隐性担保规模也不断攀升，但规模相对有限，地方政府债务系统性风险总体仍处于可控范围。当地方政府负有担保责任债务违约比例超过为 75% 时，中央隐性担保规模从 2014 年的 13637 亿元增至 2018 年的 21051 亿元。而当地方政府负有担保责任债务全部违约时，全国范围内从 2014 年的 17595 亿元逐步增长至 2018 年的 32905.51 亿元，从占全国一般预算收入 12.73% 增长为 18.02%。这也意味着地方政府债务系统性风险已经不容忽视，必须加强对隐性债务管理。

（2）东部、中部和西部区域。2014～2018 年间，当地方政府负有担保责任债务没有发生违约时，东部和中部区域中央政府隐性担保均低于

250 亿元。这表明此时这些区域地方政府债务风险状况稳健。而西部区域中央政府隐性担保在 2014 年最高，为 599 亿元，此后基本稳定在 350 亿元左右波动。但随着违约比例增至 25% 时，中部和西部区域中央政府隐性担保规模迅猛增长。东部区域最少，最高仅为 80 亿元。中部略高于西部区域，最高为 2378 亿元，其间均未低于 1000 亿元。

在此期间，当地方政府负有担保责任债务违约比例为 50% 时，各区域中央政府隐性担保规模增长较快，存在一定的系统性风险。东部区域的中央政府隐性担保规模依然最少，最大值也没有超过 500 亿元，与该区域的 GDP 相比仍旧较小。中部与西部区域中央政府隐性担保规模也均在 2017 年底达到峰值，分别为 2612 亿元和 2989 亿元。可见，无论从区域的视角来看，地方政府债务的系统性风险依旧较小，基本可以忽略。

当地方政府负有担保责任债务违约比例为 75% 时，西部区域中央政府隐性担保规模超过中部区域，成为中央隐性担保规模最大的区域，2018 年达到最大值 13100 亿元，该区域地方政府债务的系统性风险已经比较突出，不容忽视。2014 ~ 2018 年间，东部区域中央政府隐性担保规模在 3400 亿元与 4000 亿元之间波动，中部区域由 2652 亿元增至 4539 亿元，两区域地方政府债务的系统性风险仍在可控范围，出现系统性的债务危机只是小概率事件。

当地方政府负有担保责任债务全部违约时，2014 ~ 2018 年间中部区域中央政府隐性担保最少，西部最高。总体上看，中部区域各年度中央政府隐性担保规模为东部区域 1/3 左右，不足西部区域的 1/4。东部区域中央政府隐性担保规模在 2016 年达到最高值 10113 亿元，其后逐步减少。中部区域在 2017 年中央政府隐性担保规模达到峰值，即 3730 亿元。西部区域中央政府隐性担保规模逐步增至 20217 亿元。可见，在此期间我国各区域地方政府债务的系统性风险已经十分显著，需要做好债务整顿治理和风险防范管控工作。

由上分析可知，从中央政府隐性担保指标来看，考虑到地方政府负有担保责任的债务违约的比例变化，我国地方政府债务系统性风险无论整体还是区域已经不容忽视。

第三节　结论与启示

本章从资产负债角度，应用或有权益理论，采用由上至下的研究方法，研究全国、东部、中部和西部区域地方政府债务系统性风险，通过度量各区域违约距离系列指标（平均违约距离 ADD、加权违约距离 WDD 和组合违约距离 PDD）与测算中央政府为地方政府隐性担保债务的规模，来评估各区域地方政府债务的系统性风险，得到以下几点有益的结论。

（1）综合违约距离指标来看，2018 年底全国、东部和中部区域地方政府债务的系统性风险状况较好，即使考虑处于技术性违约状态的天津和山西省，也基本不存在系统性违约的可能。但西部区域地方政府债务的系统性风险较高，出现系统性违约行为是大概率事件。考虑处于技术性违约状态的重庆和四川，西部区域面临的违约风险会更高。但之所以没有爆发，部分原因是政府负有担保责任债务没有出现大规模的违约现象。2014 ~ 2018 年间，各区域地方政府债务系统性风险由高到低依次为东部、中部和西部地区，全国范围的系统性风险状况位于中部和东部之间。在此期间，东部地区地方政府债务不存在系统性风险。主要是由于东部地区各省份经济较为发达，土地出让收入和财政收入也较为充足，抵抗风险能力较强。而西部地区刚好相反，由于经济上欠发达，加之土地出让收入和财政收入较低，导致该区域系统性风险一致很高。此外，之所以没有爆发区域性债务危机，主要是由于这些省份地方政府担保的债务没有出现较大规模的违约，以及存在中央政府对地方政府的隐性担保。此外，随着地方政府负有担保责任债务违约比例的增加，各区域组合违约距离逐步增长，地方政府债务违约风险也在增加。

（2）从中央政府隐性担保指标来看，我国地方政府债务存在一定的系统性风险。2014 ~ 2018 年间，我国全国、东部、中部和西部地区中央政府对地方政府体系债务隐性担保的趋势图。可以看出在此期间，各区域中央政府隐性担保金额在 2014 ~ 2016 年间不断增长，系统性风险也逐步增加，至 2016 ~ 2017 年间增长势头有所缓和，2018 年基本保持稳定。其中，中部区域中央政府隐性担保最少，不足中部和西部的 1/3。东部地区隐性担保规模在期略低于西部地区，但西部地区增长相对较快，至 2018 年底西部区域中央政府隐性担保规模为东部地区 2 倍以上，超出中部地区 4 倍有余。在 2018 年全国范围内中央政府隐性担保达到了最大值，为 32905.51 亿元，已经占我国 2018 年一般预算收入的 17.95%。可见，从这个指标上来看，我国地方政府债务的系统性风险已经很显著，对地方政府隐性债务治理整顿迫在眉睫。

（3）综合违约距离和中央隐性担保指标来看，总体上我国地方政府债务不存在系统性金融风险，但存在结构性的局部风险。西部地区地方政府债务系统性风险已经不容忽视。东部和中部区域暂时不会引发地方政府债务的系统性风险，全国范围内地方政府系统性风险已经比较突出，但仍处于相对可控范围。本书认为首先需要加强地方政府隐性债务的管理，要健全政府财务体制，将地方政府或有债务纳入政府财政范围，其次严格规范政府担保行为，严格防范地方政府的或有债务风险等。

第六章　我国地方政府债务风险情景分析

目前，地方政府债务风险已经是我国面临的主要风险之一。为了保持稳定的经济增长，维护金融体系的稳定，必须加强宏观审慎监管，防范系统性金融风险。

情景分析是系统性风险管理的重要工具，也是地方政府债务风险评估的重要组成部分。情境分析通过考虑分析各种结果及其影响，帮助决策者做出更明智的选择。由于地方政府债务本身的复杂性，情景分析仍然需要在实践中不断优化。预测未来仍存在很大的困难，如很难预测未来的地方政府债务风险的各种情景，很难确定各种情景的发生概率。但情景分析仍是我国地方政府债务风险管理的重要手段和工具。随着对地方政府债务风险管理的重视，情景分析在地方政府债务风险管理中将发挥更大的作用。

本章以防范地方政府债务风险爆发，建立风险评估机制为目标，探索地方政府在不同情景下承受风险的能力。本章主要是研究不确定环境下的地方政府债务风险，试图运用情景分析方法，识别、评价和控制在复杂经济环境中地方政府债务风险，并且在内容和方法上为地方政府债务风险管理理论体系的完善做出贡献。

本章具体内容如下：第一节，主要描述我过地方政府债务风险情景分析的方法和步骤。第二节从我国地方政府资产与负债规模变化、债务结构变化两个角度对地方政府债务风险进行情景分析，研究2018年底我国各省份地方政府债务风险。其中资产与负债规模的情景分析，分别从资产价值变化、负债规模变化入手，然后再考虑两者同时发生变化时我国地方政府债务风险。对于债务结构的情景分析，分别考虑地方政府显性债务与隐性债务占比变化、债务期限结构发生变化的情景下的地方政府债务风险，在此基础上，综合考察两者同时发生变化的情景对我国地方政府债务风险的影响。

第一节　我国地方政府债务风险情景分析方法与步骤

情景分析是指在对主体假设内、外部因素变化的基础上，通过对未来推理来分析各种可能发生的情景，并随着因素的变化，对分析做出相应调整。它认可人的主观作用，通过人的定性分析，指导定量分析，在预测风险因素变化的基础上分析主体潜在的风险损失。与传统的预测相比，情景分析法更侧重事物发展的内在机理与规律，具有动态性和系统性的特点。

一、地方政府债务风险情景分析的方法与步骤

构造地方政府债务风险情景应根据所研究问题的主题，识别和确定影响未来地方政府债务风险的重要因素。通过对这些因素的分析，提出和分析与所要研究的情景相对应的经济状况，使地方政府债务风险情景具体化。具体步骤如下：

（1）情景构造，生成体现地方政府债务风险重要因素的情景；情景构造是情景分析工作的起点和基础。应以地方政府 2018 年底的资产负债数据为基础，考虑各省份地方年政府资产、债务规模和债务结构变化的情景。

（2）情景评估，评估情景发生的可能性和严重程度。从规模的维度，我们分析各省份 2018 年地方政府资产价值与债务余额增减情景，以及地方资产增减且债务规模变动的情景。从债务结构的维度，我们分析地方政府隐性债务占比变动的情景，地方政府短期债务占比变动的情景，以及地方政府隐性债务与短期债务占比均变动的情景。

（3）情景分析，比较实际损失结果，审核情景数据的质量，运用或有权益理论和 Merton 模型，计算各省份地方政府债务风险指标违约距离和违约概率。

二、地方政府债务风险情景分析的缺陷

（1）历史数据积累问题。历史数据作为情景构造的主要参考因素，其数量和质量对构造合理的情景至关重要，进而影响情景分析结果的准确性。目前我国地方政府债务历史数据并不健全。为此，我们在 Wind 数据库提供的 2014～2018 年我国地方政府负有偿还责任债务数据基础上，估

算地方政府显性债务。通过提取具有存量债券的 Wind 口径城投主体，从负债端估算地方政府隐性债务。

（2）情景分析主观性问题。情景分析需要结合风险管理人员的意见，进行综合判断。此处我们仅假定各省份地方政府资产负债规模、债务结构发生变动的情景，没有考虑利率等因素变动对地方政府债务风险的影响。

第二节　地方政府资产与负债规模变化情景分析

从偿债条件看，除财政收入外，我国地方政府拥有国有企业、土地等可变现资产比较多，可通过变现资产增强偿债能力。部分地方政府债务偿还对土地出让收入的依赖较大。为此，本节在经济减速和转型阶段，地方政府财政收支变化、加大投资力度背景下，构建地方政府资产和债务规模发生变化的若干情景，分析地方政府债务风险指标违约距离和违约概率的变换趋势，试图寻找变化规律，以便为债务风险管理提供一些理论基础。

一、资产价值变化

假定在 2018 年底各省份地方政府债务规模和结构保持不变，以计2018 年底各省份地方政府资产价值为基准，考虑政府资产价值增加 20%、增加 10%、减少 10% 和减少 20% 情景下我国地方政府债务风险指标违约距离和违约概率的变化，见表 6-1。

表 6-1　　　　　　　　考虑地方政府资产价值变化的情景　　　　　　　单位：%

情景	基准	情景 1	情景 2	情景 3	情景 4
资产价值变化	2018 年底各省份相应资产价值	20	10	-10	-20

注：资产价值变化的基准为 2018 年底各省份地方政府资产的市场价值。

将表 6-2 和表 6-3 中的分析结果与 2018 年底基准数据比较，发现地方政府违约距离与地方政府资产价值正相关，地方政府债务风险与地方政府资产价值负相关。

表 6 - 2　　　　　　　地方政府资产价值变化情景下的违约距离变化

省份	情景1	情景2	基准	情景3	情景4
北京	58.73	56.28	53.56	50.49	46.97
天津	-5.93	-21.15	#NUM!	#NUM!	#NUM!
河北	9.88	8.37	6.69	4.78	2.59
山西	#NUM!	#NUM!	#NUM!	#NUM!	#NUM!
内蒙古	0.89	-6.08	-13.95	-22.99	-33.62
辽宁	3.98	-0.81	-6.19	-12.33	-19.48
吉林	-0.96	-7.30	-15.12	-25.33	-40.04
黑龙江	-1.62	-6.15	-11.44	-17.81	-25.80
上海	28.22	25.75	23.00	19.92	16.41
江苏	18.68	17.71	16.63	15.41	14.02
浙江	15.69	14.33	12.79	11.01	8.93
安徽	16.22	14.61	12.78	10.69	8.22
福建	26.36	24.41	22.24	19.81	17.03
江西	-2.10	-10.66	-23.29	-47.86	#NUM!
山东	9.22	5.87	1.93	-2.82	-8.83
河南	19.39	17.77	15.98	13.97	11.69
湖北	17.04	15.29	13.29	10.96	8.17
湖南	16.11	14.69	13.12	11.36	9.34
广东	16.98	14.98	12.69	10.03	6.85
广西	1.80	-2.23	-7.58	-15.53	-31.40
海南	21.03	8.41	-5.50	-21.00	-38.50
重庆	-11.66	-26.04	#NUM!	#NUM!	#NUM!
四川	-39.05	-85.25	#NUM!	#NUM!	#NUM!
贵州	0.68	-1.06	-3.21	-6.00	-9.98
云南	9.76	8.84	7.80	6.64	5.30
西藏	0.73	0.11	-0.67	-1.77	-3.60
陕西	15.87	14.15	12.22	9.99	7.37
甘肃	23.55	21.72	19.66	17.29	14.51
青海	4.30	2.14	-0.38	-3.41	-7.22
宁夏	0.00	-0.87	-1.91	-3.17	-4.78
新疆	-11.95	-17.88	-27.27	-51.66	#NUM!

注：资产价值基准为章节 2018 年底各省份地方政府资产价值。#NUM! 表示该数据不存在，也就是说该省份地方政府资产价值低于该政府负有担保责任的债务。

表 6 - 3　　　　　地方政府资产价值变化情景下的违约概率变化　　　单位：%

省份	情景 1	情景 2	基准	情景 3	情景 4
北京	0.00	0.00	0.00	0.00	0.00
天津	100.00	100.00	#NUM!	#NUM!	#NUM!
河北	0.00	0.00	0.00	0.00	0.49
山西	#NUM!	#NUM!	#NUM!	#NUM!	#NUM!
内蒙古	18.59	100.00	100.00	100.00	100.00
辽宁	0.00	79.09	100.00	100.00	100.00
吉林	83.23	100.00	100.00	100.00	100.00
黑龙江	94.78	100.00	100.00	100.00	100.00
上海	0.00	0.00	0.00	0.00	0.00
江苏	0.00	0.00	0.00	0.00	0.00
浙江	0.00	0.00	0.00	0.00	0.00
安徽	0.00	0.00	0.00	0.00	0.00
福建	0.00	0.00	0.00	0.00	0.00
江西	98.23	100.00	100.00	100.00	#NUM!
山东	0.00	0.00	2.66	99.76	100.00
河南	0.00	0.00	0.00	0.00	0.00
湖北	0.00	0.00	0.00	0.00	0.00
湖南	0.00	0.00	0.00	0.00	0.00
广东	0.00	0.00	0.00	0.00	0.00
广西	3.59	98.73	100.00	100.00	100.00
海南	0.00	0.00	100.00	100.00	100.00
重庆	100.00	100.00	#NUM!	#NUM!	#NUM!
四川	100.00	100.00	#NUM!	#NUM!	#NUM!
贵州	24.76	85.65	99.93	100.00	100.00
云南	0.00	0.00	0.00	0.00	0.00
西藏	23.34	45.42	74.89	96.15	99.98
陕西	0.00	0.00	0.00	0.00	0.00
甘肃	0.00	0.00	0.00	0.00	0.00
青海	0.00	1.62	64.86	99.97	100.00
宁夏	49.94	80.92	97.18	99.92	100.00
新疆	100.00	100.00	100.00	100.00	#NUM!

　　注：资产价值基准为章节 2018 年底各省份地方政府资产的市场价值。#NUM! 表示该数据不存在，也就是说该省份地方政府资产价值低于该政府负有担保责任的债务。

当地方政府资产价值发生变化时，大部分省份地方政府违约距离变化幅度均远超出资产价值的变化幅度，而北京和江苏违约距离变化幅度略低于资产价值变化幅度。当资产价值增加10%时，青海违约距离增幅最高为663%，山东、海南和西藏违约距离增幅均超出100%，北京和江苏增幅最小，均少于10%，其余各省份均在10%～100%之间。当资产价值增加20%时，青海违约距离增幅最高，达到了12.32倍，北京违约距离增幅最低，仅为10%。山东和海南违约距离增幅超过了300%，西藏、内蒙古、辽宁、广西、贵州和宁夏违约距离增幅超过100%，其余各省份地方政府违约距离增幅均在10%～100%之间。当地方政府资产价值减少10%和20%时，山东省地方政府违约距离降幅超过100%，辽宁、广西、海南、西藏和青海违约距离降幅均超过50%，其余各省份地方政府违约距离均小于50%。地方政府违约距离与地方政府资产价值正相关，也就是说，地方政府债务风险与地方政府资产价值负相关。

随着地方政府资产价值的不断增加，河北、内蒙古、辽宁、吉林、黑龙江、江西、广西、贵州、西藏和宁夏地方政府债务违约概率不断降低。从情景4（资产价值减少20%）到情景1（资产价值减少20%），广西地方政府债务违约概率从100%减至3.59%，贵州和西藏的违约概率分别从100%减至24.76%和23.34%。当各省份地方政府资产价值减少10%和20%时，天津和山西等17个省份地方政府会处于债务危机之中。山东为新增的省份。其违约概率由基准情景下的2.66%增至为99.76%和100%，基本上处于债务危机之中。

二、债务余额变化

当政府经济增长低于期望，中央和地方政府将进行大规模投资，此时债务增速明显增加，余额增加。若中央政府聚焦于地方政府债务的治理整顿，那么地方政府债务余额将会缩减。目前我国地方政府债务已纳入预算管理，各省份地方政府债务每年具有一定的限额，波动相对较小。而地方政府隐性债务是各省份地方政府主要融资渠道，波动较大。

假定在2018年底各省份地方政府性资产规模和债务结构保持不变，以2018年底各省份地方政府隐性债务为基准，考虑各省份政府隐性债务规模增加20%、增加10%、减少10%和减少20%情景下我国地方政府债务风险指标违约距离和违约概率的变化，见表6-4。

表6-4 考虑地方政府债务规模变化的情景 单位：%

情景	基准	情景1	情景2	情景3	情景4
债务规模变化	2018年底各省份相应隐性债务规模	−20	−10	10	20

注：债务规模变化的基准为2018年底各省份地方政府隐性债务规模。

比较表6-5和表6-6中的各情景与2018年底基准数据发现，地方政府违约距离与地方政府隐性债务规模负相关，地方政府债务风险与地方政府隐性债务规模正相关。

表6-5 地方政府债务规模变化的情景下的违约距离变化 单位：%

省份	情景1 −20	情景2 −10	基准	情景3 10	情景4 20
北京	54.49	54.03	53.56	53.09	52.60
天津	−5.12	−20.04	#NUM!	#NUM!	#NUM!
河北	7.36	7.03	6.69	6.34	5.98
山西	−157.31	#NUM!	#NUM!	#NUM!	#NUM!
内蒙古	−9.48	−11.67	−13.95	−16.31	−18.78
辽宁	−3.57	−4.86	−6.19	−7.57	−8.98
吉林	−5.70	−10.08	−15.12	−21.05	−28.25
黑龙江	−6.59	−8.92	−11.44	−14.18	−17.19
上海	23.76	23.39	23.00	22.62	22.22
江苏	16.95	16.79	16.63	16.46	16.30
浙江	13.70	13.25	12.79	12.30	11.80
安徽	13.83	13.32	12.78	12.23	11.65
福建	22.84	22.55	22.24	21.93	21.62
江西	−4.67	−12.40	−23.29	−41.87	−187.24
山东	5.64	3.86	1.93	−0.17	−2.49
河南	16.40	16.19	15.98	15.77	15.55
湖北	14.70	14.02	13.29	12.53	11.72
湖南	13.58	13.35	13.12	12.88	12.64
广东	14.27	13.50	12.69	11.84	10.95
广西	−0.19	−3.48	−7.58	−13.05	−21.28

续表

省份	情景1 -20	情景2 -10	基准	情景3 10	情景4 20
海南	-3.33	-4.41	-5.50	-6.59	-7.69
重庆	-11.12	-25.39	#NUM!	#NUM!	#NUM!
四川	-36.41	-81.45	#NUM!	#NUM!	#NUM!
贵州	-0.65	-1.84	-3.21	-4.81	-6.74
云南	8.19	8.00	7.80	7.61	7.40
西藏	0.37	-0.10	-0.67	-1.38	-2.34
陕西	13.34	12.79	12.22	11.62	11.01
甘肃	20.81	20.25	19.66	19.05	18.42
青海	1.92	0.81	-0.38	-1.68	-3.10
宁夏	-0.90	-1.38	-1.91	-2.49	-3.13
新疆	-13.29	-18.83	-27.27	-45.65	#NUM!

表6-6　　　地方政府债务规模变化的情景下的违约概率变化　　　单位：%

省份	情景1 -20	情景2 -10	基准	情景3 10	情景4 20
北京	0.00	0.00	0.00	0.00	0.00
天津	100.00	100.00	#NUM!	#NUM!	#NUM!
河北	0.00	0.00	0.00	0.00	0.00
山西	100.00	#NUM!	#NUM!	#NUM!	#NUM!
内蒙古	100.00	100.00	100.00	100.00	100.00
辽宁	99.98	100.00	100.00	100.00	100.00
吉林	100.00	100.00	100.00	100.00	100.00
黑龙江	100.00	100.00	100.00	100.00	100.00
上海	0.00	0.00	0.00	0.00	0.00
江苏	0.00	0.00	0.00	0.00	0.00
浙江	0.00	0.00	0.00	0.00	0.00
安徽	0.00	0.00	0.00	0.00	0.00
福建	0.00	0.00	0.00	0.00	0.00
江西	100.00	100.00	100.00	100.00	100.00
山东	0.00	0.01	2.66	56.72	99.35

续表

省份	情景1 −20	情景2 −10	基准	情景3 10	情景4 20
河南	0.00	0.00	0.00	0.00	0.00
湖北	0.00	0.00	0.00	0.00	0.00
湖南	0.00	0.00	0.00	0.00	0.00
广东	0.00	0.00	0.00	0.00	0.00
广西	57.62	99.97	100.00	100.00	100.00
海南	99.96	100.00	100.00	100.00	100.00
重庆	100.00	100.00	#NUM!	#NUM!	#NUM!
四川	100.00	100.00	#NUM!	#NUM!	#NUM!
贵州	74.25	96.74	99.93	100.00	100.00
云南	0.00	0.00	0.00	0.00	0.00
西藏	35.71	54.17	74.89	91.65	99.03
陕西	0.00	0.00	0.00	0.00	0.00
甘肃	0.00	0.00	0.00	0.00	0.00
青海	2.73	20.76	64.86	95.37	99.90
宁夏	81.54	91.64	97.18	99.36	99.91
新疆	100.00	100.00	100.00	100.00	#NUM!

从情景1至情景4，随着各省份地方政府债务规模不断增加，各省份地方政府债务违约距离均逐步减少，地方政府债务风险持续增加。北京、河北、上海、江苏、浙江、安徽、福建、河南、湖北、海南、广东、云南、陕西和甘肃违约距离的减少幅度小于40%，即少于地方政府隐性债务增长幅度；内蒙古、辽宁、吉林、黑龙江、江西、山东、广西、贵州、西藏、青海和宁夏地方政府债务违约距离减少幅度基本上都高于100%，超过隐性债务的增长幅度；此外，天津、山西、重庆、四川和新疆负有担保责任债务先后超过其资产价值，进入资不抵债的境况。

从情景1至情景4，山东、广西、贵州、西藏、青海和宁夏违约概率增至100%，地方政府债务风险增长显著。内蒙古、辽宁、吉林、黑龙江、海南和江西违约概率依然保持为100%。天津、山西、重庆、四川和新疆出现资不抵债，债务风险进一步恶化。尽管各省份违约距离出现不同程度的减少，但北京、河北、上海、江苏、浙江、安徽、福建、河南、湖北、湖南、广东、云南、陕西和甘肃省份地方政府违约概率始终为零,表明这些省份地方政府隐性债务在地方政府债务中占比不高,隐性债务的增长并没有显著提高债务风险。

三、资产与债务余额同时发生变化

对资产规模和债务规模的情景分析均为一维情景分析,也可以称为敏感性分析。下面将从地方政府资产和债务规模两个维度对地方政府债务风险进行分析。假定在经济转型升级阶段,经济增速放缓,地方政府大规模投资,债务余额和资产规模均发生变化的情景下(见表6-7),我国地方政府债务风险违约距离和违约概率的变化。

表6-7　　　考虑地方政府性资产与债务规模同时发生变化的情景　　　单位:%

情景	基准	情景1	情景2	情景3	情景4
债务规模变化	2018年底各省份相应隐性债务规模	-20	-20	20	20
资产价值变化	2018年底各省份相应资产价值	10	-10	10	-10

注:债务规模变化的基准为2018年底各省份地方政府隐性债务规模。

将表6-8和表6-9中的分析结果与2018年底基准数据比较,可知:

表6-8　　　地方政府资产和债务规模变化情景下的违约距离

省份	情景1	情景2	基准	情景3	情景4
北京	57.11	51.54	53.56	55.43	49.40
天津	1.95	-19.00	#NUM!	#NUM!	#NUM!
河北	8.97	5.55	6.69	7.74	3.97
山西	-83.02	#NUM!	#NUM!	#NUM!	#NUM!
内蒙古	-2.13	-17.83	-13.95	-10.30	-28.63
辽宁	1.52	-9.33	-6.19	-3.27	-15.56
吉林	0.37	-13.11	-15.12	-17.26	-44.69
黑龙江	-2.00	-11.96	-11.44	-10.93	-25.00
上海	26.43	20.78	23.00	25.05	19.04
江苏	18.00	15.77	16.63	17.41	15.03

续表

省份	情景1	情景2	基准	情景3	情景4
浙江	15.13	12.06	12.79	13.47	9.86
安徽	15.53	11.90	12.78	13.62	9.36
福建	24.95	20.49	22.24	23.85	19.10
江西	2.38	-14.26	-23.29	-36.98	#NUM!
山东	9.02	1.66	1.93	2.21	-8.40
河南	18.15	14.44	15.98	17.39	13.49
湖北	16.52	12.61	13.29	13.94	9.09
湖南	15.11	11.88	13.12	14.26	10.82
广东	16.36	11.87	12.69	13.47	7.95
广西	3.42	-4.82	-7.58	-10.89	-55.41
海南	10.37	-18.57	-5.50	6.43	-23.46
重庆	-3.77	-24.78	#NUM!	#NUM!	#NUM!
四川	-15.66	-77.96	#NUM!	#NUM!	#NUM!
贵州	1.03	-2.69	-3.21	-3.76	-11.14
云南	9.18	7.08	7.80	8.48	6.18
西藏	0.93	-0.34	-0.67	-1.04	-4.82
陕西	15.14	11.29	12.22	13.09	8.57
甘肃	22.74	18.62	19.66	20.64	15.84
青海	4.11	-0.64	-0.38	-0.13	-6.82
宁夏	-0.02	-1.94	-1.91	-1.88	-4.73
新疆	-8.63	-19.84	-27.27	-41.27	#NUM!

注：资产价值基准为章节2018年底各省份地方政府资产的市场价值。#NUM！表示该数据不存在，也就是说该省份地方政府资产价值低于该政府负有担保责任的债务。

表6-9   **地方政府资产和债务规模变化情景下的违约概率**   单位：%

省份	情景1	情景2	基准	情景3	情景4
北京	0.00	0.00	0.00	0.00	0.00
天津	2.58	100.00	#NUM!	#NUM!	#NUM!
河北	0.00	0.00	0.00	0.00	0.00
山西	100.00	#NUM!	#NUM!	#NUM!	#NUM!
内蒙古	98.34	100.00	100.00	100.00	100.00

省份	情景1	情景2	基准	情景3	情景4
辽宁	6.47	100.00	100.00	99.95	100.00
吉林	35.57	100.00	100.00	100.00	100.00
黑龙江	97.73	100.00	100.00	100.00	100.00
上海	0.00	0.00	0.00	0.00	0.00
江苏	0.00	0.00	0.00	0.00	0.00
浙江	0.00	0.00	0.00	0.00	0.00
安徽	0.00	0.00	0.00	0.00	0.00
福建	0.00	0.00	0.00	0.00	0.00
江西	0.86	100.00	100.00	100.00	#NUM!
山东	0.00	4.85	2.66	1.37	100.00
河南	0.00	0.00	0.00	0.00	0.00
湖北	0.00	0.00	0.00	0.00	0.00
湖南	0.00	0.00	0.00	0.00	0.00
广东	0.00	0.00	0.00	0.00	0.00
广西	0.03	100.00	100.00	100.00	100.00
海南	0.00	100.00	100.00	0.00	100.00
重庆	99.99	100.00	#NUM!	#NUM!	#NUM!
四川	100.00	100.00	#NUM!	#NUM!	#NUM!
贵州	15.23	99.65	99.93	99.99	100.00
云南	0.00	0.00	0.00	0.00	0.00
西藏	17.59	63.41	74.89	85.14	100.00
陕西	0.00	0.00	0.00	0.00	0.00
甘肃	0.00	0.00	0.00	0.00	0.00
青海	0.00	73.88	64.86	55.09	100.00
宁夏	50.73	97.35	97.18	97.00	100.00
新疆	100.00	100.00	100.00	100.00	#NUM!

注：资产价值基准为章节2018年底各省份地方政府隐含资产价值，具体计算详见第四章第三节。#NUM! 表示该数据不存在，也就是说该省份地方政府资产价值低于该政府负有担保责任的债务。

与基准情景比较发现，情景1中各省份地方政府违约距离均出现了增加，债务风险出现改善，主要由于资产的增长，伴随着债务规模的下降，增强了这些地方政府的偿债能力，风险状况大为改善。情景2中，吉林、江西、广西、贵州、西藏和新疆违约距离出现增长，但大部分省份违约距离小于基准情景，表明对于大多数省份而言，债务规模减少20%带来的正面影响少于资产价值减少10%带来的负面影响，最终导致债务风险恶化。情景3中，吉林、江西、广西、贵州、西藏和新疆违约距离减少，而其他大多数省份违约距离出现增长，表明大多数省份资产价值增加10%产生的影响对冲了隐性债务规模增加20%的负面效应，吉林、江西等六个省份由于资产与隐性债务比值相对较小，导致对冲效果并不明显。情景4中，各省份地方政府违约距离均出现了减少，债务风险恶化的最为严重，江西和新疆更是步入资不抵债的境况，主要是由于债务规模的增长，以及地方政府资产的缩减，导致地方政府偿债能力急剧降低。

比较情景1和情景2的违约距离和违约概率，我们发现，债务规模减少20%的情况下，资产规模增长时的债务风险状况优于资产规模缩减时的情景。比较情景3和情景4的违约距离，发现债务规模增加20%的情景下，资产规模增长时，各省份地方政府的债务风险有所改善，但资产规模若出现缩减，债务风险则会加速恶化。这是由于增长的债务大多数转换为可以用来偿债的资产，加上已有资产的升值，增强了偿债能力。但现有资产若出现贬值，将对地方政府债务风险影响更为深刻，使其加速恶化。此外，比较情景1、情景3或者情景2、情景4时，我们发现，无论各省份地方政府资产增长10%还是减少10%，隐性负债规模减少时的债务风险状况均优于隐性负债规模增加时的情景，已经处于债务危机和资不抵债的各省份地方政府表现得尤为明显。这说明地方政府债务风险状况与其隐性债务规模负相关。

综上可见，地方政府债务风险与其资产规模负相关，与其债务规模正相关，地方政府的资产规模对债务风险影响更为显著。

第三节   地方政府债务结构变化情景分析

目前我国处于经济结构调整特殊阶段，为保持一定经济增长速度，各级政府出台刺激政策的可能性逐步增加，地方政府债务规模持续增长。我国地方政府债务规模的快速增长，使得债务结构上普遍存在问题。

近年来各省份地方政府为维持经济增长，加大对基础设施项目建设，地方政府通过融资平台举债所产生的隐性债务持续创出新高，隐性债务在地方政府债务中的占比也稳步上升。其次，部分省份地方政府债务偿还期限过于集中，负有偿还责任的债务负担较重。此外，债务资金来源主要依靠向银行借贷，债务资金大多投向公益或准公益的基础设施项目，项目产生收益难以满足债务本息偿还需求。

为此，本节从我国地方政府债务结构入手，构造隐性债务比例、显性债务（政府负有偿还责任债务）比例和债务期限结构变化的情景下，我国地方政府债务风险指标违约距离和违约概率的变化，试图找寻内在的变化规律，为我国地方政府债务风险管理提供理论依据。

一、债务构成变化

在第五章第一节中，度量 2018 年底地方政府债务风险中假定 2014 ~ 2018 年间各省份地方政府债务结构保持不变，假定各省份地方政府负有偿还责任的债务，政府负有担保责任的债务和其他相关债务的占比保持不变。

参考目前我国地方政府融资趋势特点、2010 年和 2012 年我国地方政府债务结构审计结果，考察地方政府显性债务和隐性债务增减 2%、5% 情景下地方政府债务风险指标违约距离和违约概率的变化，见表 6 - 10、表 6 - 11 和表 6 - 12。

表 6 - 10　　　　　　**考虑地方政府债务结构变化的情景**　　　　　单位：%

项目	地方政府显性债务	地方政府隐性债务
情景 1	5	-5
情景 2	2	-2
情景 3	-2	2
情景 4	-5	5

注：地方政府显性债务变动后，违约阈值相应变动。假定地方政府负有担保责任和救助责任的债务在隐性债务中占比不变，隐性债务变动后，两者随之发生变化。

表 6 - 11　**地方政府优先偿还、担保和其他债务比例变化情景下的违约距离**

省份	情景 1	情景 2	基准	情景 3	情景 4
北京	47. 05	50. 65	53. 56	57. 63	63. 26
天津	-34. 09	#NUM!	#NUM!	#NUM!	#NUM!
河北	6. 31	6. 53	6. 69	6. 98	7. 34
山西	#NUM!	#NUM!	#NUM!	#NUM!	#NUM!

省份	情景1	情景2	基准	情景3	情景4
内蒙古	-13.05	-13.58	-13.95	-14.93	-4.13
辽宁	-5.82	-6.03	-6.19	-6.57	-1.34
吉林	-13.38	-14.36	-15.12	-16.71	-10.25
黑龙江	-10.45	-11.03	-11.44	-12.41	-6.16
上海	21.64	22.44	23.00	23.97	24.42
江苏	15.17	16.00	16.63	17.53	18.29
浙江	11.75	12.35	12.79	13.46	13.98
安徽	11.84	12.39	12.78	13.43	13.92
福建	20.84	21.66	22.24	23.20	23.64
江西	-18.50	-21.05	-23.29	-27.75	-21.18
山东	1.77	1.87	1.93	2.06	3.83
河南	15.06	15.59	15.98	16.64	16.91
湖北	12.17	12.82	13.29	14.03	14.68
湖南	12.32	12.79	13.12	13.68	13.96
广东	11.70	12.28	12.69	13.37	14.02
广西	-6.42	-7.07	-7.58	-8.53	-5.74
海南	-4.10	-5.24	-5.50	-5.78	2.32
重庆	-34.41	-67.36	#NUM!	#NUM!	#NUM!
四川	-104.34	#NUM!	#NUM!	#NUM!	#NUM!
贵州	-2.85	-3.06	-3.21	-3.52	-2.16
云南	7.32	7.60	7.80	8.15	8.35
西藏	-0.59	-0.63	-0.67	-0.69	-0.42
陕西	11.33	11.85	12.22	12.83	13.33
甘肃	18.07	18.99	19.66	20.68	21.43
青海	-0.34	-0.36	-0.38	-0.41	0.96
宁夏	-1.73	-1.83	-1.91	-2.07	-1.16
新疆	-20.56	-23.87	-27.27	-39.56	-22.11

注：资产价值基准为章节 2018 年底各省份地方政府资产的市场价值。#NUM! 表示该数据不存在，也就是说该省份地方政府资产价值低于该政府负有担保责任的债务。

表 6 - 12　　　　　地方政府优先偿还、担保和其他债务比例
变化情景下的违约概率　　　单位：%

省份	情景 1	情景 2	基准	情景 3	情景 4
北京	0.00	0.00	0.00	0.00	0.00
天津	100.00	#NUM!	#NUM!	#NUM!	#NUM!
河北	0.00	0.00	0.00	0.00	0.00
山西	#NUM!	#NUM!	#NUM!	#NUM!	#NUM!
内蒙古	100.00	100.00	100.00	100.00	100.00
辽宁	100.00	100.00	100.00	100.00	91.03
吉林	100.00	100.00	100.00	100.00	100.00
黑龙江	100.00	100.00	100.00	100.00	100.00
上海	0.00	0.00	0.00	0.00	0.00
江苏	0.00	0.00	0.00	0.00	0.00
浙江	0.00	0.00	0.00	0.00	0.00
安徽	0.00	0.00	0.00	0.00	0.00
福建	0.00	0.00	0.00	0.00	0.00
江西	100.00	100.00	100.00	100.00	100.00
山东	3.85	3.10	2.66	1.96	0.01
河南	0.00	0.00	0.00	0.00	0.00
湖北	0.00	0.00	0.00	0.00	0.00
湖南	0.00	0.00	0.00	0.00	0.00
广东	0.00	0.00	0.00	0.00	0.00
广西	100.00	100.00	100.00	100.00	100.00
海南	100.00	100.00	100.00	100.00	1.02
重庆	100.00	100.00	#NUM!	#NUM!	#NUM!
四川	100.00	#NUM!	#NUM!	#NUM!	#NUM!
贵州	99.78	99.89	99.93	99.98	98.48
云南	0.00	0.00	0.00	0.00	0.00
西藏	72.20	73.57	74.89	75.55	66.13
陕西	0.00	0.00	0.00	0.00	0.00
甘肃	0.00	0.00	0.00	0.00	0.00
青海	63.29	64.23	64.86	65.74	16.76
宁夏	95.78	96.62	97.18	98.09	87.78
新疆	100.00	100.00	100.00	100.00	100.00

　　将情景1、情景2分别与基准情景比较后发现，对于违约距离大于零的省份，即北京、河北、上海、江苏、浙江、安徽、福建、山东、河南、湖北、湖南、广东、云南、陕西和甘肃，随着地方政府显性债务占比增加（即地方政府隐性债务占比减少）时，各省份地方政府违约距离均出现了不同幅度的下降，且下降幅度均超出显性债务占比的增加幅度，违约风险明显恶化。而对于违约距离小于零的省份以及已经处于资不抵债的省份（如天津、山西、重庆和四川），随着地方政府显性债务占比增加（即地方政府隐性债务占比减少）时，各省份地方政府违约距离均出现了不同幅度的增长，且增长幅度均超出显性债务占比的增加幅度，违约风险明显改善。当地方政府显性债务占比增加2%时，江西和新疆地方政府债务违约距离增长10%以上。当地方政府显性债务占比增加5%时，各省份地方政府债务违约距离降幅均超过5%，吉林、广西、贵州和青海违约距离降幅超过10%。

　　将情景3、情景4分别与基准情景比较后发现，对于违约距离大于零的省份，当地方政府显性债务占比减少（即地方政府隐性债务占比增加）时，各省份地方政府违约距离均出现了不同幅度的上升，且上升幅度均显著超出显性债务占比的增加幅度，债务违约风险明显改善。而对于其他违约距离小于零的省份（宁夏除外），随着地方政府显性债务占比减少（即地方政府隐性债务占比增加）时，各省份地方政府违约距离基本上先是暂时出现小幅下降，然后均出现了较大幅度的增长，增长幅度均超出显性债务占比的增加幅度，违约风险明显改善。当地方政府显性债务占比增加5%时，海南和青海违约距离增幅均超过100%，内蒙古和辽宁违约距离增幅超过70%。

　　综上可知，对于不存在债务风险的省份，地方政府显性债务占比越高，地方政府债务风险越小。对于存在债务风险的省份，其地方政府显性债务占比与地方政府债务风险呈现非线性关系。地方政府显性债务占比越高，地方政府债务风险越小。

二、债务期限结构变化

　　参考目前我国地方政府融资趋势特点，以及2010年、2012年和2013年6月底我国地方政府债务结构审计结果，考察短期债务比例缩减5%、增加20%、增加10%和增加20%情景下地方政府债务风险指标违约距离和违约概率的变化，见表6-13。

表6-13　　　　　　　考虑地方政府债务期限结构变化的情景　　　　　单位：%

项目	短期债务占比	长期债务占比
情景1	-5	5
情景2	5	-5
情景3	10	-10
情景4	20	-20

注：基准数据参考第四章第二节。

将表6-14和表6-15中的分析结果与基准情景比较，我们发现不同的省份地方政府对短期债务占比变化的反应并不一致。

表6-14　　　　　地方政府债务期限结构变化情景下的违约距离

省份	情景1	基准	情景2	情景3	情景4
北京	54.23	53.56	52.92	52.31	50.44
天津	#NUM!	#NUM!	#NUM!	#NUM!	#NUM!
河北	6.77	6.69	6.61	6.53	5.88
山西	#NUM!	#NUM!	#NUM!	#NUM!	#NUM!
内蒙古	-14.08	-13.95	-13.82	-13.71	-11.58
辽宁	-6.24	-6.19	-6.15	-6.10	-5.23
吉林	-15.63	-15.12	-14.68	-14.28	-12.20
黑龙江	-11.67	-11.44	-11.23	-11.03	-9.35
上海	23.29	23.00	22.73	22.48	20.85
江苏	16.85	16.63	16.41	16.21	15.44
浙江	13.01	12.79	12.58	12.39	11.54
安徽	13.01	12.78	12.58	12.38	11.41
福建	22.59	22.24	21.91	21.61	19.99
江西	-24.63	-23.29	-22.13	-21.13	-18.19
山东	1.98	1.93	1.89	1.86	1.64
河南	16.19	15.98	15.78	15.60	14.43
湖北	13.55	13.29	13.06	12.84	11.87
湖南	13.28	13.12	12.97	12.83	11.96
广东	12.94	12.69	12.47	12.26	11.23
广西	-7.90	-7.58	-7.29	-7.04	-6.12

省份	情景1	基准	情景2	情景3	情景4
海南	-5.49	-5.50	-5.44	-5.50	-4.63
重庆	#NUM!	#NUM!	#NUM!	-82.47	-40.78
四川	#NUM!	#NUM!	#NUM!	#NUM!	-145.16
贵州	-3.31	-3.21	-3.13	-3.05	-2.68
云南	7.92	7.80	7.70	7.60	7.02
西藏	-0.68	-0.67	-0.67	-0.64	-0.58
陕西	12.42	12.22	12.03	11.85	10.91
甘肃	19.75	19.66	19.32	19.00	17.67
青海	-0.38	-0.38	-0.37	-0.36	-0.33
宁夏	-1.96	-1.91	-1.87	-1.83	-1.60
新疆	-29.93	-27.27	-25.32	-23.78	-19.21

注：地方政府债务基准为第四章第三节中2018年底各省份地方政府债务。

表 6-15　　　　地方政府债务期限结构变化情景下的违约概率　　单位：%

省份	情景1	基准	情景2	情景3	情景4
北京	0.00	0.00	0.00	0.00	0.00
天津	#NUM!	#NUM!	#NUM!	#NUM!	#NUM!
河北	0.00	0.00	0.00	0.00	0.00
山西	#NUM!	#NUM!	#NUM!	#NUM!	#NUM!
内蒙古	100.00	100.00	100.00	100.00	100.00
辽宁	100.00	100.00	100.00	100.00	100.00
吉林	100.00	100.00	100.00	100.00	100.00
黑龙江	100.00	100.00	100.00	100.00	100.00
上海	0.00	0.00	0.00	0.00	0.00
江苏	0.00	0.00	0.00	0.00	0.00
浙江	0.00	0.00	0.00	0.00	0.00
安徽	0.00	0.00	0.00	0.00	0.00
福建	0.00	0.00	0.00	0.00	0.00
江西	100.00	100.00	100.00	100.00	100.00
山东	2.40	2.66	2.92	3.17	5.01
河南	0.00	0.00	0.00	0.00	0.00

续表

省份	情景1	基准	情景2	情景3	情景4
湖北	0.00	0.00	0.00	0.00	0.00
湖南	0.00	0.00	0.00	0.00	0.00
广东	0.00	0.00	0.00	0.00	0.00
广西	100.00	100.00	100.00	100.00	100.00
海南	100.00	100.00	100.00	100.00	100.00
重庆	#NUM!	#NUM!	#NUM!	100.00	100.00
四川	#NUM!	#NUM!	#NUM!	#NUM!	100.00
贵州	99.95	99.93	99.91	99.89	99.63
云南	0.00	0.00	0.00	0.00	0.00
西藏	75.23	74.89	74.88	73.97	71.81
陕西	0.00	0.00	0.00	0.00	0.00
甘肃	0.00	0.00	0.00	0.00	0.00
青海	64.88	64.86	64.37	64.15	62.74
宁夏	97.47	97.18	96.91	96.64	94.51
新疆	100.00	100.00	100.00	100.00	100.00

对于违约距离大于零的省份，即北京、河北、上海、江苏、浙江、安徽、福建、山东、河南、湖北、湖南、广东、云南、陕西和甘肃，随着地方政府短期债务占比增加（即地方政府长期债务占比减少）时，各省份地方政府违约距离均出现了不同幅度的下降，且下降幅度均超出显性债务占比的增加幅度，违约风险明显恶化。情景1中，当短期债务占比减少5%时，山东违约距离相比基准情景增长最多，为2.59%，甘肃增长最少为0.46%。当短期债务占比增加时，河北、山东、湖北、广东、山西和甘肃违约距离降幅较多，但均未超过短期债务占比增幅。此外，上述情景中各省份地方政府违约概率基本为零，仅山东违约概率大于零，但也低于5%，基本不存在债务风险。

而对于违约距离小于零的省份以及已经处于资不抵债的省份（如天津、山西、重庆和四川），随着地方政府短期债务占比增加（即地方政府长期债务占比减少）时，各省份地方政府违约距离均出现了不同幅度的增长，违约概率也相应降低，违约风险明显改善。情景1中，当短期债务占比减少5%时，山东和江西违约距离增长最多，超过5%，内蒙古、辽宁和青海增长低于1%。当短期债务占比增加时,新疆违约距离增幅最高,均超过短期债务占比增幅。在短期债务占比增幅为5%和10%时,各省份地方政府违约距离增幅相对较小,除新疆外,其余各省份增幅均较小。但当短期债务占比增幅为20%时,各省份地方政府债务违约距离增幅较为明显,基本都接近短期债务占比增幅。此外,贵州、西藏、青海和宁夏违约概率随着短期债务占比的增长而下降,但变化并不显著。当短期债务占比增长20%时,西藏违约概率同基准情景相比较下降最多,也仅为4.11%。可见,地方政府债务期限结构对债务风险影响并不显著。

三、债务结构内部均发生变化

在第五章第一节中,度量2018年底地方政府债务风险中假定2014 ~ 2018年间各省份地方政府债务结构保持不变,假定各省份地方政府负有偿还责任的债务,政府负有担保责任的债务和其他相关债务的占比保持不变。参考目前我国地方政府融资趋势特点、结合2010年、2012年和2013年6月份我国地方政府债务结构审计结果,考察短期债务比重增减5%、政府显性责任债务和政府隐性债务增减5%情景下地方政府债务风险指标违约距离和违约概率的变化,见表6 – 16。

表6 – 16　　　　　　　考虑地方政府债务结构变化的情景

项目	政府显性债务、隐性债务占比	债务期限结构
情景1	政府显性债务占比增长5%;	短期债务占比增长5%
情景2	政府隐性债务占比减少5%	短期债务占比减少5%
情景3	政府显性债务占比减少5%;	短期债务占比增长5%
情景4	政府隐性债务占比增长5%	短期债务占比减少5%

注:短期债务为期限一年及以内的债务,长期债务为期限超过一年的债务。

将表6 – 17和表6 – 18中的分析结果可知:

表6 – 17　　　　地方政府债务期限结构变化情景下的违约距离

省份	情景1	情景2	基准	情景3	情景4
北京	46.07	50.22	53.56	62.36	64.19
天津	− 34.78	− 31.81	#NUM!	#NUM!	#NUM!
河北	5.64	8.53	6.69	6.79	7.92

续表

省份	情景1	情景2	基准	情景3	情景4
山西	#NUM！	#NUM！	#NUM！	#NUM！	#NUM！
内蒙古	-16.93	-0.26	-13.95	-5.57	-2.63
辽宁	-8.39	2.58	-6.19	-2.49	-0.14
吉林	-15.15	-7.52	-15.12	-11.61	-8.81
黑龙江	-12.18	-4.71	-11.44	-7.24	-5.03
上海	20.59	25.07	23.00	23.50	25.38
江苏	14.76	16.50	16.63	17.92	18.68
浙江	11.20	13.55	12.79	13.49	14.50
安徽	11.16	14.07	12.78	13.32	14.54
福建	19.87	24.08	22.24	22.76	24.56
江西	-19.79	-14.26	-23.29	-22.27	-20.05
山东	0.65	5.47	1.93	2.90	4.80
河南	14.31	17.49	15.98	16.25	17.59
湖北	11.49	14.42	13.29	14.07	15.32
湖南	11.76	14.14	13.12	13.47	14.47
广东	10.90	14.36	12.69	13.31	14.77
广西	-7.26	-3.65	-7.58	-6.45	-5.00
海南	-64.64	47.11	-5.50	0.47	3.88
重庆	-35.20	-31.79	#NUM！	#NUM！	#NUM！
四川	-106.28	-97.96	#NUM！	#NUM！	#NUM！
贵州	-3.30	-1.39	-3.21	-2.52	-1.79
云南	6.92	8.62	7.80	8.00	8.71
西藏	-0.72	-0.17	-0.67	-0.52	-0.30
陕西	10.64	13.60	12.22	12.72	13.96
甘肃	17.25	18.28	19.66	20.69	21.62
青海	-1.10	2.19	-0.38	0.36	1.60
宁夏	-2.02	-0.77	-1.91	-1.37	-0.95
新疆	-21.36	-17.91	-27.27	-22.70	-21.50

注：地方政府债务基准为第四章第三节中2018年底各省份地方政府债务。

表 6 – 18　　　地方政府债务期限结构变化情景下的违约概率　　　单位：%

省份	情景1	情景2	基准	情景3	情景4
北京	0.00	0.00	0.00	0.00	0.00
天津	100.00	100.00	#NUM!	#NUM!	#NUM!
河北	0.00	0.00	0.00	0.00	0.00
山西	#NUM!	#NUM!	#NUM!	#NUM!	#NUM!
内蒙古	100.00	60.15	100.00	100.00	99.57
辽宁	100.00	0.49	100.00	99.36	55.75
吉林	100.00	100.00	100.00	100.00	100.00
黑龙江	100.00	100.00	100.00	100.00	100.00
上海	0.00	0.00	0.00	0.00	0.00
江苏	0.00	0.00	0.00	0.00	0.00
浙江	0.00	0.00	0.00	0.00	0.00
安徽	0.00	0.00	0.00	0.00	0.00
福建	0.00	0.00	0.00	0.00	0.00
江西	100.00	100.00	100.00	100.00	100.00
山东	25.91	0.00	2.66	0.18	0.00
河南	0.00	0.00	0.00	0.00	0.00
湖北	0.00	0.00	0.00	0.00	0.00
湖南	0.00	0.00	0.00	0.00	0.00
广东	0.00	0.00	0.00	0.00	0.00
广西	100.00	99.99	100.00	100.00	100.00
海南	100.00	0.00	100.00	31.92	0.01
重庆	100.00	100.00	#NUM!	#NUM!	#NUM!
四川	100.00	100.00	#NUM!	#NUM!	#NUM!
贵州	99.95	91.78	99.93	99.41	96.36
云南	0.00	0.00	0.00	0.00	0.00
西藏	76.31	56.78	74.89	70.01	61.90
陕西	0.00	0.00	0.00	0.00	0.00
甘肃	0.00	0.00	0.00	0.00	0.00
青海	86.53	1.44	64.86	36.07	5.49
宁夏	97.81	78.02	97.18	91.50	82.81
新疆	100.00	100.00	100.00	100.00	100.00

（1）政府显性债务规模增加，政府隐性债务规模减少，各省份地方政府债务风险状况出现了不同程度的恶化，未处于债务危机的省份短期债务占比增加则加剧恶化的程度，而对于处于债务危机的省份短期债务占比增加则缓解恶化的程度，但其变动对地方政府债务风险影响并不是十分显著。由情景1与情景2可知，政府显性债务规模增加5%，政府隐性债务减少5%，北京、河北、上海、江苏、浙江、安徽、福建、山东、河南、湖北、湖南、广东、云南、陕西和甘肃未处于债务危机的各省份地方政府违约距离大幅减少，各省份地方政府债务风险状况急剧恶化，短期债务占比增加5%则加剧恶化的程度，但从数值上来看，并不是十分显著。而对于天津、山西、内蒙古、辽宁、吉林、黑龙江、江西、广西、海南、重庆、四川、西藏、青海、宁夏和新疆已经处于债务危机的省份地方政府而言，而短期债务占比增加5%时违约距离不同程度上出现了增长，改善了这些省份地方政府债务风险状况，但同样并不显著。

（2）政府显性债务规模减少，政府隐性债务规模增加，各省份地方政府债务风险状况明显改善，各省份地方政府短期债务占比减少可以促进债务风险的改善程度，但效果并不显著。比较情景3与情景4可知，政府显性债务规模减少5%，政府隐性债务增加5%，各省份地方政府违约距离大幅增加，山东、内蒙古和辽宁增幅超过50%，海南和青海增幅超过100%，各省份地方政府债务风险状况显著改善。此外，情景3中短期债务占比降低5%时各省份地方政府违约距离明显高于短期债务增加5%情景4中的违约距离，这表明短期债务占比减少有利于地方政府债务风险的改善，其中山东和青海表现较为明显。

（3）无论短期债务占比增加还是减少，降低政府显性债务规模可以缓解了地方政府债务风险。分别比较情景1和情景3、情景2和情景4可知，当地方政府短期债务占比增加5%时，情景3和情景4中各地方政府违约距离明显高于情景1和情景2，这表明降低显性债务规模有利于改善地方政府债务风险。

第四节　结论与启示

（1）尽管当前我国地方政府债务风险整体仍处于可控范围，但当地方政府隐性债务规模持续增长或资产价值不断缩减，债务风险状况都会加速恶化，甚至很有可能出现违约。

尽管近年来地方政府隐性债务规模大幅增加，但地方政府举债投资扩大政府资产规模，增强了地方政府债务风险的抵御能力。为此，在妥善处理存量债务与严格控制新增债务的同时，应摸清地方政府债务形成资本运用情况和形成的政府资产规模，评估债务资本运用的经济绩效与社会效用，进一步摸清地方政府非金融国有资产、非经营性资产等主要资产，在此基础上编制资产负债表，加强地方政府信用透明性。

当前地方政府担保的债务大多投向没有直接效益的基础设施项目，导致这些债务极易转化为政府的直接债务。此外，大量的地方金融机构不良资产以及地方国有企业亏损和债务最后清偿等地方政府或有隐性负债也给地方政府财政造成了很大的压力。若出现经济增长放缓或资产市场动荡等情形，考虑到地方政府资产价值、债务规模和结构等发生变化，那么地方政府债务风险状况将很难确定。因此，通过协商解除担保协议、撤销承诺函、被担保单位筹集自有资金归还等方式，整顿地方政府债务违规担保，引进市场机制解决投资问题，创新债务融资方式，避免债务总量的无序增长。

（2）地方政府债务风险与地方政府资产价值、隐性债务规模呈显著的负相关，债务风险随着地方政府资产价值或隐性债务规模增加（减小）而显著减小（增加）。从偿债条件看，除财政收入外，我国地方政府拥有固定资产、土地、自然资源等可变现资产比较多，可通过变现资产增强偿债能力。我国经济处于高速增长阶段，基础设施建设给地方经济和政府收入创造了增长空间，有利于改善其偿债条件。但也应该看到的是，像公路、铁路、机场等基建设施要想变现相当困难，而国有优质资产变现亦不容易，主要就靠土地财政收入来偿还债务。若资本市场发生动荡，地方政府资产必然发生贬值，偿债能力也将下降。可见，如何厘清地方政府可变现的偿债资产规模，增强偿债能力是地方政府债务管理的当务之急。此外，地方政府还应该加强隐性债务管理，清理规范融资平台公司，禁止违规担保，引进市场机制解决投资问题，对现有项目和资产通过引入多元化的股东，分担投资压力，创新债务融资方式，避免债务总量的无序增长。

（3）对于不存在债务风险的省份，即北京、河北、上海、江苏、浙江、安徽、福建、山东、河南、湖北、湖南、广东、云南、陕西和甘肃，地方政府显性债务占比越高，地方政府债务风险越小。随着地方政府短期债务占比增加（即地方政府长期债务占比减少）时，各省份地方政府违约距离均出现了不同幅度的下降，且下降幅度均超出显性债务占比的增加幅度，违约风险明显恶化。对于存在债务风险的省份，其地方政府显性债务占比与地方政府债务风险呈现非线性关系。地方政府显性债务占比越高，地方政府债务风险越小。对于违约距离小于零的省份以及已经处于资不抵债的省份（如天津、山西、重庆和四川），随着地方政府短期债务占比增加（即地方政府长期债务占比减少）时，各省份地方政府违约距离均出现了不同幅度的增长，违约概率也相应降低，违约风险明显改善。

为此，各省份地方政府应控制债务规模，优化债务结构，防范和化解债务风险。首先，针对地方政府债务规模，特别是隐性债务，应妥善处理存量，严格控制增量。对于投向有经营收益项目的债务，应用项目自身收益来偿还；对于投向无经营收益项目的债务，地方政府应制定偿还计划，通过预算安排落实偿债资金，积极防范和化解债务风险。其次，禁止地方政府以融资平台等单位为主体提供担保违规违法变相举借债。最后，采用债券展期和置换的方式，实现基础设施项目建设周期和资金偿还周期的匹配。

第七章　我国地方政府债务风险压力测试

1999 年起 IMF 和世界银行就将宏观压力测试视为金融稳定评估报告的重要组成部分以及银行业脆弱性评估的核心工具（Sorge & Virolainen，2006）。随后很多国家的央行应用其来评估宏观金融风险。美国次贷危机和欧洲主权债务危机时，监管机构纷纷运用压力测试评估银行业整体稳定性。可见，宏观压力测试作为分析和识别、量化宏观金融风险的重要工具，在国际银行业被广泛应用。从国内金融领域压力测试的实践来看，2010 年和 2011 年，我国银监会组织各银行进行了两轮压力测试。

巴塞尔委员会（2009）指出压力测试是金融机构用以衡量由一些例外但有可能发生的事件所导致的潜在损失的方法。国际证券监管组织（IOSCO）则具体指出，压力测试就是资产组合在面临极端但可能发生的风险情形下，对其可能造成的潜在损失加以认定并量化的过程。IMF（2004）认为宏观压力测试是指用来评估一些异常但有可能发生的宏观经济冲击对金融（银行）体系稳定性影响的一系列技术总称。

我国银监会将压力测试定义为：将整个压力测试对象置于某一预先设定的极端市场情况下，然后测试该对象在宏观经济变量突变的压力下的表现状况，衡量在压力情况下造成的损失和评估压力对象是否能承受这些压力，所谓的极端市场情况是人为主观规定的，风险评估专家可以根据压力测试时的宏观经济状况来设定极端情景。

国外对信用风险压力测试的研究进行得相对更为深入。国内虽然仍处于起步阶段，但学者们对其研究十分活跃，也取得了一定的成效。如对压力测试定义的界定，对压力测试必要性、可行性的分析，以及对压力测试方法及国内外的具体实践，为研究地方政府债务压力测试提供了坚实的理论基础。

目前，大多数宏观压力测试研究都集中在压力测试模型方面。威尔逊（Wilson，1997a，1997b）建立了宏观模型来研究宏观经济变量和信用风险违约率之间的关系，并使用了蒙特卡洛模拟得出在压力情景下的违约率分布和违约概率，进而得到资产组合的预期损失。随后一些学者（Boss，2002；Virolainen；2004；Kearns，2004；Wong et al.，2008）应用该模型对不同的国家和地区进行了宏观压力测试，以评估银行业对宏观经济冲击的承受能力。杨柳（2011）在 Wilson 模型基础上，建立了风险因子自回归方程，考虑了宏观经济变量受到滞后项的影响。霍格思（Hoggarth，2004）等和汤婷婷等（2011）在宏观经济变量之间建立了向量自回归模型，反映了宏观经济指标之间的相互作用关系。华晓龙（2009）在添加滞后项的基础上对 Wilson 模型进行了进一步改进，考虑了金融体系对宏观经济体系的反馈效应。艾克曼（Aikman，2009）等采用德雷曼（Drehmann，2010）等的做法，同时对资产负债进行建模，捕获银行间市场的对手方信用风险，并吸收所有来自市场和资金流动性风险的反馈。加拿大银行开发了结合偿付风险和流动性风险的宏观压力测试模型，同时也考虑了潜在的市场流动性影响和银行间市场信用风险（Gauthier & Souissi，2012；Gauthier et al.，2013）。

一些学者对 Merton 模型进行了扩展，形成了基于 Merton 模型的宏观压力测试框架。格雷（2006，2007）将 Merton 模型扩展至研究宏观金融风险，运用宏观压力测试研究极端市场条件下可以反映市场价值的内部关联的部门（包括政府部门）资产负债表，并分析在临近违约边界时的违约概率的非线性变化。在 Merton 模型的宏观压力测试框架基础上，安德烈亚斯和格雷（2013）结合极值理论评估金融危机时期的金融行业系统性偿付风险和或有负债规模。

但总体来看，目前国内关于研究我国实际情况的宏观压力测试模型则较少。我国很多压力测试措施还研究阶段，更多集中在银行个体，还没有出现针对我国地方政府债务风险的压力测试研究，未在全国范围内形成关于宏观压力测试的系统性规范，宏观压力测试的技术水平与国外差距较大。

针对以上不足，本书采用由上至下的研究方法，通过对全国，东部、中部和西部区域地方政府体系层面以及 31 个省区地方政府层面的压力测试，研究地方政府债务性风险及其可能引发的局部或全国范围内的系统性风险。首先，分析地方政府资产价值缩减和资产波动率上升等风险因素变化对地方政府债务风险的影响，在此基础上研究地方政府体系的平均违约距离、加权违约距离和组合违约距离，以及中央政府对省区地方政府的隐性担保债务规模，评估全国、东部、中部和西部地区地方政府债务的系统性风险，并提出了在地方政府债务监管部门推广压力测试技术、加快建立对地方政府债务资产使用效率和投资项目盈利能力持续评估监测机制、持续加强地方政府债务的投资项目组合管理等建议。

第一节　地方政府债务风险压力测试模型构建

本书采用了基于 Merton 模型和或有权益理论的方法进行宏观压力测试。

下面具体解释这种方法的原理。首先，将次级偿还债务（即其他相关债务）可以视为地方政府资产的看涨期权，"违约"这一行为视为不执行看涨期权，假设在 T 时刻，地方政府可能的资产价值 A 是服从标准正态分布的，不执行看涨期权时的地方政府价值就是违约触发点 Q，并进一步计算出违约距离，见图 7 – 1。

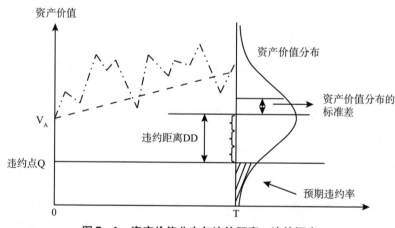

图 7 – 1　资产价值分布与违约距离、违约概率

当宏观经济受到负面冲击时，由于项目投资收益等因素的影响，地方政府负有担保责任的或有债务会转化为政府负有偿还责任的直接债务，地方政府资产价值波动率会显著增加，资产价值与违约阈值之间的违约距离 DD 就会减小，资产将会贬值，往违约阈值移动，而违约概率就会变大。

针对地方政府债务风险可以采取的压力情景包括但不局限于以下内容：国内宏观经济出现衰退；资本市场出现大幅度下跌；大量债务投资项目违约；部分省区地方政府债务出现支付困难；其他对地方政府债务风险

带来重大影响的情况。

结合地方政府资产价值和资产波动率两个风险压力因素,压力测试(见图7-2)的具体思路如下。

(1)受到宏观经济冲击(GDP增速下滑、资本市场崩盘等)影响,地方政府资产价值会发生变动,假定资产价值服从几何布朗运动,根据计算出的各省区地方政府2014~2017年度隐含资产价值,随机生成10000个2018年底各省区地方政府资产价值,拟合资产价值分布;

(2)然后根据各省区地方政府资产价值模拟结果,计算95%和99%置信水平下各省区地方政府违约距离和违约概率水平,评估各省区地方政府债务风险状况;

(3)将中央政府隐性担保视为地方政府资产价值的看跌期权,利用BSM模型,计算95%和99%置信水平下的中央政府隐性担保规模;

(4)利用各省区地方政府违约距离,计算全国、东部、中部和西部区域的平均违约距离ADD、加权违约距离WDD、组合违约距离和中央政府隐性担保规模,评估各区域地方政府债务可能引发的系统性风险。

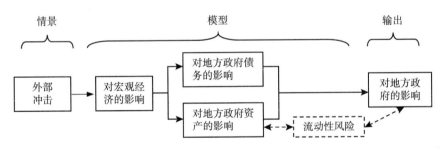

图7-2 地方政府债务风险压力测试思路

第二节 各省区地方政府债务风险压力测试

假定各省份地方政府的资产价值服从几何布朗运动,根据计算出的各省区地方政府2014~2017年度隐含资产价值,随机生成10000个2018年底各省区地方政府资产价值,拟合资产价值分布,计算95%和99%置信水平下的VaR值,然后根据各省区地方政府资产价值模拟结果的VaR值,计算95%和99%置信水平下各省区地方政府违约距离和违约概率水平,计算结果如表7-1和图7-3所示。

表 7-1 全国各省份地方政府债务风险压力测试结果

省份	2018 年底		95% 置信水平下 VaR 值		99% 置信水平下 VaR 值	
	违约距离	违约概率（%）	违约距离	违约概率（%）	违约距离	违约概率（%）
北京	53.56	0.00	51.67	0.00	50.69	0.00
天津	#NUM!	#NUM!	#NUM!	#NUM!	#NUM!	#NUM!
河北	6.69	0.00	4.79	0.00	4.00	0.00
山西	#NUM!	#NUM!	#NUM!	#NUM!	#NUM!	#NUM!
内蒙古	-13.95	100.00	-34.19	100.00	-40.13	100.00
辽宁	-6.19	100.00	-6.80	100.00	-7.48	100.00
吉林	-15.12	100.00	-25.41	100.00	-29.10	100.00
黑龙江	-11.44	100.00	-30.79	100.00	-42.37	100.00
上海	23	0.00	16.86	0.00	15.41	0.00
江苏	16.63	0.00	16.35	0.00	15.97	0.00
浙江	12.79	0.00	11.06	0.00	10.41	0.00
安徽	12.78	0.00	11.49	0.00	10.06	0.00
福建	22.24	0.00	21.14	0.00	20.08	0.00
江西	-23.29	100.00	-35.48	100.00	-52.13	100.00
山东	1.93	2.66	-7.15	100.00	-10.73	100.00
河南	15.98	0.00	13.82	0.00	12.80	0.00
湖北	13.29	0.00	12.07	0.00	11.02	0.00
湖南	13.12	0.00	10.78	0.00	9.82	0.00
广东	12.69	0.00	8.69	0.00	7.65	0.00
广西	-7.58	100.00	-30.49	100.00	-49.87	100.00
海南	-5.5	100.00	-43.67	100.00	-54.47	100.00
重庆	#NUM!	#NUM!	#NUM!	#NUM!	#NUM!	#NUM!
四川	#NUM!	#NUM!	#NUM!	#NUM!	#NUM!	#NUM!
贵州	-3.21	99.93	-18.46	100.00	#NUM!	#NUM!
云南	7.8	0.00	6.97	0.00	5.98	0.00
西藏	-0.67	74.89	#NUM!	#NUM!	#NUM!	#NUM!
陕西	12.22	0.00	11.64	0.00	10.76	0.00
甘肃	19.66	0.00	9.37	0.00	6.31	0.00
青海	-0.38	64.86	-12.15	100.00	-17.67	100.00

续表

省份	2018 年底		95% 置信水平下 VaR 值		99% 置信水平下 VaR 值	
	违约距离	违约概率（％）	违约距离	违约概率（％）	违约距离	违约概率（％）
宁夏	−1.91	97.18	−10.97	100.00	−16.47	100.00
新疆	−27.27	100.00	#NUM!	#NUM!	#NUM!	#NUM!

注：表中#NUM! 表示在该年度该省份地方政府资产价值低于其负有担保责任的债务价值，已经处于债务危机之中。

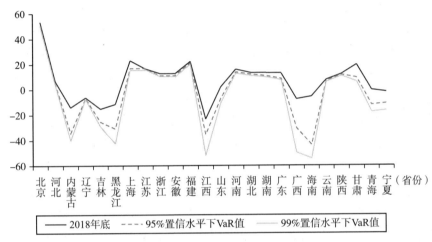

图 7－3　各省份地方政府债务风险压力测试结果

由表 7－1 和图 7－2 可知，国内宏观经济出现衰退、资本市场出现较大幅度震荡和地方政府债务出现支付困难等极端市场条件下，各省份地方政府的资产价值会大幅萎缩，这将使得这些省份地方政府的违约距离骤降，违约概率急剧上升，地方政府债务风险状况恶化明显，且随着置信水平的上升，也就是说，随着这些宏观冲击的严重性上升，各省份地方政府债务风险进一步恶化。

在 95% 置信水平下，天津、山西、重庆、四川、西藏和新疆地方政府资产价值已低于其负有担保责任债务，内蒙古、辽宁、吉林、黑龙江、江西、山东、广西、海南、贵州、宁夏和青海省违约距离均小于 −5，违约概率均为 100%，表明这些省份地方政府已处于债务危机之中。与 2018 年底比较发现，西藏和新疆资产价值已演变为低于其负有担保责任债务，其余处于债务危机中的省份违约距离均出现不同程度的减少。其中，青海变化最为显著，违约距离由 −0.38 减少为 −12.15，违约概率由 64.86% 上升为100%，山东违约距离由1.93减少为-7.15，违约概率由2.66%上升为100%，可见这些省份地方政府债务风险受宏观经济冲击较为明显。

此外，北京、河北、上海、江苏、浙江、安徽、福建、河南、湖北、湖南、广东、云南、陕西和甘肃违约距离均出现了不同程度的减少，但不显著，最小值也大于4，违约概率均为0。其中，甘肃违约距离变化最大，由19.66降至9.37，减少了52%，但其违约概率依然为零。可见，在较弱的宏观经济冲击下，这些省份地方政府具有较强的抵御能力，地方政府债务风险状况依旧良好。

在99%置信水平下，各省份地方政府债务风险依然出现两极分化的形势。除天津、山西、重庆、四川、西藏和新疆外，贵州地方政府资产价值也开始低于其负有担保责任债务，内蒙古、辽宁等11个省份违约距离均小于-7，违约概率都为100%，表明这些省份地方政府已处于债务危机之中。北京、河北和上海等14个省份地方政府违约距离均出现了不同程度的减少，但不显著，最小值也大于4，违约概率依然为0。可见，在较为严重的宏观经济冲击下，这些省份地方政府依然具有较强的抵御能力，地方政府债务风险状况依旧良好。

综合上述压力测试分析，我们发现在受到经济危机或债务危机等较大规模宏观经济冲击的情景中，地方政府债务并没有出现大规模的违约行为，即使在99%的置信水平下，也只有山东、西藏和青海可能成为新增的问题省份，这还需要这些省份地方政府的负有担保责任债务全部出现违约。即使如此，仍有近半数的省份地方政府债务处于十分安全的区域。为此，我们认为即使在极端的经济条件下，我国各省份地方政府债务风险总体上依旧是可控的，但部分省份（天津、山西、重庆、四川、贵州、西藏和新疆）债务风险已经十分严重，需要根据不同省份的实际情况进行因地制宜的治理。

第三节　地方政府债务系统性风险压力测试

一、全国范围地方政府债务系统性风险

结合上一节的计算结果，将中央政府隐性担保视为地方政府资产价值的看跌期权，利用BSM模型，计算95%和99%置信水平下的中央政府隐

性担保规模；利用各省区地方政府违约距离，计算全国范围的平均违约距离 ADD、加权违约距离 WDD 和组合违约距离，评估各区域地方政府债务可能引发的系统性风险。

根据表 7-2，分析中央政府隐性担保、平均违约距离、加权违约距离和组合违约距离指标后发现，在受到宏观经济冲击的情景下，全国范围的地方政府债务的系统性风险上升，且随着宏观经济冲击的加强，风险会逐步提高。

表 7-2　　　全国范围地方政府债务系统性风险压力测试结果

系统性风险指标	2018 年底	95% 置信水平	99% 置信水平
平均违约距离（ADD）	4.13	-36.21	-41.40
加权违约距离（WDD）	16.64	-17.46	-20.63
组合违约距离（PDD）	34.59	28.13	24.10
中央政府隐性担保规模（亿元）	32905	41512	44520

2018 年底的平均违约距离为 4.13，95% 和 99% 置信水平下分别为 -36.21 和 -41.40，违约概率为 100%，出现明显的恶化迹象。而 2018 年底的加权违约距离为 16.64，95% 和 99% 置信水平下分别为 -17.46 和 -20.63，违约距离由正转负，违约概率由零演变为 100%。可见，从平均违约距离和加权违约距离指标来看，在此情境下全国范围已处于债务危机之中。但这两个指标具有明显的缺陷，如平均违约距离受到内蒙古等债务风险状况不佳的省份地方政府影响较为严重，而加权平均距离虽然有所改善，但由于没有考虑到各个省份地方政府的相关性，而高估了系统性风险。

组合违约距离很好地弥补了平均违约距离和加权违约距离的缺陷，结果也更为准确。2018 年底的组合违约距离为 34.59，地方政府债务的系统性风险总体良好。受到宏观经济冲击后，在 95% 和 99% 置信水平下的违约距离分别为 28.13 和 24.10，对应违约概率均为零，并未出现明显的恶化迹象。

从中央政府隐性担保来看，2018 年底全国各省份地方政府的中央政府隐性担保为 32905 亿元，受到宏观经济冲击时，在 95% 和 99% 置信水平下分别为 41512 和 44520 亿元，分别增长了 26.16% 和 35.30%，同时分别占比 2018 年全国 GDP 的 4.60% 和 4.93%，规模相对较小，考虑到地方政府负有担保责任债务违约比例中我们假定的是全部违约，现实中会相对乐观。

综合而言，全国地方政府债务的系统性风险较小，出现全国范围内的地方政府债务危机仍为小概率事件。

二、各区域地方政府债务系统性风险

结合第七章第二节的计算结果，利用各省区地方政府违约距离，计算全国范围的平均违约距离 ADD、加权违约距离 WDD 和组合违约距离，同时将中央政府隐性担保视为地方政府资产价值的看跌期权，利用 BSM 模型，计算 95% 和 99% 置信水平下的中央政府隐性担保规模，评估各区域地方政府债务可能引发的系统性风险。

根据表 7-3、表 7-4 和表 7-5 中东部、中部和西部区域地方政府债务的系统性风险压力测试结果，我们发现平均违约距离、加权违约距离和组合违约距离得出的结论基本上是一致的。

表 7-3　　东部、中部和西部区域平均违约距离与违约概率压力测试结果

区域	2018 年底		95% 置信水平		99% 置信水平	
	违约距离	违约概率（%）	违约距离	违约概率（%）	违约距离	违约概率（%）
东部	2.04	2.09	-3.86	99.99	-5.81	100
中部	-39.45	100	-45.56	100	-50.11	100
西部	-42.93	100	-59.64	100	-68.23	100

表 7-4　　东部、中部和西部区域加权违约距离和概率指标压力测试结果

区域	2018 年底		95% 置信水平		99% 置信水平	
	违约距离	违约概率（%）	违约距离	违约概率（%）	违约距离	违约概率（%）
东部	12.78	0	10.34	0	9.34	0
中部	-1.53	93.70	-5.39	100	-8.63	100
西部	-81.08	100	-100.37	100	-112.47	100

表7-5 东部、中部和西部区域组合违约距离和概率指标压力测试结果

区域	2018 年底		95% 置信水平		99% 置信水平	
	违约距离	违约概率（%）	违约距离	违约概率（%）	违约距离	违约概率（%）
东部	57.04	0	51.12	0	48.33	0
中部	18.17	0	13.64	0	10.93	0
西部	-0.67	74.98	-9.68	100	-14.99	100

表中违约距离指标表明，东部区域系统性风险最小，平均违约距离指标在极端经济条件下（95%和99%置信水平）分别为-3.86和-5.81，违约概率几乎为100%。加权违约距离和组合违约距离指标在极端经济条件下（95%和99%置信水平）均大于9，违约概率为零，表明东部不会发生系统性违约现象，组合违约距离指标显示东部区域地方政府债务不会出现系统性风险。可见，东部区域由于良好的财政状况和优质的地方政府资产（包括地方政府土地出让收入）使得其具有较好的偿债能力，基本上不会出现系统性违约行为。

从平均违约距离和加权违约距离指标来看，中部区域违约距离最大值为-5.39，对应违约概率均为100%，这表明在极端情景下该区域会发生系统性违约现象。出现这种现象主要是由于山西、黑龙江和江西地方政府债务风险非常严重，违约距离均小于-30，这对整个区域的平均违约距离和加权违约距离的计算影响显著。而组合违约距离将整个区域视为一个投资组合，较好地解决了这个问题。在95%和99%置信水平下，中部区域的组合违约距离分别为13.64和10.93，对应的违约概率均为零。综合而言，在宏观经济受到冲击时，中部区域存在出现系统性违约行为的概率。

西部区域则恰恰相反，三个违约距离指标均为负数，组合违约距离最大，95%和99%置信水平下分别为-9.68和-14.99，对应的违约概率为100%，而平均违约距离和加权违约距离均小于-50，违约概率为100%，表明西部区域已经出现了系统性的违约行为。可见，在受到宏观经济冲击时，由于西部区域各省份地方政府财政收入匮乏和资产价值的缺失，导致偿债能力骤降，很可能出现系统性的违约现象。

根据表7-6中的压力测试结果，在受到宏观经济冲击时，东部区域中央政府隐性担保增幅最小，在95%和99%置信水平下相对于正常市场条件下的担保规模分别增长3.72%和5.20%，中部区域中央政府隐性担

保规模增幅最大，分别为 38.03% 和 56.07%，西部区域增幅居中，分别为 34.15% 和 45.15%。从规模上来看，西部区域的中央政府隐性担保规模依旧最大，超过是东部和中部区域之和，95% 和 99% 置信水平下分别为 27059 亿元和 29278 亿元，分别占 2018 年全国 GDP 的 2.99% 和 3.24%，基本还处于可控的范围。

表 7 - 6   东部、中部和西部区域中央隐性担保规模压力测试结果

区域	2018 年底	95% 置信水平	99% 置信水平
东部	9109	9448	9583
中部	3626	5005	5659
西部	20171	27059	29278

结合平均违约距离、加权违约距离、组合违约距离和中央政府隐性担保这些系统性风险指标，东部区域由于良好的财政状况和优质的地方政府资产使得其具有较好的偿债能力，不会出现系统性违约行为，而中部区域出现系统性违约行为是小概率事件。西部区域在受到宏观经济冲击时，由于各省份地方政府财政收入匮乏和资产价值的缺失，很可能出现系统性的违约现象。

第四节   研究结论与启示

在受到经济危机或债务危机等较大规模宏观经济冲击的情景中，地方政府债务并没有出现大规模的违约行为，即使在 99% 的置信水平下，也只有山东、西藏和青海省可能成为新增的问题省份，这还需要这些省份地方政府的负有担保责任债务全部出现违约。即使如此，仍有近半数的省份地方政府债务处于十分安全的区域。

为此，我们认为即使在极端的经济条件下，我国各省份地方政府债务风险总体上依旧是可控的，但存在着结构性的局部风险。部分省份（天津、山西、重庆、四川、贵州、西藏和新疆）债务风险已经十分严重，需要根据不同省份的实际情况进行因地制宜的治理。

中央政府隐性担保、平均违约距离、加权违约距离和组合违约距离指标表明，在受到宏观经济冲击的情景下，全国范围的地方政府债务的系统性风险上升，且随着宏观经济冲击的进一步加强，系统性风险会逐步提高，在95%和99%置信水平下，全国地方政府债务发生系统性风险仍为小概率事件。东部区域由于良好的财政状况和优质的地方政府资产使得其具有较好的偿债能力，不会出现系统性违约行为，而中部区域出现系统性违约行为是小概率事件。西部区域在受到宏观经济冲击时，由于各省份地方政府财政收入匮乏和资产价值的缺失，很可能出现系统性的违约现象。

为更好防范和化解地方政府债务可能引发的系统性风险，本书提出如下建议：首先，建议在地方政府和财政部推广压力测试技术。这有利于地方政府债务风险监测技术的升级和监测层面的拓展，监测极端外部冲击下地方政府债务风险，有利于维护金融稳定，促进地方经济健康发展。其次，建议加快建立对地方政府可偿债资产和项目投资资产价值的持续评估监测机制，通过对现有这些资产价值的定期、持续评估，加强对投资项目的监测，从而实现对地方政府债务风险的及时准确揭示。

第八章　我国地方政府债务风险预警研究

随着我国经济社会的快速发展，各级政府的政府债务逐年增加，我国地方政府债务问题已引起各界的广泛关注。如果不对地方政府债务的发展加以控制，就可能发生债务危机，危及整个国家的金融安全和社会稳定。审计署于 2011 年对地方政府债务进行了首次全面审计，审计中发现了不少问题，其中缺乏科学有效的预警机制也是主要问题之一。至 2010 年底，在 36 个省级政府中，有 7 个未出台地方政府债务管理规定，8 个未明确债务归口管理部门，14 个未建立政府性债务还贷准备金制度，24 个未建立风险预警和控制机制。随着债务预警方法的不断深入，建立科学的预警体系是控制地方政府债务风险的有效途径。债务风险预警不仅能够对地方政府债务风险进行有效识别和监测，还能够为地方政府债务风险管理政策制定提供依据。

本书将创新性地将违约距离引入地方政府债务风险预警体系，这将是现代期权理论与地方政府债务风险预警的一次巧妙结合。尽管违约距离的概念早已众所周知，但是此前学者们多把它用于上市公司的债务危机预警，用于地方政府尚属首次。本章余下部分这样安排：本书第一节全面介绍预警体系的建立过程；第二节是对我国 30 个省、自治区、直辖市地方政府债务风险的实证研究；第三节是结论和启示。

第一节　风险预警体系构建

一、预警体系构建原则

系统性原则：地方政府债务规模庞大且具有隐蔽性，在设计指标体系时，不仅要从静态的视角考察债务的特征，还要从动态的视角考察债务的变化趋势。举债、用债、偿债这三个环节是相辅相成的，所以在评估地方政府债务风险时，不能仅孤立地考虑其中一个环节，而是应当综合、全面地考虑这三个环节。

实用性原则：目前关于地方政府债务风险的评价体系还不成熟，同时也缺乏完整的相关数据，所以考察对象以官方公布的债务为核心，建立预警体系时也应当充分考虑数据的可获得性与系统的适用性和可行性。

可比性原则：由于各地区的情况不同，所以设计指标时，要保证"同一时期不同地区可比，同一地区不同时期可比"，选取的指标应该多以比率指标为主。

针对性原则：一个地区的 GDP 是该地区政府的最终偿债基础，所以应当将地方的 GDP 作为主要参考变量。同时，由于流动性不足也是我国地方政府债务风险的主要表现形式，财政收支也应当被纳入考察对象。所以本书将主要以地方财政收支和地方 GDP 为主要参考变量。

二、预警模型构建的总体思路

风险本身具有极大的不确定性，要对地方政府债务风险进行精确的描述是不可能的，所以本书拟使用模糊组合评价法对地方政府债务风险进行度量。模糊综合评价法是建立在模糊数学理论基础上的一种预测和评价方法，可以用来去解决一些模糊的、不确定的实际问题（宋晓丽，2006）。应用模糊综合评价方法时，确定各指标权重通常是由专家根据经验给出，主观性较强。而层次分析法将定性和定量结合，可以在一定程度上增加客观性。因此，我们综合运用两种方法，使用层次分析法确定各指标权重，用模糊综合评价方法对地方政府债务风险进行预警。

地方政府债务风险的预警是一个复杂的问题，需要综合考虑各个指标。我们将先计算单个指标的风险值，然后根据这些单个指标在地方政府债务风险中的重要性程度，依据层次分析法，决定其权重，最后对其加权平均，这个经过加权的风险就可以表示为地方政府债务总风险指标。计算公式为：

$$R = \sum_{i=1}^{n} w_i R_i \qquad (8-1)$$

其中，R 为地方政府债务总风险指标，R_i 表示第 i 种风险因子的风险值，w_i 为第 i 种风险因子的权重。最后根据地方政府债务总风险指标和风险等级区间来描述风险等级。如果指标落在高风险区间，就表示这个地方政府债务风险的等级为高风险。

综上所述，我们可以将地方政府风险预警系分解为三步：第一步风险等级区间；第二步确定单个风险指标的风险值 R_i；第三步是单个风险指标权重 w_i 的确定。

三、预警风险指标

预警指标的选取是预警体系建立基础环节（见表 8 - 1）。借债是起点，借债规模是否与该地区的 GDP 和财政收入相匹配，将直接关系到该地区的偿付能力；用债是过程，债务的使用是否有效率，将直接影响该地区的发展和债务的偿还；偿债是结果，债务危机是否爆发将取决于地方政府是否及时偿还。本书将从"借债是否适度、用债是否有效率、偿债是否有信用"三方面来对地方政府债务进行预警（考文燕，2009）。具体指标的说明和描述请详见第三章第三节。

表 8 - 1　　　　　　　　　　地方政府债务风险预警指标

分类	静态指标	动态指标
借债环节	债务负担率	债务余额三年平均增长率/GDP 三年平均增长率
	债务依存度	
	财政赤字率	
	资产负债率	
	担保债务率	
	债务率	
	新增债务率	
用债环节	债务项目的投入产出比	民间投资增速与债务增速比例
	具备自我偿债能力债务占总债务比重	
偿债环节	债务逾期率	年偿还债务三年平均增长率/财政收入三年平均增长率
	偿债率	
	借新还旧占债务总额比重	年新增债务违约三年平均增长率/财政收入三年平均增长率
	偿债准备金率	
	违约债务比例	违约距离
	新增债务违约率	
	利息支出率	

此外，本书首次将其引入地方政府债务风险的预警中，乃本书的创新

之处。违约距离是由第四章中计算得出，它是用指标形式表示的地方政府违约的风险值。违约距离多用于上市公司的财务危机预警。该指标越大，则债务风险越小。

四、指标风险值和权重的确定

（一）风险指标风险值的确定

由于目前还未建立完善的地方政府债务风险指标评价标准，本书将在参考国际经验和前人研究成果的基础上，结合中国实际，确定了每个指标的上限值和下限值（具体上、下限值的设置将在实证分析部分列出）。

风险指标可分为两类：如果该指标越大，风险越大，那么该指标为正向指标；反之，为负向指标。为了便于比较，我们需要把各个风险指标转化为 ［0，1］之间的单个指标风险值。对于正向指标来说，如果超过上限值，其指标其风险值为 1，低于下限其风险值记为 0，居于上、下限之间，则按照线性比例转换到 ［0，1］之间。负向指标可类似转换。下面的公式分别为正向指标和负向指标的转化方程式（违约距离指标除外）。

正向指标转化公式：

$$y_{ij} = \begin{cases} 0 \cdots\cdots\cdots\cdots\cdots x_{ij} < a_j \\ \dfrac{x_{ij} - a_j}{b_j - a_j} \cdots\cdots a_j \leqslant x_{ij} \leqslant b_j \\ 1 \cdots\cdots\cdots\cdots\cdots x_{ij} > b_j \end{cases} \quad (8-2)$$

负向指标转化公式：

$$y_{ij} = \begin{cases} 1 \cdots\cdots\cdots\cdots\cdots x_{ij} \leqslant a_j \\ \dfrac{b_j - x_{ij}}{b_j - a_j} \cdots\cdots a_j \leqslant x_{ij} \leqslant b_j \\ 0 \cdots\cdots\cdots\cdots\cdots x_{ij} \geqslant b_j \end{cases} \quad (8-3)$$

其中 x_{ij} 为转化前指标值，y_{ij} 为转化后风险值，a_j 为下限值，b_j 为上限值。

对于违约距离，我们使用正态分布累积分布函数将其转化为 ［0，1］之间的风险值：$y_{ij} = \Phi(-DD)$，其中 DD 为违约距离，y_{ij} 为转化后风险值。

（二）风险指标权重确定

本书将使用层次分析法确定各个风险指标的权重。层次分析法按问题性质和总目标将问题分解成不同层次，构成一个多层次的分析结构模型，然后根据同一层次内不同因素对于上级目标的重要性，计算出每个因素的综合重要程度，从而确定每个因素的权重。

具体操作步骤：

（1）构造判断矩阵 A。首先将因素对上层目标的重要性进行成对比较，把第 i 个因素对第 j 个因素的相对重要性记为 a_{ij}，它是因素 i 的权重 w_i 和因素 j 的权重 w_j 之比，n 个目标逐对比较的结果构成矩阵。

$$A = \begin{pmatrix} a_{11} & \cdots & a_{1n} \\ \vdots & \ddots & \vdots \\ a_{n1} & \cdots & a_{nn} \end{pmatrix} = \begin{pmatrix} 1 & \dfrac{w_1}{w_2} & \cdots & \dfrac{w_1}{w_n} \\ \vdots & \vdots & \ddots & \vdots \\ \dfrac{w_1}{w_n} & \dfrac{w_2}{w_n} & \cdots & 1 \end{pmatrix} \quad (8-4)$$

为了便于定量比较第 i 个因素对第 j 个因素的相对重要性，即给出 a_{ij} 的值，Saaty 教授建议采用数字 1～9 及其倒数作为标度，表 8 - 2 列出了 1～9 标度的含义。

表 8 - 2　　　　　　　　　　　　因素标度含义

1	两个因素相比，具有同样重要性
3	两个因素相比，前者比后者稍微重要
5	两个因素相比，前者比后者明显重要
7	两个因素相比，前者比后者强烈重要
9	两个因素相比，前者比后者极端重要
2，4，6，8	表明需要在上述两个标度之间折中时的标度
倒数	若因素 i 与因素 j 的重要性之比为 a_{ij}，那么因素 j 与因素 i 的重要性之比为 $a_{ji} = 1/a_{ij}$

（2）求最大特征值 λ_{max} 和 w。

$$Aw = \begin{pmatrix} a_{11} & \cdots & a_{1n} \\ \vdots & \ddots & \vdots \\ a_{n1} & \cdots & a_{nn} \end{pmatrix} \begin{pmatrix} w_1 \\ w_2 \\ \vdots \\ w_n \end{pmatrix} = \begin{pmatrix} 1 & \dfrac{w_1}{w_2} & \cdots & \dfrac{w_1}{w_n} \\ \vdots & \vdots & \ddots & \vdots \\ \dfrac{w_1}{w_n} & \dfrac{w_2}{w_n} & \cdots & 1 \end{pmatrix} \begin{pmatrix} w_1 \\ w_2 \\ \vdots \\ w_n \end{pmatrix} = n \begin{pmatrix} w_1 \\ w_2 \\ \vdots \\ w_n \end{pmatrix} \quad (8-5)$$

我们可以通过求解特征值问题：$Aw = \lambda_{max} w$（其中 λ_{max} 为矩阵 A 的最大特征值）来求得特征向量即权重向量 $w = (w_1, w_2, \cdots, w_n)^T$；同时我们也可以采用和积法求解，和积法是求解该问题的近似方法，简单快捷。和积法具体步骤如下：

首先将判断矩阵 A 的每一列向量归一化得：

$$\tilde{w}_{ij} = \frac{a_{ij}}{\sum\limits_{i=1}^{n} a_{ij}} \tag{8-6}$$

再对 $\tilde{w}_{ij}$ 按行求和得到：

$$\tilde{w}_{i} = \sum\limits_{j=1}^{n} \tilde{w}_{ij} \tag{8-7}$$

然后可以求得权重向量：

$$w = (w_1, w_2, \cdots, w_n)^T, \text{ 其中 } w_i = \frac{\tilde{w}_i}{\sum\limits_{i=1}^{n} \tilde{w}_i} \tag{8-8}$$

最后计算最大特征值的近似值：

$$\lambda_{max} = \frac{1}{n} \sum\limits_{i=1}^{n} \frac{(Aw)_i}{w_i} \tag{8-9}$$

其中 $(Aw)_i$ 为向量 Aw 的第 i 个分量。

（3）对判断矩阵进行一致性检验。

先计算一致性指标（Consistency Index）。

$$CI = \frac{\lambda_{max} - n}{n-1} \tag{8-10}$$

显然当判断矩阵具有完全一致性时，CI = 0，CI 越大，矩阵的一致性就越差。为了检验判断矩阵是否具有满意的一致性，需要将 CI 与平均一致性指标 RI（Random Index）进行比较。当一致性比率 $CR = \frac{CI}{RI} < 0.1$ 时，认为 A 受主观影响在容许范围之内是可以接受的，否则要重新构造成对比较矩阵，直到一致性比率满足要求。

由 CR = 0.1 和 RI 的值，可以求得与 n 对应的临界特征值 λ'_{max}，见表 8-3。如果求得的最大特征值 $\lambda \leq \lambda'_{max}$，那么判断矩阵 A 就通过了一致性检验，见表 8-3。

表 8-3　　　　　　　　　　　　一致性检验

n	1	2	3	4	5	6	7	8	9	10	11	12
RI	0.00	0.00	0.58	0.90	1.12	1.24	1.32	1.41	1.45	1.49	1.52	1.54
λ'_{max}			3.12	4.07	5.45	6.62	7.79	8.99	10.16	11.34	12.52	13.69

五、风险等级区间的确定

首先我们把地方政府债务风险中的单个风险和总风险按照 [0, 0.2]、(0.2, 0.4]、(0.4, 0.6]、(0.6, 0.8]、(0.8, 1] 划分为五个等级，分别为安全、较安全、较危险、危险、危机爆发，然后我们再对各个等级区间的含义进行定义，见表 8－4。

表 8－4　　　　　　　　　地方政府债务风险等级区间定义

等级区间	含义
安全	地方政府能够全额偿债，不存在任何负面因素，出现债务危机概率为零
较安全	尽管地方政府目前有能力偿还本息，但存在一些对偿还较为不利因素，出现财政危机的概率比较小
较危险	地方政府还款能力出现问题，对预算外资金（如土地出让金）的依赖较大，出现财政危机的概率中等
危险	地方政府无法按时偿债，需要"借新债、还旧债"，出现财政危机的概率较大
危机爆发	地方政府已经无法还本付息，而且已处于高度负债运营，处于债务危机爆发的边缘

第二节　实　证　分　析

一、样本和指标选取

本书选取全国 30 个省、自治区、直辖市（西藏除外）2014～2018 年有关债务风险的相应数据进行实证研究，以求对它们的债务进行全面的预警。原始数据包括地方 GDP，地方一般预算收入、地方财政支出、地方政府债务余额，进行计算后，可以得到每个省、自治区、直辖市对应的风险指标值，并最终确定风险等级。

由于目前地方政府对债务信息的披露还不完善，导致前文中许多指标的数据无法获得，进行了一番筛选后，我们选取了债务负担率、债务依存度、财政赤字率、新增债务率、债务率、违约距离这六个指标。本书在参考国际标准的基础上，并结合我国国情，确定了每个指标的上限值和下限值，见表 8－5。

表8-5　　　　　　　　　　地方政府债务风险预警指标选取

风险指标	公式	下限	上限	指标属性
债务负担率 X1	当期期末债务余额/当期 GDP	0	60%	正向指标
债务依存度 X2	当期新增负债/当期一般预算支出	0	20%	正向指标
财政赤字率 X3	（当期一般预算支出 - 当期一般预算收入）/当期 GDP	0	3%	正向指标
新增债务率 X4	当期新增债务额/当期一般预算收入	0	15%	正向指标
债务率 X5	当期期末债务余额/当期一般预算收入	0	100%	正向指标
违约距离 X6		无	无	负向指标

注：由于地方政府未公开预算外收支，所以用一般预算收入代替财政收入，一般预算支出代替财政支出。

二、确定判断矩阵

中国地方政府的财政困境主要表现为流动性不足，所以在确定判别矩阵时，与财政收支相关的体现流动性的指标应该被赋予更大的权重。同时由于违约距离，动态考虑了债务的市场价值，能够更为准确地把握债务风险，所以也应当被赋予较高权重。判别矩阵见表8-6。

表8-6　　　　　　　　　　我国地方政府债务风险判断矩阵

判断矩阵	X1	X2	X3	X4	X5	X6
X1	1	1/3	1	1/3	1/3	0.2
X2	3	1	3	1	1	0.5
X3	1	1/3	1	1/3	1/3	0.2
X4	3	1	3	1	1	0.5
X5	3	1	3	1	1	0.5
X6	5	2	5	2	2	1

根据判别矩阵可以计算得特征值为6.005544，小于临界特征值6.62，所以通过了一致性检验。由此就可以确定各指标的权重了，见表8-7。

表8-7　　　　　　　　　　我国地方政府债务风险预警指标权重

指标	X1	X2	X3	X4	X5	X6
权重	0.061739	0.179471	0.061739	0.179471	0.179471	0.338109

三、总风险值计算

确定了各指标权重以后，根据前文所述，将每个单项指标加权平均之后，就得到了相应的风险值，进而就可以得到总风险值。各省份地方政府2015～2018年总风险值情况见表8－8。

表8－8　　　2015～2018年全国各省份地方政府债务风险预警结果

省份	2015 年	2016 年	2017 年	2018 年
北京	0.5067	0.5340	0.4824	0.4824
天津	0.6270	0.4862	0.5989	0.4376
河北	0.3173	0.4381	0.4905	0.4289
山西	0.6555	0.7235	0.7250	0.6278
内蒙古	0.3654	0.4195	0.4725	0.4025
辽宁	0.3942	0.4699	0.3348	0.3318
吉林	0.3956	0.4960	0.5188	0.5087
黑龙江	0.3216	0.5579	0.4730	0.3617
上海	0.3199	0.3394	0.3076	0.3646
江苏	0.5081	0.5509	0.5063	0.5118
浙江*	0.4753	0.5657	0.5137	0.5149
安徽	0.5175	0.5591	0.5022	0.5149
福建*	0.5002	0.5440	0.4874	0.4379
江西	0.6616	0.6593	0.5620	0.5436
山东*	0.3057	0.5320	0.4871	0.4940
河南	0.4927	0.5107	0.3640	0.4688
湖北	0.4733	0.5556	0.5037	0.5101
湖南	0.4415	0.3012	0.4976	0.4642
广东	0.3754	0.3690	0.4320	0.4825
广西	0.4668	0.5793	0.3459	0.4694
海南	0.3379	0.4315	0.4205	0.4209
重庆	0.4687	0.7387	0.6317	0.5285
四川	0.5918	0.8205	0.8205	0.8205
贵州	0.5449	0.5786	0.5242	0.3482
云南	0.5249	0.5671	0.5136	0.4132

省份	2015 年	2016 年	2017 年	2018 年
西藏	—	—	—	—
陕西	0.4787	0.5662	0.5086	0.4465
甘肃	0.4327	0.3866	0.5095	0.5094
青海	0.5291	0.5022	0.3419	0.5254
宁夏	0.3565	0.3918	0.3717	0.5266
新疆	0.3935	0.6441	0.5641	0.4168

注：西藏没有公布相关数据。天津、山西、重庆和四川违约距离计算均假设其资产价值与其负有担保债务差额为 1。浙江、山东和福建省数据分别包括了宁波、青岛和厦门三个计划单列市。

由表 8 - 8 可知，2015 年山东、河北、上海、黑龙江、海南、宁夏、内蒙古、广东、新疆、辽宁和吉林等省区市风险值处于 0.3 和 0.4 之间，处于较安全区域；甘肃、湖南、广西、重庆、湖北、浙江、山西、河南、福建、北京、江苏、安徽、云南、青海、贵州和四川等省区市风险值在 0.4 至 0.6 之间，处于较危险区域，这些省份地方政府有一定的可能爆发债务危机；山西和江西省风险值最高，均在 0.6 至 0.7 之间，处于危险区域，这些地方政府无法按时偿债，需要"借新债、还旧债"，出现财政危机的概率较大。2016 年，湖南、上海、广东、甘肃和宁夏风险值处于 0.3 和 0.4 之间，处于较安全区域；新疆、江西、山西和重庆风险值在 0.6 至 0.7 之间，处于危险区域；四川省风险值最高，为 0.8205，已处于高度负债运营，处于债务危机爆发的边缘；北京、海南等其余二十个省份风险值在 0.4 至 0.6 之间，处于较危险区域。

2017 年，上海、辽宁、青海、广西、河南和宁夏风险值处于 0.3 和 0.4 之间，处于较安全区域；重庆和山西在 0.6 至 0.8 之间，处于危险区域；四川省风险值大于 0.8，处于危机之中；其余省份风险值在 0.4 至 0.6 之间，处于较危险区域。2018 年，处于较安全区域省份仅为上海、贵州、黑龙江和辽宁，山西省处于危险区域，四川省依然处于危机之中，其他省份处于较危险区域。

可见，在 2015 ~ 2018 年期间，上海始终处于较安全区域，辽宁和宁夏除个别年份也一直处于较安全区域，部分省份，河北、内蒙古、吉林、黑龙江、山东、河南、河南、广东、广西、海南、贵州、甘肃、青海和新疆，在个别年份也处于较安全区域（主要集中在 2015 年），其余年份基本处在较危险区域。四川省除 2015 年处于较危险区域外，2016 ~ 2018 年始终处于债务危机爆发的边缘。山西省一直处于危险区域，2015～2016年间江西省、2016～2017年重庆、2015年天津和2016年新疆处于危险区域，其余年份均处于较危险区域。而北京、江苏、浙江、安徽、福建、湖北、云南和陕西省始终处于较危险区域。

此外，在此期间，北京、浙江、湖北、广西、海南、四川、贵州和青海等省区市的风险值逐渐减少，地方政府债务风险状况持续改善，其他省份地方政府债务风险值均出现了反复。

从总体上看，2015～2018年间地方政府债务风险整体是不断恶化的，四川和山西等个别省份地方政府债务风险较为严重，有出现违约的可能，但地方政府债务风险整体处于可控范围。

第三节　结论与启示

2015～2018年间，地方政府债务风险整体是不断恶化的，地方政府债务风险整体处于可控范围。上海始终处于较安全区域，辽宁和宁夏除个别年份也一直处于较安全区域，部分省份，河北、内蒙古、吉林、黑龙江、山东、河南、河南、广东、广西、海南、贵州、甘肃、青海和新疆，在个别年份也处于较安全区域（主要集中在2015年），其余年份基本都处在较危险区域。四川省除2015年处于较危险区域外，2016～2018年始终处于债务危机爆发的边缘。山西省一直处于危险区域，2015～2016年间江西省、2016～2017年重庆、2015年天津和2016年新疆处于危险区域，其余年份均处于较危险区域。而北京、江苏、浙江、安徽、福建、湖北、云南和陕西省始终处于较危险区域。北京、江苏和浙江等省份虽然经济较为发达，但是经济的高速发展需要债务资金的支持，所以也就会有较高的债务。安徽、陕西和云南省经济发展相对比较落后，固定资产投资较少，导致所借债务也相对较少。但是由于财政收入也较少，所以还是落入了较危险区域。

2015年以来，我国经济进入转型期，各省份经济增速不同程度放缓，导致公共财政预算收入大幅下滑。各省份地方政府应切实实施债务限额管理，控制隐性债务规模，合理规划新增债务，加强新增项目的审核，降低地方政府债务风险。

第九章　我国地方政府债务治理研究

2011 年以来，在决定经济增长的"三驾马车"中消费和投资的比重达到约98%。可见，消费和投资增速的波动决定了我国的经济增长。从周期性角度看，投资增速的周期性波幅远大于消费增速，且投资增速的周期项和名义 GDP 增速的周期项波动更为一致。投资增速的周期性波动是引起经济增长周期性变化的主要原因。在投资需求中，制造业投资在整个固定资产投资中比重相对稳定，2014 年以来稳中趋降，在 30% ~ 35% 之间波动；而房地产投资的比重波动较大，基建投资的比重呈整体上升趋势，两者比重之和达到近45%。因此，房地产和基建投资成为决定整个固定资产投资甚至经济增长周期性波动的关键因素。在基建和房地产投资背后，政府投资对两者尤其是对基建投资具有重要和决定性的影响，而与政府投资相伴相随的，是政府债务负担问题。

审计署于 2011 年对地方政府债务进行了首次全面大检查，其结果不容乐观，债务风险正逐渐凸显出来。根据审计署审计报告（审计署公告，2011 年第 35 号）显示，截至 2010 年底，全国地方政府债务余额 10.7 万亿元，突破 10 万亿元大关。财政部报告显示，2018 年底全国地方政府债务余额 183862 亿元。可见，中国地方政府债务快速膨胀已经是不争的事实。

快速膨胀的债务规模已引起各界的广泛关注。我国地方政府为了发展本地区经济，在取得高速发展的同时，也积累了不同程度的地方债务。如果任其发展而不加以重视，就可能发生债务危机，危及整个国家的金融安全和社会稳定。遗憾的是，至今仍未找到很好的治理对策。目前，地方政府债务问题成为学界研究热点，就地方政府债务生成机理、规模结构、风险及其治理对策展开较为深入的研究，试图最终为地方政府债务问题的解决建言献策。

在既有研究中，大多学者围绕地方政府债务的存量和流量两个变量，通过预测未来债务的规模并指出相应的风险后，提出债务治理的具体对策。目前，对地方政府债务治理对策的探讨集中在这几方面：地方财权和事权匹配、地方政府债券、将债务管理纳入政府绩效考核体系、地方政府隐性债务清理、偿债准备金和债务信息披露。地方政府债务治理需要考虑债务可持续性，着眼于债务进一步支撑地方经济的发展。地方政府债务融资规范化，清理地方融资平台发行的隐性债务，建立偿债准备金，是地方政府债务走向可持续发展基本保障，也有利于地方政府债务良性化发展。

　　然而，从何种视角，采用什么逻辑来治理中国地方政府的债务问题？债务治理对策是否有效？这些问题是地方政府债务研究中的需要关注的问题。本书旨在借鉴前人研究的基础上，从财政体制改革、地方债务管理、拓宽融资渠道三个方面，提出化解地方政府债务的建议和对策，以期为化解地方政府债务风险贡献一分力量。本书余下部分安排：第一节分析我国历史债务问题治理方式，以及得出的启示；第二节研究我国地方政府债务风险的治理路径；第三节研究我国地方政府债务治理对经济增长的具体影响；第四节分析我国地方政府债务治理对银行业的具体影响。

第一节　我国历史债务问题治理方式与启示

　　如果爆发债务危机，政府可以通过债务重组、财政紧缩和债务货币化等方式进行处置。债务重组和财政紧缩的途径会导致通缩萧条，而债务的货币化则可能会引起通货膨胀。

　　但如果仅是债务问题，而非债务危机，那么在去杠杆路径上则存在较大的政策空间。首先，不考虑外部经济冲击，可以通过对负债率不高的部门进行加杠杆，从而抵消负债率较高的部门去杠杆而带来的负面冲击。其次，在全球经济一体化下，美国经济的债务周期在很大程度上影响一国的去杠杆进程。美国作为消费国，如果美国居民部门加杠杆则会带动全球需求，从而带来作为制造国的我国的相关企业部门产能扩张或对过剩产能的消化。

一、1989～1991 年：债务重组和债务货币化

　　1991 年中央开始集中清理"三角债"，首先在东北三省进行了清欠试点，然后推广到全国。从解决三角债源头入手，重点对固定资产投资项目

拖欠这个源头进行清理，并狠抓了限产压库促销、调整产品结构和扭亏增盈。具体措施主要有：一是通过兼停并转解决一批效益较差的企业；二是通过商品交换的形式解决企业之间的债务；三是银行进行注资，解决部分银行和企业的不良债务。

1991 年和 1992 年两年，全国共注入清欠资金 555 亿元，共清理固定资产投资和流动资金拖欠款 2190 亿元。简而言之，通过债务重组和债务货币化有效解决了当时企业部门的债务问题。

二、1992～1994 年：紧缩政策、分税制与外汇外贸体制改革

针对经济过热、财政赤字、外债高企，中央主要通过紧缩政策、分税制改革与外汇外贸体制改革来加以解决。

中央政府于 1993 年 6 月下发了《中共中央、国务院关于当前经济情况和加强宏观调控的意见》（又称宏观调控 16 条），主要运用经济手段着手解决，并配合以行政和体制深化改革，即通过紧缩的财政货币政策来达到去杠杆的效果。国务院于 1993 年 12 月发布《关于实行分税制改革财政管理体制的决定》，并于 1994 年开始实施。改革内容主要是加大中央政府在税收结构中的分成比例，重新划分中央与地方的财权事权，建立转移支付机制补偿地方利益损失。

1994 年我国出台了一系列外汇外贸体制改革措施，取消了人民币的双重汇率和外贸企业平价上缴 30% 的外汇，减轻了外贸企业的负担，有力推动了我国出口的增加。1994 年完成出口总值 1210 亿美元，同比增长 31.9%。

三、1998～1999 年：政府部门加杠杆

在通货紧缩与有效需求不足的国内宏观环境以及东南亚金融危机的国际环境下，中国财政货币政策采取了"双松"的积极政策，即积极的财政政策与稳健趋松的货币政策相配合。1998 年下半年，中央实行积极的财政政策，向国有商业银行发行了 1000 亿元的长期国债，定向用于公共设施和基础产业的设施。

四、2002～2004 年：债务货币化与美国经济复苏驱动

盯住美元的汇率政策为宽松货币政策的持续实施创造了有利条件。2002 年开始人民币盯住美元，此时美国出现持续下跌，人民币实际有效汇

率也随之呈现持续下行，债务货币化得以有效实施。

此外，美国经济的复苏是中国在经济增长中实现企业部门去杠杆的重要驱动力。2002 年以来美国执行低利率政策，房地产价格上涨，带动居民部门加杠杆。通过全球贸易和资金流动加快了作为制造国中国企业部门过剩产能的消化与吸收，即降低企业部门曾经偏高的杠杆。企业盈利数据明显转好，2002～2004 年企业 ROE 由负转为正。

五、我国历史债务问题治理的借鉴与启示

由前文阐述可知，我国目前企业部门杠杆明显偏高，尤其是位于上中游产业的企业部门存在去杠杆的必要，政府部门杠杆水平处于相对偏高水平，主要风险来自地方政府隐性债务的急速膨胀，总体来看仍处于可控范围。

从历史去杠杆的路径来看，由于我国的经济特性，去杠杆路径的选择通常取决于政府的抉择。我国政府通常不会采取各个经济部门同时去杠杆的方式，而是在一部门去杠杆的同时，另一部门加杠杆，从而避免过度的经济冲击。此外，根据我们的债务监测指标显示，目前债务偿付能力较为稳定，债务整体风险处于可控范围，因此去杠杆方式相比债务问题或危机爆发的情况也留有较大政策空间。

央行在《三季度货币政策执行报告》中首次提到经济降杠杆，这表明政府未来对于杠杆率过高的经济部门进行去杠杆已是势在必行。我们认为，与以往债务问题相同，企业部门或将首当其冲，尤其对于处于上中游的企业部门，消化过剩产能和亏损企业退出是主旋律。逐步收紧影子银行活动或整体信贷，随之而来的资本成本高企和信贷收缩将触发盈利不佳的企业的偿付问题，最终可能将通过债务重组等方式解决企业部门债务问题。

在企业部门去杠杆的同时，政府部门整体加杠杆推进新型城镇化建设来对冲负面冲击，但前提是实现结构性调整，即中央部门加杠杆，地方政府去杠杆，逐步消除地方隐性债务，有效防范隐性债务风险的连锁反应。从十八届三中全会决议中已经可以看到未来上述路径的些许迹象。会议提出建立事权和支出责任相适应的制度。中央和地方按照事权划分相应承担和分担支出责任，力图加强化中央政府的财政货币控制力，让地方政府回归本位职能，而不是继续依赖地方政府的扩张能力。未来政府整体债务结构将可能会出现，中央政府加杠杆，地方政府去杠杆的趋势。另外，从改革思路来看，积极推进营改增减税、放权减少管制等改革降低企业成本端，提升企业资产收益率，增强还本付息能力，本质上也是政府部门加杠

杆进行对冲。

上述不同部门去杠杆或加杠杆过程中，应重点关注两大重要影响因素，其决定了上述过程的缓急程度：一是资本外流的动向。处于开放经济条件下，突然且大规模的资本外流可能会打击国内金融系统的信心，从而显著推高借款成本，导致严重的债务困境。二是欧美经济，尤其是美国经济发展的步伐。一旦美国居民部门开始步入加杠杆，我国企业部门去杠杆的负面冲击将有所缓解。

第二节　我国地方政府债务治理历程演进

2008 年美国次贷金融危机以来，对地方政府债务治理与管控呈现出明显的周期特征，地方政府债务治理管控与经济周期互补。在经济下行压力较大时期，放松对地方政府债务管控，地方政府债务快速扩张，在 2009 年、2012 年、2015～2016 年都是如此。但随着经济企稳回升，都对地方政府债务加强治理和管控，防范可能引发的系统性风险。但强化治理会导致基建投资增速下跌，加剧经济放缓压力，使得经济进入下行周期。

通过上述分析，我们发现对地方政府治理可以大致分为三个阶段：（1）2010～2011 年，地方政府在"四万亿"刺激后超额举债，为了避免和防止地方政府债务风险，规范融资平台贷款，禁止违规或变相担保。这也导致表外信贷快速发展，银行借助非银通道向平台输送资金。（2）2014～2015 年，主要控制新增平台债务规模以及将隐性债务显性化，但考虑到经济稳增长等因素而在后期有所放松。（3）2017 年后进入第三阶段监管，加大平台融资渠道穿透力度，有效规范地方政府举债融资，坚决遏制隐性债务增量。

一、第一轮监管（2010～2011 年）

2008 年美国次贷金融危机爆发，我国经济增速面临快速下行压力，中央政府为应对危机出台投资刺激政策，其中中央财政投资 1.18 万亿元，地方政府安排 1.25 万亿元。地方政府通过融资平台等途径扩大债务来满足资金需求，实际债务融资规模远超过 4 万亿元。刺激政策下地方政府债务规模急速扩张，引发中央政府和社会各界对地方政府债务风险的关注。

2009 年，央行和银监会联合提出"支持有条件的地方政府组建投融资平台，发行企业债、中期票据等融资工具，拓宽中央政府投资项目的配套资金融资渠道"。随后,地方政府通过融资平台举债为地方经济发展筹集资金,促使经济增速回暖。但同样也引发了相应的问题。一方面,地方政府在"四万亿"刺激后举债过多,导致经济体中积累了大量过剩产能,促使监管层对地方政府融资行为进行约束,避免地方财政被透支;另一方面,由于融资平台具备政府违规或变相提供的信用担保,贷款要求相对较低,隐性债务风险累积。如表 9 - 1 所示,2010 ~ 2011 年间,多部委下发监管文件,规范地方政府融资平台债务,抑制了平台无序扩张的现象;同时还规范了银行对融资平台的贷款,提升融资平台贷款的风险权重、对平台贷款进行风险类别划分、明确规定地方政府不能对平台违规或变相提供担保。同时,禁止通过信托贷款、资管计划、融资租赁等方式变相融资。

表 9 - 1　　　　　　　　2010 ~ 2011 年地方政府债务监管文件一览

时间	文件	部委	相关主要内容
2010 年 5 月	国务院常务会议	国务院	部署加强地方政府融资平台公司管理,要求抓紧清理核实并妥善处理融资平台公司债务,坚决制止地方政府违规担保承诺行为
2010 年 6 月	19 号文	国务院	要求对融资平台公司债务按照分类管理、区别对待的原则,妥善处理债务偿还和在建项目后续融资问题
2010 年 7 月	412 号文	财政部、发改委、中国人民银行、银监会	以偿债资金 70% 来源于财政性资金为限划分公益性债务平台,要求加强信贷管理,禁止注入公益性资产,坚决制止地方政府违规担保
2010 年 8 月	244 号文	银监会	要求按照"全覆盖、部分覆盖、基本覆盖、无覆盖"的标准对平台贷款划分风险类别
2010 年 10 月	309 号文	银监会	要求监测公司类贷款,监督保全分离为公司类贷款、清理回收贷款处理情况,监控平台类贷款,确保存量贷款得到妥善处理,严格监控新增贷款
2010 年 11 月	98 号文	银监会	要求抓紧做好地方政府融资平台贷款风险管控,对地方政府融资平台贷款实施动态台账管理,按现金流覆盖原则开展分类处置工作
2010 年 11 月	2881 号文	发改委	收紧企业债发行条件,要求偿债资金来源 70%以上必须来自公司自身收益,禁止地方政府违规担保,公益性资产不得注入资本金
2010 年 12 月	110 号文	银监会	要求对融资平台贷款进行准确分类和动态调整(正常类、关注类、次级类、可疑类和损失类),平台贷款的拨备率不得低于一般贷款拨备水平,按现金流覆盖比例计算资本充足率贷款风险权重

续表

时间	文件	部委	相关主要内容
2011 年 3 月	34 号文	银监会	健全"名单制"管理系统,平台贷款审批权限统一收至总行,推出名单监管条件:一是符合"全覆盖"原则,二是符合"定性一致"原则,三是符合"三方签字"原则
2011 年 6 月	1388 号文	发改委	融资平台公司发行企业债券应优先用于保障性住房建设,优先办理核准手续
2011 年 6 月	191 号文	银监会	退出类平台按照商业化原则自主放贷,对仍按平台管理的符合公路法项目、保障房、国务院重大项目、全覆盖且已完成整改四类可以新发贷款

资料来源:国务院、中国人民银行、财政部、发改委和银监会。

在这一阶段通过规范地方融资平台投融资方式和加强金融机构放贷管理方式控制地方政府债务风险。然而缺乏对地方政府债务规模和结构的统计,使得对地方政府债务风险判断和政策执行上存在缺陷。虽然政府部门与社会机构也对地方政府债务给出过一些估计,但由于统计口径等差异,未形成一致结果。银监会公布的 2010 年末全国地方融资平台贷款余额 9.09 万亿元,而央行数据显示政府融资平台贷款占总贷款比例在 2010 年末不超过 30%,按当年末贷款余额计算地方融资平台贷款上限在 14.4 万亿元。审计署报告显示,截至 2010 年底,地方政府各类债务 10.7 万亿元。

二、第二轮监管(2014～2015 年)

随着经济下行压力加大,中央政府在 2012 年中频频出台稳增长政策,通过多次降息降准维持货币环境宽松,地方政府债务再度出现加速膨胀态势。2013 年底,审计署公布涵盖中央、省、市、县、乡镇五级政府的全国政府性债务审计报告。审计结果显示,截至 2013 年 6 月,各类地方政府债务余额增加至 17.9 万亿元,而上次审计结果显示 2010 年末为 10.7 万亿元。地方政府债务继续高速膨胀引发中央政府高度关注,中央经济工作会议将积极防控地方政府债务风险作为 2014 年六大主要任务之一。

2014 年 9 月国务院出台了《关于加强地方政府债务管理的意见》(43 号文),其对地方政府债务管控的总体思路是"开正门、堵偏门,逐步化解存量债务",要求政府债务融资主体仅为政府及其部门,不得通过企事业单位或融资平台公司举债。地方政府债务的融资渠道仅限于政府债券（一般债券和专项债券）、PPP 和规范的或有债务。

开正门就是将地方政府融资纳入管控范围内，不仅通过预算管控政府债务规模，同时对融资程序、资金用途等均进行了明确规定，建立了预警和问责机制。43 号文赋予地方政府依法适度举债权限，建立规范的地方政府举债融资机制，但将举债主体限制在省一级政府。而政府举债规模实行限额管理，纳入一般公共预算和政府性基金预算。同时规定只能用于公益性资本支出和适度归还存量债务，不得用于经常性支出。

堵偏门即限制地方政府不规范的融资行为。43 号文明确政府债务只能通过政府及其部门举借，地方政府举债只能采取政府债券方式。这是将政府信用与其他非政府融资主体切割，使其他主体不再享有政府隐形担保和为政府承担融资功能。

逐步化解存量债务的方式为债务置换。43 号文允许纳入预算管理的地方政府存量债务，各地通过申请发行地方政府债券方式逐步置换。在后续的置换过程中，约 12.1 万亿元地方政府债在 2015 年至 2018 年内被逐步置换。地方政府债务置换显著降低了地方政府的利息负担，优化了期限结构。

43 号文后各省份地方政府融资平台面临转型压力，新增债务融资渠道受阻，但融资平台依然在通过政府购买服务、政府与社会资本合作（PPP）、政府引导基金等方式隐性举债。2015 年在稳增长压力下，地方政府债发行规模急剧增长，同时对地方政府融资平台的监管略有放松，导致地方政府债务规模继续扩张。各券商开始涉足城投债发行，一般和专项地方政府债券发行的暂行办法也都先后出台。根据 43 号文，大部分地方债用于置换投融资平台信贷和非标等高成本、不规范的债务。

如表 9 - 2 所示，2015 年国办发 40 号文件要求依法合规积极支持融资平台公司在建项目后续融资，不得盲目对 2014 年 12 月 31 日前签订的在建项目抽贷、压贷、停贷，保证纯良项目的进行，切实满足实体经济的合理融资需求，有效防范和化解财政金融风险。此外，在经济下行周期，银行偏好政府信用担保的融资平台项目贷款。2015～2017 年，大量资金借助资管通道绕开监管，运用 PPP 等新的融资模式，以明股实债等方式进入基建投资等领域，侧面也反映出隐性债务规模的快速增长。

表 9 - 2　　　　　　　　2014～2015 年地方政府债务监管文件一览

时间	文件	部委	相关主要内容
2014 年 8 月	《中华人民共和国预算法》	财政部	通过发行地方政府债券举借债务的方式筹措；地方政府债券只能用于偿还当前债务或指定的公共服务或项目的债务；地方政府债券必须纳入地方财政预算
2014 年 9 月	43 号文	国务院	对地方政府债务实行规模控制和预算管理，赋予地方政府依法适度举债权限
2015 年 3 月	64 号文	财政部	为没有收益的公益性项目发行的、约定一定期限内主要以一般公共预算收入还本付息的政府债券进行了限制
2015 年 4 月	83 号文	财政部	有一定收益的公益性项目发行的、约定一定期限内以公益性项目对应政府性基金或专项收入还本付息的政府债券进行了规定
2015 年 5 月	40 号文	国务院	支持存量；规范增量融资平台债务；用超出部分的国库券解决在建项目融资与政府债券发行之间的时间差问题
2015 年 12 月	225 号文	财政部	政府债实行限额管理；规定 3 年置换期限；督促建立致癌物风险化解和应急处置机制

资料来源：国务院、财政部。

三、第三轮监管（2017 年至今）

2017 年经济逐步企稳，对地方政府债务管控再度强化。经过多年的清理整顿，政府及融资平台直接违规举债的行为已经达到了规范，但通过违规担保、随意扩大购买服务范围、PPP 政府投资基金明股实债等新的模式陆续出现。2017 年初财政部依法问责了一些地方政府和金融该机构违法违规变相举债。3 月份，财政部联合发改委、司法部、央行、银监会、证监会，发布财预 50 号文，进一步规范地方政府举债融资行为，同时建立跨部门平台。2017 年中的金融工作会议要求严控地方政府债务增量，终身问责，倒查责任。7 月下旬的政治局会议要求积极稳妥化解累计的地方政府债务风险，有效规范地方政府举债融资，坚决遏制隐形债务增量。11 月份，财政部 92 号文和国资委 192 号文对 PPP 领域进行规范清理。地方政府债务管控再次成为政府的工作主要内容见表 9 - 3。

表 9 – 3　　　　　　　　　　　2017 年后地方政府债务监管文件一览

时间	文件	部委	相关主要内容
2017 年 5 月	50 号文	财政部等六部委	明确融资平台公司举债融资时，应当向债权人主动书面声明不承担政府融资职能，并明确自 2015 年 1 月 1 日起其新增债务不属于地方政府债务。同时，要求地方政府不得违法违规变相举债
2017 年 7 月	87 号文	财政部	对政府购买服务已经通过政府购买服务增加地方政府债务做了严格规范
2017 年 8 月	1358 号文	发改委	企业债券发行时发债企业与政府信用严格隔离，严禁地方政府及部门为企业发债提供不规范的政府和社会资本合作、政府购买服务、财政补贴等
2017 年 11 月	92 号文	财政部	要求对政府付费类项目要审慎开展，即使将条件不符合、操作不规范、信息不完善的项目清理出库
2017 年 11 月	192 号文	国资委	对央企参与 PPP 规模做出约束，累计对 PPP 项目的净投资原则上不超过上一年度集团合并净资产的 50%
2018 年 2 月	194 号	发改委与财政部	审慎评估政府 PPP 项目发债风险，严禁采用 PPP 模式违法违规或变相举债融资；加大惩处问责力度
2018 年 2 月	财预〔2018〕34 号	财政部	积极利用上年末专项债务未使用限额；积极探索试点发行项目收益专项债券；引入第三方机构参与地方政府债券发行准备工作，提高地方政府债券管理专业化程度
2018 年 3 月	财金〔2018〕23 号	财政部	从金融机构资产端加强监管，金融机构不得违规新增融资平台公司贷款，不得要求地方政府违法违规提供担保或承担偿债责任
2018 年 4 月	财金〔2018〕54 号	财政部	国有企业或地方政府融资平台公司不得代表政府方签署 PPP 项目合同，地方政府融资平台公司不得作为社会资本方
2018 年 8 月	财库〔2018〕72 号	财政部	各地至 9 月底累计完成新增专项债券发行比例原则上不得低于 80%，剩余的发行额度应当主要放在 10 月份发行。各地可在省内集合发行不同市、县相同类型专项债券，提高债券发行效率
2018 年 10 月	国办发〔2018〕101 号	国务院办公厅	规范地方政府举债融资，加强地方政府专项债券资金和项目管理，合理保障融资平台公司正常融资需求，防范化解地方政府隐性债务风险和金融风险
2018 年 11 月	银发〔2018〕283 号	中国人民银行	开办机构应当优先向地方债发行人所在地的投资者开展该地方债柜台业务

资料来源：中国人民银行、财政部、发改委。

2018 年，从地方政府、国有企业和金融机构视角加强了监管。财政部23 号、34 号文件相继之处，对地方政府资产和信用进行严格管理，规范地方政府举债融资，加强地方政府专项债券资金和项目管理，完善地方政府专项债券制度，优化专项债券发行程序，合理安排发行进度；在不增加地方政府隐性债务规模的前提下，引导商业银行加大对必要在建项目和补短板重大项目的信贷投放力度；提高地方政府引入第三方机构参与地方政府债券发行准备工作，提高地方政府债券管理专业化程度。此外，由于举债手段相对隐蔽，参与的国有企业和金融该机构在其中发挥了重要作用，财政部 54 号文等文件将这些机构纳入了监管范围。

第三节　我国地方政府债务风险治理路径

整个债务问题将以先地方后中央的次序阶梯状推进，见图 9 - 1。

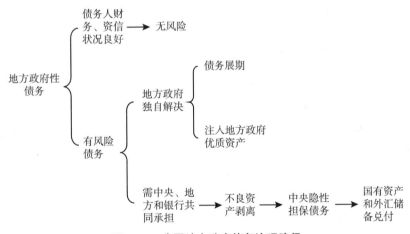

图 9 - 1　我国地方政府债务治理路径

当前地方政府债务中有一部分债务人是财务状况和资信均良好的融资平台公司或政府机构、事业单位，这一部分债务几乎不会出现问题；但对于不能通过此途径解决的债务，地方政府可以通过两条途径解决：一是展期有抵押担保物的债务，以时间换取回旋空间；二是利用地方政府的资产，如地方国资委持有的国有企业股份、土地出让收入，直接还债或者注入给债务人以充实其清偿能力。

解决当前地方债务问题会有两大屏障：一是地方政府独力承担；二是

中央、地方、债务人三方共担。地方政府层面可通过债务展期、向债务人注入政府优质资产等方式化解债务风险；中央政府层面可能采取资产管理公司模式剥离银行不良贷款，最终以国资、外汇储备对冲损失。

一、地方层面解决债务问题

部分地区通过改革方式化解地方债务风险，如北京市指出要研究深化投融资体制改革，健全投融资体系，浙江省提出要进一步鼓励民间资本参与政府性项目建设，尤其是市场化运作的公益性项目建设，降低政府债务负担。宁夏提出部分承担一定救助责任的债务可能逐步予以剥离，债务规模将得到有效控制。此外，也有一部分融资平台可以通过债务置换将债务偿还期限顺延，这种市场化行为不算债务违约，但是要有足够的资信。

地方政府解决违约方法包括展期有抵押担保物的债务，或是注入地方政府的资产出售或清偿。地方政府展期债务可以取得更多时间，项目收入可以冲抵部分借债成本。有财力的地方政府通过将其持有的资产冲抵债务。在地方政府债务类型中，银行贷款占比最大，最终可能聚集的风险主要还是会体现在银行对地方政府机构或融资平台的贷款上。

二、中央层面解决债务问题

当前地方政府债务风险已经不容忽视。若地方政府无法偿还债务，那么这部分债务风险可能由地方政府、银行、中央政府三方共担。

通过资产管理公司途径是将地方政府的债务转变为中央政府的债务，将地方债务集合起来然后从银行系统剥离，由管理公司负责处理，它消除债务风险，最终债务都需要由中央财政兜底。中央政府可以通过节约财政开支，增加财政收入的办法从解决部分债务问题，而剩余部分的债务最终将转化为财政赤字，通过货币化的途径转嫁给民众。

仅从数量上来讲，即使当前地方政府债务全部通过赤字货币化途径解决，也不会造成严重的问题。实际上，经过地方政府自行解决和中央财政内部消化后，需要通过赤字货币化解决的债务规模不会很大，因此当前地方政府债务风险还在可控范围。

第四节　我国地方政府债务治理对经济的影响

若监管层进行地方债务清理，将全国地方政府债务余额部分归为不良贷款,将使得地方政府的信用受到质疑,投资者心中的地方政府的信用评级将会下调。

作为自负盈亏的商业银行,在控制贷款风险的前提下,对政策贷款项目审批将更为严格,且可能提高贷款风险,地方政府发行的城投债的利率在风险增加时亦可能提高,地方政府的债务负担加重,投资资金受限,相应的地方政府的固定资产投资减少,作为"三驾马车"之一的投资减少会延伸至影响国家的GDP,见图9-2。

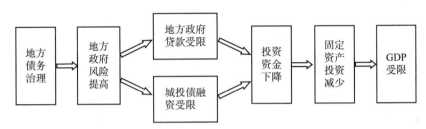

图9-2 地方政府债务治理对经济的影响

在所有的固定资产投资中,地方项目投资仍为投资主体,2010~2017年,地方项目的投资占固定资产投资的比重达90%以上(见表9-4),因此地方政府的投资对固定资产投资具有举足轻重的影响。

表9-4 地方政府固定资产投资主体

年份	固定资产投资(亿元)	中央项目固定资产投资(亿元)	地方项目固定资产投资(亿元)	中央项目投资占比(%)	地方项目投资占比(%)
2003	45811.70	6113.57	39698.13	13.34	86.66
2004	59028.19	7524.56	51503.63	12.75	87.25
2005	75095.10	9110.98	65984.12	12.13	87.87
2006	93368.68	10856.47	82512.21	11.63	88.37
2007	117464.47	13165.30	104299.17	11.21	88.79
2008	148738.30	17172.53	131565.77	11.55	88.45
2009	193920.39	20697.39	173223.00	10.67	89.33
2010	241430.89	22790.65	218640.24	9.44	90.56
2011	302396.06	21797.25	280598.81	7.21	92.79
2012	364854.14	23763.77	341090.37	6.51	93.49

续表

年份	固定资产投资（亿元）	中央项目固定资产投资（亿元）	地方项目固定资产投资（亿元）	中央项目投资占比（%）	地方项目投资占比（%）
2013	435747.43	24658.06	411089.37	5.66	94.34
2014	501264.87	26448.63	474816.24	5.28	94.72
2015	551590.04	25942.27	525647.77	4.70	95.30
2016	596500.75	26727.87	569772.88	4.48	95.52
2017	631683.97	25892.84	605791.13	4.10	95.90

资料来源：国家统计局。

为应对金融危机对经济的影响，政府先后出台多项政策刺激经济复苏，特别是4万亿投资刺激政策带来固定资产投资规模迅速扩大，2009~2014年固定资产投资额增速超过20%，但近年来显著下降，2016年、2017年分别为8.14%、5.89%。

固定资产投资贡献率是固定资产投资所形成的固定资本增量在全部经济增长（通常用GDP的增长）的总量中所占的比重。固定资产投资所形成的固定资本的增量成为贡献额，贡献额占GDP总增加额的比重为贡献率。

固定资产投资并不等于固定资本形成，只有形成了固定资产的部分才能算固定资本形成。2000~2012年固定资产投资资本形成额占资本形成额的比例约为96%。在2000~2018年间，固定资产投资资本形成额/固定资产投资的比例整体上呈现不断下降的趋势，2013~2017年间后这一比例的低于0.6，2018年为0.61，见表9-5。

表9-5　　　　　　　　固定资产投资对国内生产总值贡献

年份	资本形成贡献率（%）	国内生产总值：资本形成总额（亿元）	国内生产总值：固定资产资本形成总额（亿元）	固定资产投资资本形成额/资本形成额	固定资产投资（亿元）	资本形成总额/固定资产投资
2000	22.4	34526	33528	0.97	32918	1.05
2001	64.0	40379	38064	0.94	37213	1.09
2002	39.8	45130	43797	0.97	43500	1.04
2003	70.0	55837	53964	0.97	55567	1.00

续表

年份	资本形成贡献率（%）	国内生产总值：资本形成总额（亿元）	国内生产总值：固定资产资本形成总额（亿元）	固定资产投资资本形成额/资本形成额	固定资产投资（亿元）	资本形成总额/固定资产投资
2004	61.6	69421	65670	0.95	70477	0.99
2005	33.1	77534	75810	0.98	88774	0.87
2006	42.9	89823	87223	0.97	109998	0.82
2007	44.1	112047	105052	0.94	137324	0.82
2008	53.2	138243	128002	0.93	172828	0.80
2009	86.5	162118	156735	0.97	224599	0.72
2010	66.3	196653	185827	0.94	251684	0.78
2011	46.2	233327	219671	0.94	311485	0.75
2012	43.4	255240	244601	0.96	374695	0.68
2013	55.3	282073	270924	0.96	446294	0.63
2014	46.9	302718	290053	0.96	512021	0.59
2015	41.6	312836	301503	0.96	562000	0.56
2016	43.1	329138	318084	0.97	606466	0.54
2017	33.8	363955	349369	0.96	641238	0.57
2018	32.4	396645	380772	0.96	645675	0.61
平均	48.77			0.96		0.78

资料来源：国家统计局。

我们分析地方政府债务规模缩减 5000 亿~50000 亿元时的具体影响，并假设这部分缩减的债务至少 80% 是用于固定资产投资的（参照 2010 年、2012 年和 2013 年审计署发布的地方政府债务审计公告），而且这部分固定资产投资的资本形成比例为 0.88。固定资产投资的资本形成额为使用支出法计算 GDP 中的投资部分，因此固定资产投资减少将直接影响 GDP 增长。

分析表明，若 2018 年地方政府债务由于债务清理整顿而减少 5000 亿元，则资本形成额会减少 4400 亿元，减少额占 2018 年 GDP 的 0.49%；若被动减少 50000 亿元，则资本形成额减少 44000 亿元，为 2018 年 GDP 的 4.87%，见表 9-6。

表 9 - 6 政府贷款被动缩减的情景分析

地方债务年均 缩减额 (亿元)	资本形成额 年均减少额 (亿元)	资本减少额 占 2018 年 GDP 比重 (%)	地方债务年均 缩减额 (亿元)	资本形成额 年均减少额 (亿元)	资本减少额 占 2018 年 GDP 比重 (%)
5000	4400	0.49	30000	26400	2.92
10000	8800	0.97	35000	30800	3.41
15000	13200	1.46	40000	35200	3.90
20000	17600	1.95	45000	39600	4.39
25000	22000	2.44	50000	44000	4.87

资料来源：国家统计局、全国政府性债务审计结果（2013 年 12 月 30 日公告）。

地方政府债务清理整顿将导致信用评级下调，未来融资渠道变少，融资成本更高，融资额也会受限，这也导致地方政府将降低固定资产投资，从而影响 GDP 增长。

第五节 我国地方政府债务治理对银行业影响

银行贷款是地方融资的主要来源。2013 年 12 月 30 日，审计署发布的《全国政府性债务审计结果》指出，截至 2013 年 6 月底，我国地方政府债务余额共计为 178908.7 亿元。债务资金来源中，银行贷款占比 56.56%。当清理的地方政府债务被认定为不良贷款，由银行承担部分损失，需要银行增加拨备计提，从而影响银行利润。

2018 年，我国商业银行全年累计实现净利润 1.83 万亿元，同比增长 4.72%。2018 年末，商业银行不良贷款余额 2 万亿元，不良贷款率 1.89%。银行业关注类贷款余额 3.4 万亿元。商业银行贷款损失准备余额 3.7 万亿元。拨备覆盖率和贷款拨备率分别为 185.5% 和 3.5%。

假定地方政府债务清理额为总额的 5% ~ 20%（2.6 万亿 ~ 10.4 万亿元之间），我们测算在 25000 亿元、50000 亿元、10000 亿元，对银行的影响。2018 年底各个省份地方政府债务中 56.56% 为银行贷款，具体债务结构参考第二章第三节和第四章第三节。地方政府清理的债务认定为不良贷款，分析中假定银行对不良贷款计提的比例为 150%。

我们分析地方政府债务中银行认定为不良贷款的比例为 2%、3%、

4%、5%……20%的情境，评估银行将这部分不良贷款在1年、2年、3年内确认时的对其具体影响。

如表9-7、表9-8、表9-9所示，当地方政府贷款清理额分别为26000亿元、52000亿元、104000亿元时，则银行贷款额分别为14705亿元、29411亿元、58822亿元。若政府承担50%，则承担的债务额为7353亿元、14706亿元、29411亿元，计提的拨备为11029亿元、22058亿元、44117亿元，若银行在1年内计提，则计提拨备额占银行2018年利润总的60.27%、120.54%、241.08%；若在2年内确认，则计提拨备额占银行2013年利润总的30.13%、60.27%、120.54%；若在3年内确认，计提拨备额占银行2013年利润总的20.09%、40.18%、80.36%。

表9-7　　　　　　　　地方债务清理规模为26000亿元的情景

银行分担比例（%）	银行分担地方债务额（亿元）	银行需要提取的拨备（亿元）	银行计提拨备占2018年利润总额的比例（1年内计提）（%）	银行计提拨备占2018年利润总额的比例（分2年计提）（%）	银行计提拨备占2018年利润总额的比例（分3年计提）（%）
2	294	441	2.41	1.21	0.80
5	735	1103	6.03	3.01	2.01
10	1471	2206	12.05	6.03	4.02
15	2206	3309	18.08	9.04	6.03
20	2941	4412	24.11	12.05	8.04
25	3676	5515	30.13	15.07	10.04
30	4412	6618	36.16	18.08	12.05
35	5147	7720	42.19	21.09	14.06
40	5882	8823	48.22	24.11	16.07
50	7353	11029	60.27	30.13	20.09

表9-8　　　　　　　　地方债务清理规模为52000亿元的情景

银行分担比例（%）	银行分担地方债务额（亿元）	银行需要提取的拨备（亿元）	银行计提拨备占2018年利润总额的比例（1年内计提）（%）	银行计提拨备占2018年利润总额的比例（分2年计提）（%）	银行计提拨备占2018年利润总额的比例（分3年计提）（%）
2	588	882	4.82	2.41	1.61
5	1471	2206	12.05	6.03	4.02

续表

银行分担比例 （%）	银行分担地方 债务额 （亿元）	银行需要提取 的拨备 （亿元）	银行计提拨 备占 2018 年 利润总额的 比例（1 年内 计提）（%）	银行计提拨 备占 2018 年 利润总额的 比例（分 2 年 计提）（%）	银行计提拨 备占 2018 年 利润总额的 比例（分 3 年 计提）（%）
10	2941	4412	24.11	12.05	8.04
15	4412	6618	36.16	18.08	12.05
20	5882	8823	48.22	24.11	16.07
25	7353	11029	60.27	30.13	20.09
30	8823	13235	72.32	36.16	24.11
35	10294	15441	84.38	42.19	28.13
40	11764	17647	96.43	48.22	32.14
50	14706	22058	120.54	60.27	40.18

资料来源：全国政府性债务审计结果（2013 年 12 月 30 日公告）、同花顺 iFinD 数据库。

表 9 - 9　　　　　　　　　地方债务清理规模为 104000 亿元的情景

银行分担比例 （%）	银行分担地方 债务额 （亿元）	银行需要提取 的拨备 （亿元）	银行计提拨 备占 2018 年 利润总额的 比例（1 年内 计提）（%）	银行计提拨 备占 2018 年 利润总额的 比例（分 2 年 计提）（%）	银行计提拨 备占 2018 年 利润总额的 比例（分 3 年 计提）（%）
2	1176	1765	9.64	4.82	3.21
5	2941	4412	24.11	12.05	8.04
10	5882	8823	48.22	24.11	16.07
15	8823	13235	72.32	36.16	24.11
20	11764	17647	96.43	48.22	32.14
25	14706	22058	120.54	60.27	40.18
30	17647	26470	144.65	72.32	48.22
35	20588	30882	168.75	84.38	56.25
40	23529	35293	192.86	96.43	64.29
50	29411	44117	241.08	120.54	80.36

资料来源：全国政府性债务审计结果（2013 年 12 月 30 日公告）、同花顺 iFinD 数据库。

第十章　防范化解我国地方政府
债务风险策略建议

我国地方政府债务规模庞大、结构分散、隐蔽性强且增速较快。其形成原因主要在于：财政体制改革不彻底造成的事权与税权不对等、地方政府激励机制扭曲造成的过度投资冲动、中央政府兜底造成的预算软约束、对举债缺乏预算管理与实时监控机制等。这使得地方政府债务风险化解的难度越来越大。

现有对地方政府债务风险防范和化解的研究主要集中规范地方财权和事权、将债务管理纳入政府绩效考核、清理地方政府的隐性债务、建立偿债准备金、加强监管和提高信息披露。地方政府债务风险防范和化解对策应考虑债务的长期效应，着眼于债务的可持续性，以及如何更好地支撑地方经济的发展。

旨在借鉴前人研究的基础上，基于资产和负债的视角，从财政体制改革、地方债务管理两个方面，提出化解地方政府债务的建议和对策。本章余下部分安排：第一节是推进财政体制改革的对策和建议，试图从制度上防范和化解地方政府债务风险；第二节是提出加强地方债务管理的措施和建议。

第一节　国外地方政府债务风险管理经验和启示借鉴

一、国外地方政府债务风险管理经验

美国次贷危机后，我国地方政府为保持经济增长，纷纷举债融资，加大投资力度，使得债务规模剧增，地方政府债务风险也逐渐显现。如何应对地方政府债务风险已经成为当前高度关注的重要问题。在地方政府债务

风险管理领域，国外许多国家已经做出了积极有意义的探索，值得我们学习借鉴。

美国地方政府拥有自身的财政体制，具有举债自主权，可以通过发行债券进行融资。美国地方财政实行预算管理，具有强硬预算的约束力，有效控制地方政府债务规模膨胀的最主要手段。美国州县政府曾经爆发过债务危机，联邦政府都没有出手援助。通过这样的处置，建立起以市场约束模式和硬预算约束为核心的财政规则，形成了较为健全的地方政府债务风险预警和控制机制。

英国地方政府融资实施谨慎性制度监管框架，地方政府将债务规模控制在财政允许范围内，且满足地方政府资本投资需要。地方政府举债需要获得中央政府批准，且融资款项不能用于经常性支出。此外，地方政府应从总体收入出发考虑其融资需求，不得使用其资产作为抵押，凭其全部收入保证贷款安全。

日本债务管理模式实行的是行政控制模式。地方政府举债需要进行严格的审批，以控制债务规模。通过自治省审查后，将各地的发债计划进行汇总，在同财务省协商后，统一宣布各地方政府发债额度。日本致力于改革和完善中央与地方政府的收入与支出责任划分的体制，并采取修改法律法规、拓宽投资者范围等措施化解债务风险。

发展中国家地方政府债务市场仍然处于市场规模较小，也缺乏规范。印度法律允许地方政府举债，但政府债券需要信用评级，来明确其法律责任以及是否免税。未免税的债券比免税的政府债券利率要高，并且其风险相对也较高印度设立债务管理办公室来控制债务规模与风险，还建立了地方政府债务预警与纠错机制。巴西政府建立了政府债务预算、执行和报告制度上的一般框架，制定了规范地方政府举债的量化指标。通过举借的新债、时间、偿还的债务方面对地方政府需求进行控制。同时，也对各银行向地方政府提供的贷款进行限制，国有与地方政府所属银行不能发放政府贷款。

二、国外地方政府债务风险管理经验启示借鉴

当前，我国急需从体制和机制上完善地方政府债务管理，将地方政府债务风险处于在可控范围内。发达国家和发展中国家的不同模式值得重视和借鉴。

（1）实行法制化管理。各国法律明确划分各级政府的事权和财权，并

对融资来源、资金管理、投放范围和债务偿还也都有规定。我国有必要制订法律条例，规范地方政府负债主体和偿债责任等。

（2）专门的债务管理制度体系。不断完善债券市场机制，提高债务信息透明度，可以加强地方政府债务风险管理。

（3）建立系统化监督管理体系，包括约束机制、审批制度、预警系统等，实行事前、事后监管。但这些都需要财政信息准确披露，以及减少地方政府以国家信用担保而忽视提升财政能力的行为。同时，债务管理应设立明确目标，建立风险评估机制，制定绩效考核标准。

（4）整合政府债务管理职能。目前，德国、英国和法国等许多发达国家设立了债务管理办公室，实现了政府债务管理与货币政策管理的彻底分离。为此，我国应在财政部内设立专门的债务管理办公室，统一管理债务，明确职责、权限，有效发挥债务管理、风险监控和预警的作用。

第二节　防范和化解地方政府债务风险策略和建议

一、完善财政体制

（一）地方政府职能定位

地方政府应从基建和房地产财政向公共服务财政转型，降低地方政府在经济活动中的影响。基建和土地是地方政府法制经济的主要手段，对土地制度的改革，可以倒逼地方政府加快职能转变和财政模式转变。

地方政府绩效评价改革可以化解地方政府债务风险。构建地方政府债务管理体系，列入地方政府干部绩效考核，完善干部责任追究制度，弱化举债的短期行为，从一定程度上为化解地方政府债务风险提供长效的保障。

对地方政府债务进行监督的同时，也要建立追责制度。应当将政府债务管理绩效作为考评地方政府官员业绩的核心指标，对债务管理混乱、违规借债、过度借债的地区，采取行政制裁手段追究其责任（郭玉清，2009）。这样才能够推进地方官员正确"政绩观"的树立和债务风险的化解。

（二）规范地方融资体制

规范地方债制度，在有限制的条件下授权地方政府发行债券，有助于拓宽地方政府的融资渠道。地方债制度，将是我国公债制度改革的方向，将成为地方政府融资平台的正式替代物（赵全厚，2011）。规范的地方债制度早已成为美国等发达国家地方政府融资的主导机制，翔实的信息披露、有力的监管使得其政府举债行为得到约束和规范。当前我国地方政府融资已经相对比较规范，但也还存在一些问题。

第一，控制地方政府举债规模和债务使用范围。地方政府债务规模需要监管部门综合考虑各省份地方政府的债务存量总量、内部结构、债务需求、该省份地方政府财政状况以及偿债能力等因素。债务资金的使用范围也应有所限定，禁止挪用或者滥用。地方政府债务资金的使用应严格限制债务融资投向公共基础设施之外的领域，发挥政府债务的经济效率才能有助于控制政府债务风险（李升等，2018）。

第二，引入地方政府破产机制，解决预算软约束的问题。在我国现行财政体制下，若地方政府出现财政困难或无力偿债，中央政府都会兜底，从而引发道德风险。地方政府违法违规变相举债，导致债务规模越来越大，风险越来越突出。如果引入了破产机制，中央政府承诺不对地方政府进行援助，那么就不会存在预算软约束的问题。

第三，建立披露机制，引入第三方评级机构。地方政府债务信息的对外公开披露对投资者十分重要，发行人需要向投资者披露债务资金的使用情况、偿还计划和投资收益等。引入第三方评级机构也能客观评价地方债的信用风险，对举债主体形成一定的约束。目前我国地方政府信用评级体系还处于起步阶段，有许多地方有待改善。

（三）地方政府事权与财权匹配

1994 年实行分税制改革以后，财权不断向中央上移，而事权不断向地方政府下移。地方政府作为公共服务主体，本身就承担着保障民生的任务，加之当前城市化和工业化的进程加快，地方政府需要把较多的资金投入基础设施的建设。政府目前的财权尚不足以面对日益扩大的事权，所以必须深化我国的财政体制改革。改革应当着力于释放财力到基层并缩小地方政府的事权。

所谓缩小地方政府事权，即把与政府性质或不在其职能范围的事务转给企事业单位或中介组织，这样可以减轻地方政府的负担（范佳杰，2012）。地方政府举债为了缓解财政困境，必须进一步加强财力向基层的倾斜力度（赵全厚，2011），进一步推进"省直管县"和"乡财县管"改革，促进地方财政的良性发展。地方政府的财权事权再匹配，可以是增加财权以适应较多事权；也可以是控制财权扩张，减免事权到中央。

转移支付在此间发挥着巨大的作用。长久以来，上级财政往往通过"给项目"来扶植地方经济，但却缺乏相应的资金支持，常常需要地方政府针对特定的项目给予相应的财政资金（吴延君等，2012）。因为这些专项资金的配套资金在地方政府财政预算范围之外，为了解决其配套问题，地方政府要么挪用其他项目资金，要么依靠举债，这就造成了级地方政府不得不举债的现实。目前可以先尝试以行政法规，就现行转移支付过程进行规定，等到各级地方政府职能分工明确的时候，再通过立法确定（时红秀，2010）。

（四）建立完整的地方税收体系

目前地方政府对"土地财政"的依赖较大，巨额的地方政府债务主要通过土地出让金来偿还的，这也是目前房价居高不下的原因之一。诺思（1994）指出，当政府债务主要依靠税收作为偿还资金来源时，可以制约政府债务的规模。所以要通过税收体系的不断完善来提高税收收入在财政收入中的比重，只有这样才能保证地方有稳定的税收收入（张丽丽，2010）。在我国目前的税收征收制度下，我国地方政府要积极发展第三产业，这有助于增加地方政府收入和提升地区产业结构（周鹏，2010），也有助于增加税收收入的成长性和稳定性。

二、强化债务管理

地方政府债务管理制度不够完善。目前部分地方政府出台了一些债务管理制度，但地方政府债务的规模结构、举债主体、偿还责任、预算管理和风险预警等管理仍显不足。除地方政府债券外，部分地方政府债务收支未纳入预算管理和监督，相关管理制度也不健全。

（一）完善债务信息披露

公开、准确的地方债务信息是实施债务管理的前提和基础。目前我国地方债具有规模大、隐蔽性强的特点，所以对其进行逐一排查就显得十分重要。2010年审计署对地方政府债务进行了全面的检查，起到了一定的效果，但是对政府性债务的定义较窄，还有一些隐性债务未被计量。2013年审计署又新增了对融资租赁、集资、回购（BT）、垫资施工、延期付款或拖欠等新的举债方式形成的地方债进行审计，有利于债务信息的全面披露。

要真正防范地方政府债务风险，必须建立及时完整准确的债务信息披露制度。在拓宽统计口径、充分统计债务信息之后，还必须及时披露债务信息。目前的难题是，地方政府的会计核算多采用的是收付实现制，而非权责发生制，许多地方政府还没有能力编制独立的资产负债表。所以应当推进政府会计制度的改革，使其能够反映地方政府的真实财务状况。地方政府不仅要在官方网站上，披露自己的负债情况，对每一笔负债的债权人、用途、偿还期限、偿还资金来源要做充分的披露，从而减小债务风险。

（二）建立风险预警机制

为了有效监督地方政府的债务风险，应该建立地方政府债务风险预警系统，以对可能发生的风险进行控制以防止和减少损失的发生。构建债务风险预警体系的目标是根据地方债务风险现状，对债务风险进行识别、计量和化解，从而规范化、系统化和科学化地管理债务。预警体系应当满足系统性、实用性、可比性、针对性的原则。

系统性原则：地方政府债务规模庞大且具有隐蔽性，在设计指标体系时，不仅要从静态的视角考察债务的特征，还要从动态的视角考察债务的变化趋势。举债、用债、偿债这三个环节是相辅相成的，所以在评估地方政府债务风险时，不能仅孤立地考虑其中一个环节，而是应当综合、全面地考虑这三个环节。

实用性原则：目前关于地方政府债务风险的评价体系还不成熟，同时也缺乏完整的相关数据，所以考察对象以官方公布的债务为核心，建立预警体系时也应当充分考虑数据的可获得性与系统的适用性和可行性。

可比性原则：由于各地区的情况不同，所以设计指标时，要保证"同一时期不同地区可比，同一地区不同时期可比"，选取的指标应该多以比率指标为主。

针对性原则：一个地区的 GDP 是该地区政府的最终偿债基础，所以应当将地方的 GDP 作为主要参考变量。同时，由于流动性不足也是我国地方政府债务风险的主要表现形式，财政收支也应当被纳入考察对象。所以本书将主要以地方财政收支和地方 GDP 为主要参考变量。

预警体系对于防范地方政府债务风险至关重要，尤其是预警指标的选取。风险具有不确定性，好的预警体系要能够做到提前发现警兆，确定警情，对债务风险进行及时跟踪。

（三）健全偿债准备金制度

建立偿债基金可以提升政府信誉，也是地方政府债务可持续发展的必要措施。地方政府应该仔细分析本地区财政状况，根据该地区实际情况确定每年的偿债准备金的数额。一般来说，每年的偿债准备金应该不低于当年需偿还债务本息和。

地方政府的大部分债务资金用于基础设施建设，由于这些项目具有收益低、投资期长、变现难的特点，所以偿债准备金可以用于这些项目的垫付。同时偿债基金也可以用于偿还已列入本级财政预算偿还计划的债务。

偿债基金的资金来源可以是：各级地方政府从预算中拨付的政府性基金、举债项目建成后的收益的一部分、所举借债务固定比例的预存数额、债务资金的净利息收入等等。偿债基金必须遵循"专款专用"的原则，应当由财政部门建立并管理，同时定期接受审计监督，并纳入同级财政部门预算会计核算，实行专户管理。在时机成熟的时候，可以将偿债基金交予专业机构管理，以使其保值、增值。

（四）注重政府债务预算管理

通过编制政府债务预算可以规范和约束地方政府举债行为，控制地方政府债务风险。政府债务预算编制应将显性债务纳入预算编制范畴，待时机成熟时再将隐性债务纳入预算。此外，应加强地方政府债务收支预算和债务偿还资金收支预算，分别对债务收入的来源和去向、偿债资金的来源和去向加以反映。

将地方政府债务纳入预算管理，可以控制地方政府债务风险的主要措施。规模巨大的地方性政府债务未必会引起债务危机，重要的是如何有效率地使用这些债务。如果对债务缺乏预算管理，那么，地方政府可能会把管理要点更多放在合规性要求之下考虑，而忽视了资金的使用效率（韩增华，2012）。由于"财政机会主义"的思想作祟，他们更看重短期利益，而没有节约资金的动力。如果对资金的投入设定合理的绩效目标，那么就会对地方政府形成资金的使用约束，使其考虑到资金的投入产出比。如果对于债务资金运用得当，就能使债务资金的收益大于借债的成本，那么债务规模再大也不会造成债务危机。

（五）提高债务资金使用效率

提高地方政府债务资金的使用效率能够降低债务风险。这就需要我们做好投入项目的管理。债务资金投前应重视项目的经济效益，项目要实行立项决策责任制。项目实施过程中要全程监督债务项目运营。在项目完成阶段，需要进行全面的绩效评价。

因为政府债务项目的绩效评价可以查清资金运用，厘清偿债能力和还贷情况，掌握运营期间的效益。制定债务绩效评价的指标体系，完善债务资金使用绩效的评价办法，加强绩效评价的组织实施，这样可以降低地方政府债务风险。

（六）加强地方政府债务监督

近年来，我国经济形势复杂，中美贸易拉锯战持续，国内经济转型升级期间经济增长面临较大压力。为了保障国内经济的稳健发展，地方政府债务监管政策需要慎重考虑引发系统性风险的可能性。从严监管新增债务，同时为存量债务提供出路，避免引发系统性风险的可能。

目前地方政府存在着债务风险管理"缺位"的现象，究其原因主要是缺乏监管。中央应设立专门机构，实时监控地方债务资金的去向，并不定期进行实地抽查、审计。为了强化监督预算执行，需要建立完备的监督程序。同时应当建立和完善预算监督体系，建立健全财政支出公开制度，以利于民主监督制度建设，由现在的上级监控转化为当地的纳税人监控。

2016 年发布的《财政部驻各地财政监察专员办事处实施地方政府债务监督暂行办法》显示，专员办监督内容包括地方政府债务限额管理、预算管理、风险预警、应急处置，以及地方政府和融资平台公司融资行为。在近几年地方债务监管方面，财政部驻地方监察专员办事处的作用不断凸显。2018 年财政部公布的地方政府违规举债查处问责案例中，专员办对当地违法违规举债问题进行了核查确认。2019 年 4 月，财政部驻地方监察专员办事处更名为"财政部各地监管局"，旨在加强属地财政运行状况研究，提升财政资源配置效率，加强地方政府债务监督。

地方政府债务监督为监管局新增的重要职能。监管局可以动态监控地方政府债务情况，严控法定限额内债务风险，密切跟踪隐性债务存量化解进展，关注地方遏制隐性债务增量情况。

（七）规范地方政府融资平台

地方政府融资平台是地方政府投融资体制的一种创新，有其产生的必然性。目前我国共有上万家地方政府融资平台公司，遍布省级、地市级、县级甚至以下，呈现良莠不齐的明显特征。随着地方政府隐性债务的大量出现，如何规范地方政府融资平台变得格外重要。当然，在规范整顿融资平台的同时，也需要给予分类管理和支持。

第一，做实资本金，降低负债率（魏加宁，2010）。当前许多地方政府融资平台存在着资本金不足、不实和负债率过高的特点，这需要引起我们的重视。需要对融资平台进行进一步的排查，对其进行收缩重组，规定一个合理的负债率水平。

第二，要建立健全融资平台的债务管理体制，加强集中管理。融资平台属于"表外融资"不利于管理，政府应当加大对融资平台财务状况的披露，并设置与融资平台规模相适应的偿债准备金，提高平台的抵御风险能力。同时融资平台数量众多，存在"多头举债"的现象，有必要对其进行整合和规范。

第三，明确政府的责任，规范其行为。由于平台债务偿还的主体和投资失误的责任主体都不是十分的明确，加之存在重复担保的现象，一旦平台陷入偿债困境，地方政府可能难以替其偿还债务。所以要制定法律确定地方政府对融资平台所负责任范围，设置机制使偿债主体和决策主体相一致。

（八）妥善处置政府隐性债务

地方政府隐性债务管理应遵循"中央不救助，政府不托底"的原则。在具体措施上，采用遏制增量、化解存量的方式。

首先，遏制新增，隐性债务显性化。坚决制止违法违规融资担保行为，严禁以 PPP、政府投资基金等名义变形举债。同时加强项目审核，杜绝以新增隐性债务方式投资新项目。针对目前地方政府债务不明晰、地方债务通过平台融资进行债务隐匿等问题，监管层面需要推进地方政府债务隐性融资的显性化，加大银行非标投资的穿透力度，理清平台融资渠道，同时堵住地方政府违法违规举借债务"后门"。

其次，积极处置存量隐性债务，避免引发系统性风险。在严格控制新增隐性债务基础上，更重要的是积极处理存量隐性债务。监管应实行允许存量业务的续作，支持存量债务的平稳退出，可以采取以下几方面措施：

（1）提升直接融资比例和债务置换速度。新预算法规定新增债务只能通过发行地方政府债券来直接融资。结合监管要求以及现存的隐性地方债务问题，对于新增的地方政府融资需求，可以通过发行债券等直接融资的方式进行资金承接，提升直接负债占比；此外可以加速发行置换债来处置融资平台存量债务。

（2）适当延长地方政府融资平台偿还债务期限。融资平台的投资项目大多集中的基础设施或公共事业项目，项目收益率较低且需要较长的资金回收期限，存在债务偿还期限和资金回收期限错配的问题，对平台的流动性带来一定压力。适当的延长融资平台的债务期限或者完善债务置换将有助于平台的稳定经营。

（3）优化地方政府债务限额分配。隐性债务处置过程中，负担重的地区需要更多的政府债务限额。这样会导致前期违法违规举债、变相举债多的地区得到了更多的政策倾斜。为此，地方政府债务额度分配可以兼顾考虑隐性债务化解速度。隐性债务化解速度快的地区，可以获得相对更多的债务额度。

（4）推进地方政府融资平台的市场化转型。近年来地方政府平台的杠杆率不断提升，部分地方政府平台经营能力差，现金流无法覆盖负债本息。通过对平台进行资产整合和债务重组，可以优化平台企业的经营能力，促进平台公司成为优质的运营主体，提升融资平台的盈利能力。

附录1 或有权益模型推导

或有权益模型为估计预期违约概率给出了如下的思路：假设当公司资产低于某一被称为违约点的临界价值时，公司一定会违约；定义预期违约概率为公司资产价值达到违约点的发生概率；假定公司资产价值服从某一随机过程，并将在推导预期违约概率时得到的某个中间变量定义为违约距离（DD）。违约距离越大，预期违约概率越小。在或有权益模型中，违约距离与预期违约概率同样可以作为衡量信用风险的指标。

一、或有权益模型的推导

（一）定义预期违约概率

如上文所述，或有权益模型的根本目的是通过计算公司的预期违约概率来度量信用风险（即违约可能性），在或有权益模型的视角下，这种违约可能性等价于企业的未来市场价值低于资产价值临界值的概率。以 t_0 表示即期，t 表示即期到未来负债到期日的时间长度，V_{t_0} 表示即期的公司的市场价值，V_t 表示负债到期日的公司市场价值，D 表示公司所需偿还的负债面值，也就是或有权益模型中看涨期权的行权价格，V_{def} 表示资产临界价值（即违约点）。这样违约概率 Prob 可以表示成：

$$\text{Prob} = \text{Prob}(V_t \leq V_{def} \mid V_{t_0}) \tag{1}$$

（二）基于几何布朗运动假设下的预期违约概率

或有权益公司认为，信用风险本质上是由债务人资产价值变动引起的。在给定企业的资本结构的情况下，只要了解资产价值的随机过程，那么任何期限条件下的预期违约概率都可以被推导出来。基于式（1）的定义，下面给出推导预期违约概率的过程。

假设公司的资本结构仅由零息债券和所有者权益构成，债券的当前面值为 F_t、当前市场价值为 D_t；那么资本结构可以表示为 $V_t \equiv S_t + D_t$。假设公司资产价值 V_t 服从几何布朗运动，$dV_t = rV_t dt + V_t \sigma dW(t)$；其中 W(t)

服从标准布朗运动，r 为无风险利率，$\ln\left(\dfrac{V_t}{V_0}\right) \sim N(\mu t,\ \sigma^2 t)$。

根据伊藤引理：

$$d\ln(V_t) = \left(\frac{1}{V_t}V_t r - \frac{1}{2}\frac{V_t^2 \sigma^2}{V_t^2}\right)dt + \frac{1}{V_t}V_t \sigma dW(t)$$

$$= \sum_{i=1}^{t} \ln\left(\frac{V_t}{V_{t-1}}\right)$$

$$= \sum_{i=1}^{t} \left(r - \frac{\sigma^2}{2}\right)dt + \sigma dW(t)$$

$$= \ln(V_t) - \ln(V_0)$$

$$= \left(r - \frac{\sigma^2}{2}\right)t + \sigma\sqrt{t}Z_t$$

$$\because \text{Prob}(V_t \leqslant V_{def}) = \text{Prob}\left[\ln(V_t) \leqslant \ln(V_{def})\right]$$

$$\therefore \text{Prob}(V_t \leqslant V_{def}) = \text{Prob}\left\{Z_t \leqslant -\frac{\ln\left(\dfrac{V_0}{V_{def}}\right) + \left(r - \dfrac{1}{2}\sigma^2\right)t}{\sigma\sqrt{t}}\right\} \tag{2}$$

由于资产临界价值 V_{def} 在或有权益模型中即指违约点（又称违约边

界）DPT，所以 $\text{Prob}(V_t \leqslant V_{def}) = \text{Prob}\left\{Z_t \leqslant -\dfrac{\ln\left(\dfrac{V_0}{DPT}\right) + \left(r - \dfrac{1}{2}\sigma^2\right)t}{\sigma\sqrt{t}}\right\} =$

$N\left(-\dfrac{\ln\left(\dfrac{V_0}{DPT}\right) + \left(r - \dfrac{1}{2}\sigma^2\right)t}{\sigma\sqrt{t}}\right)$ 其中，$Z_t \sim N(0,\ 1)$。

（三）违约距离与预期违约概率

或有权益模型中加入了作为中间处理阶段的违约距离 DD，DD 被定义为资产价值分布期望和临界点的标准化方差，所以：

$$DD = \frac{\ln\left(\dfrac{V_0}{DPT}\right) + \left(r - \dfrac{1}{2}\sigma^2\right)t}{\sigma\sqrt{t}} \tag{3}$$

从而预期违约概率也可以写成：

$$\text{Prob}(V_t \leqslant V_{def}) = N(-DD) = 1 - N(DD) \tag{4}$$

二、估计资产价值波动率

从上文的推导过程中可以看出，计算违约距离 DD 中的关键之处在于资产价值波动率 σ 的估计。然而，我们虽然假定公司资产价值服从几何布朗运动的随机过程，但是并不存在公司资产价值的可被观测序列。因此，资产价值波动率 σ 也就难以通过统计方法予以估计，需要寻找其他方法。

为了解决这个技术性问题，在分析框架中引入了莫顿模型，通过运用期权定价原理来反推出公司资产价值。设公司资本结构 $V_t \equiv S_t + D_t$，假定在债务到期日，$V_t < D$ 时，违约必然会发生。这里需要强调的是，上面式（1）的含义是当 V_t 小于资产临界值 V_{def} 时，会有债务违约的行为发生。而在此处的分析中，当 $V_t < D$ 发生时，我们认为违约将是件必然事件并且是资不抵债，并将破产。在无套利分析下，T 时到期的债务面值要大于 t_0 到 t 期间内的债务市场价值，但在到期日，根据债务清偿的顺序，在极端条件下，可以设定股权清算价值为 0，那么无论公司是否会在债务到期日违约，股权价值可以表示为：$S_t = \max(V_t - D, 0)$。从这个表达式看，我们可以联想到 Black-Scholes-Merton 期权定价模型。

设想当某资金供应者愿意成为该公司的债权人时，很显然，这表明他认为该公司不会违约，即他认为该公司资产价值总在负债面值之上。但是，作为风险厌恶者，债权人希望能够构建组合对冲违约风险。假设市场上存在一份以公司资产为标的物的欧式期权，公司以贷款为唯一的债务工具。那么该债权人应当购买一份欧式看跌期权，设其期初价值为 P_0，约定债务 D 为该期权的执行价格，期初债权人实际贷给债务人的资金为 D_0，无风险利率为 r。那么如果期初均衡，

应有：$D_0 + P_0 = De^{-rt}$ $\because V_t \equiv S_t + D_t$，$\therefore D_0 = V_0 - S_0 \Rightarrow V_0 + P_0 = De^{-rt} + S_0$；

欧式看跌期权价格 $P_0 = -N(-d_1)V_0 + De^{-rt}N(-d_2)$，$S_0 = V_0N(d_1) - De^{-rt}N(d_2)$，从中可以看出股权价值是以公司资产为标的物的看涨期权。

由于企业股权价值可以用 Black-Scholes-Merton 期权定价模型来定价，因此可将公司股权价值写为：

$$S = VN(d_1) - De^{-rt}N(d_2) \tag{5}$$

其中 V 与 D 的含义与上文相同，$N(\cdot)$ 表示标准正态分布函数，t 表示债务期限，σ 表示公司资产价值的波动率。本书假定市场上的投资者都了解违约点这个概念，并依据或有权益的标准违约点来评估自己的贷款额度，因此以标准违约点为期权的敲定价格。所以在下篇的实证分析中，本书以标准违约点来计算 D。

$$d_1 = \frac{\ln\left(\dfrac{V}{F}\right) + \left(r + \dfrac{\sigma^2}{2}\right)t}{\sigma\sqrt{t}}, \quad d_2 = d_1 - \sigma\sqrt{t} = \frac{\ln\left(\dfrac{V}{F}\right) + \left(r - \dfrac{\sigma^2}{2}\right)t}{\sigma\sqrt{t}}$$

　　观察上式中的参数可以发现 V 与 σ 是隐含变量不能直接从证券市场的交易数据中获得，所以必须存在另一个条件才能使用这个定价公式。根据伊藤引理，通过对方程中两边求导再求期望，得到公司股票的波动率与资产的波动性存在如下关系：

$$\sigma_S = \frac{N(d_1) V\sigma}{S} \tag{6}$$

联立式（5）和式（6）：

$$\begin{cases} S = VN(d_1) - Fe^{-rt}N(d_2) \\ \sigma_S = \dfrac{N(d_1) V\sigma}{S} \end{cases} \tag{7}$$

　　运用迭代技术可以求得非线性方程组（6）的解，从而得到资产价值波动率与对应期间的资产价值。

附录 2 审计署公布的 2013 年 6 月底全国 各省份地方政府债务结构

附表 2－1 2013 年 6 月底各省份不同层级地方政府债务规模情况 单位：亿元

省份	省级	市级	县级	乡镇	合计
安徽	458.5	3271.72	1483.43	83.67	5297.32
北京	#	3774.92	3768.38	10.84	7554.14
福建	1663.19	1193.3	1465.6	59.79	4381.88
甘肃	1503.38	945.11	488.43	24.55	2961.47
广东	1171.45	5935.44	2612.94	445.54	10165.37
广西	1358.04	2441.91	522.82	6.48	4329.25
贵州	1580.61	1284.55	3337.91	118.54	6321.61
海南	484.23	665.03	260.08	1.5	1410.84
河北	1281.36	4054.79	2106.72	71.89	7514.76
河南	1658.07	2494.86	1288.39	100.62	5541.94
黑龙江	1256.6	1771.54	531.14	28.84	3588.12
湖北	1386.79	4337.95	1759.1	196.94	7680.78
湖南	2405.16	2768.86	2429.21	134.06	7737.29
吉林	1456.44	2166.27	601.24	24.41	4248.36
江苏	975.83	6263.12	6676.91	852.88	14768.74
江西	808.15	1984.03	1091.08	49.23	3932.49
辽宁	1409.35	4146.84	1978.55	56.13	7590.87
内蒙古	636.42	1537.52	2287.5	80.63	4542.07
宁夏	283	277.84	219.38	10.6	790.95
青海	604.69	287.38	165.3	0.28	1057.65
山东*	1217.92	3804.53	3043.68	219.47	8285.6
山西	2609.02	953.11	582.73	33.64	4178.5

续表

省份	省级	市级	县级	乡镇	合计
陕西	2782.73	2437.82	819.84	53.4	6093.79
上海	#	3837.9	4477.3	140.65	8455.85
四川	837.15	2993.17	5123.35	275.95	9229.62
天津	#	2621.09	2211.78	0.87	4833.74
新疆	1262.6	741.37	709.05	33.13	2746.15
云南	1638.41	2611.37	1659.84	45.21	5954.83
浙江*	181.46	3483.11	5790.1	450.38	9905.05
重庆	#	3792.24	3530.94	37.09	7360.27
合计	32910.55	78878.69	63022.72	3647.21	178459.3

注：表中各省份地方政府债务数据来源于 2014 年 1 月各省区市政府审计机关发布的省份地方政府债务审计结果。其中西藏没有公布地方政府债务数据。北京、上海、天津和重庆四个直辖市市级数据即为其他各省级数据，为了表述清晰，仍将该数据记为市级数据。

附表 2 - 2　　2013 年 6 月底各省份地方政府债务余额举借主体情况　　单位：亿元

省份	融资平台公司	政府部门和机构	国有独资或控股企业	经费补助事业单位
安徽	3206.73	1159.28	321.69	471.15
北京	798.57	626.18	2090.83	3765.20
福建	892.87	636.29	2126.21	543.25
甘肃	486.34	838.76	1269.30	283.14
广东	2883.90	1369.80	2371.85	2382.40
广西	2565.77	752.81	295.62	652.40
贵州	2085.70	1826.00	1381.92	831.99
海南	735.47	376.00	261.12	31.82
河北	1334.84	1974.20	969.49	645.39
河南	1005.07	1553.47	402.66	1398.67
黑龙江	1079.39	1592.36	249.31	430.83
湖北	4612.97	1389.29	330.87	623.00
湖南	4866.98	996.25	881.24	740.53
吉林	1142.52	2111.97	190.51	376.13
江苏	8356.96	1426.60	1519.86	2286.23
江西	1634.16	1089.50	670.88	423.44

续表

省份	融资平台公司	政府部门和机构	国有独资或控股企业	经费补助事业单位
辽宁	2829.33	2283.97	880.43	1254.07
内蒙古	994.46	2170.29	358.81	895.80
宁夏	218.39	404.10	39.10	116.33
青海	245.97	490.41	160.14	100.15
山东*	3676.88	2475.79	749.78	919.79
山西	738.84	2425.14	505.85	377.62
陕西	3237.26	1433.83	570.07	390.00
上海	2523.95	1226.96	3187.26	641.68
四川	3864.56	2720.90	950.26	1015.68
天津	1991.14	197.57	1625.81	417.64
新疆	977.21	1418.63	128.89	156.20
云南	2079.51	2111.76	1055.88	621.28
浙江*	3954.36	869.79	3659.40	871.83
重庆	4468.66	570.93	2002.32	280.40
合计	69488.76	40518.83	31207.36	23944.04

注：表中各省份地方政府债务数据来源于 2014 年 1 月各省区市政府审计机关发布的省份地方政府债务审计结果。其中西藏没有公布地方政府债务数据。

附表 2-3 **2013 年 6 月底各省份地方政府债务余额举借主体情况** 单位：亿元

省份	自收自支事业单位	公用事业单位	其他单位	合计
安徽	96.01	9.00	33.46	5297.32
北京	54.08	203.29	15.99	7554.14
福建	123.87	50.15	9.24	4381.88
甘肃	31.41	12.01	40.51	2961.47
广东	108.65	568.77	480.00	10165.37
广西	6.53	14.90	41.22	4329.25
贵州	23.89	16.02	156.09	6321.61
海南	4.30	0.32	1.81	1410.84
河北	1065.88	1047.28	477.67	7514.76
河南	1033.99	63.27	84.81	5541.94

续表

省份	自收自支事业单位	公用事业单位	其他单位	合计
黑龙江	5.18	185.20	45.85	3588.12
湖北	598.58	43.99	82.08	7680.78
湖南	20.16	95.33	136.80	7737.29
吉林	49.86	53.14	324.23	4248.36
江苏	434.93	357.24	386.92	14768.74
江西	16.70	14.45	83.36	3932.49
辽宁	70.74	69.18	203.15	7590.87
内蒙古	6.08	32.87	83.76	4542.07
宁夏	4.93	5.11	2.04	791.00
青海	35.67	7.22	18.09	1057.65
山东*	135.39	151.03	176.94	8285.60
山西	92.42	20.44	18.19	4178.50
陕西	265.81	30.46	166.36	6093.79
上海	608.08	3.35	264.57	8455.85
四川	433.37	34.68	210.17	9229.62
天津	524.86	56.77	19.95	4833.74
新疆	9.63	8.53	47.06	2746.15
云南	3.61	5.09	77.70	5954.83
浙江*	141.29	120.34	288.04	9905.05
重庆	19.57	0.82	17.57	7360.27
合计	6025.47	3280.25	3993.63	178459.35

注：表中各省份地方政府债务数据来源于2014年1月各省区市政府审计机关发布的省份地方政府债务审计结果。其中西藏没有公布地方政府债务数据。

附表2-4　　　2013年6月底各省份地方政府债务资金来源情况　　单位：亿元

省份	银行贷款	发行债券	BT	信托融资	其他单位和个人借款	垫资施工、延期付款
安徽	2590.21	1155.61	479.12	244.6	268.62	127.95
北京	4550.14	539.42	62.62	508.78	157.81	785.55
福建	2464.05	513.95	620.72	213.79	190.63	14.84
甘肃	1374.96	532.55	325.64	197.29	100.29	20.19

省份	银行贷款	发行债券	BT	信托融资	其他单位和个人借款	垫资施工、延期付款
广东	6591.45	908.32	1347.83	405.9	362.49	149.04
广西	2663.85	390.02	600.58	351.51	60.45	12.45
贵州	2386.62	356.17	1863.67	519.64	317.12	242.01
海南	963.83	139	195.78	0.06	70.33	5.79
河北	4117.9	424.58	558.17	843.14	510.83	111.53
河南	2585.07	544.92	608.1	602.41	243.35	70.51
黑龙江	2313.58	506.93	50.73	130.96	85.02	17.45
湖北	4196.63	750.36	552.92	568.14	384.21	243.53
湖南	4420.79	985.12	418.05	567.49	415.05	187.57
吉林	2622.08	396.7	257.12	385.71	88.26	40.52
江苏	7867.58	1965.6	931.65	1816.68	738.68	304.85
江西	2021.27	603.64	452.22	309.08	100.75	56.07
辽宁	5078.25	808.62	464.31	263.51	289.17	94.78
内蒙古	1860.74	420.22	118.25	223.89	417.31	198.75
宁夏	381.56	123	11.28	0	11.9	9.08
青海	712.61	180	8.86	35.65	47.51	21.19
山东*	4637.27	739.3	462.08	567.24	499.69	267.1
山西	2004.29	326.49	110.48	1138.95	48.71	26.39
陕西	3725.84	743.1	297.87	364.84	163.1	89.7
上海	6426.12	589.67	851.45	137.14	210.02	14.02
四川	4183.44	788.99	1440.87	562.48	959.43	229.54
天津	3442.94	280.74	26.74	405.07	166.78	122.92
新疆	1663.35	370.34	90.04	81.71	201.87	76.22
云南	3103.32	469.92	483.29	442.21	465.45	86.93
浙江*	5843.96	1165.9	533.55	1254.16	602.23	46.8
重庆	4032.17	687.7	534.11	1106.66	200.74	84.44
合计	100825.9	18406.88	14758.1	14248.69	8377.8	3757.71

注：表中各省份地方政府债务数据来源于 2014 年 1 月各省区市政府审计机关发布的省份地方政府债务审计结果。其中西藏没有公布地方政府债务数据。

附表 2 - 5　　　2013 年 6 月底各省份地方政府债务资金来源情况　　　单位：亿元

省份	国债、外等财政转贷国债、外等财政转贷	应付未款项	融资租赁	集资	证券、保险业和其他金融证券、保险业和其他金融机构资本	合计
安徽	128.46	169.86	55.45	37.49	39.95	5297.32
北京	58.49	5.22	85.73	0	800.38	7554.14
福建	64.93	70.92	102.04	10.28	115.73	4381.88
甘肃	83.79	277.2	16.53	2.14	30.89	2961.47
广东	109.44	160.98	91.97	6.63	31.32	10165.37
广西	157.18	38.32	21.71	1.45	31.73	4329.25
贵州	55.85	352.09	36.89	0.03	191.52	6321.61
海南	21.52	13.87	0.4	0.18	0.08	1410.84
河北	104.32	755.12	55.11	16.53	17.53	7514.76
河南	158.44	372.87	169.96	92.76	93.55	5541.94
黑龙江	112.43	226.08	40.48	0.69	103.77	3588.12
湖北	137.93	412.7	256.67	15.98	161.71	7680.78
湖南	138.52	372.06	77.2	82.99	72.45	7737.29
吉林	114.76	214.67	61.01	2.66	64.87	4248.36
江苏	62.38	347.18	246.45	243.8	243.9	14768.74
江西	74.5	205.32	41.45	15.54	52.59	3932.49
辽宁	144.74	322.73	81.4	0.18	43.18	7590.87
内蒙古	102.65	1074.75	48.9	19.42	57.19	4542.07
宁夏	67.91	181.86	2.88	0	1.53	791
青海	21.79	23.57	1.27	0	5.2	1057.65
山东*	100.62	691.99	72.02	129.1	119.19	8285.6
山西	80.27	318.19	90.81	12.39	21.53	4178.5
陕西	145.05	444.67	56.12	11.74	51.76	6093.79
上海	106.99	25.21	28.29	0	66.94	8455.85
四川	153.44	752.91	79.25	62.76	16.51	9229.62
天津	52.7	11.96	36.18	0	287.71	4833.74
新疆	84.44	170.12	7.19	0.09	0.78	2746.15
云南	160.2	374.06	225.82	20.47	123.16	5954.83

续表

省份	国债、外等财政转贷 国债、外等财政转贷	应付未款项	融资租赁	集资	证券、保险业和其他金融证券、保险业和其他金融机构资本	合计
浙江*	68.3	20.71	114.91	6.23	248.3	9905.05
重庆	158.37	159.84	114.8	13.23	268.21	7360.27
合计	3030.41	8567.03	2318.89	804.76	3363.16	178459.4

注：表中各省份地方政府债务数据来源于2014年1月各省区市政府审计机关发布的省份地方政府债务审计结果。其中西藏没有公布地方政府债务数据。

附表2-6　2013年6月底各省份地方政府债务余额支出投向情况　单位：亿元

省份	市政建设	土地收储	交通运输设施建设	保障性住房	农林水利建设
安徽	1915.51	326.35	460.71	549.07	123.56
北京	2223.06	3354.94	437.82	347.41	135.22
福建	882.18	449.36	1781.06	267.6	51.41
甘肃	719.33	117.35	1125.69	131.34	49.31
广东	4076.62	921.81	1983.48	202.32	665.58
广西	1392.86	310.59	1220	159	82.37
贵州	1948.33	234.92	1936.93	269.03	124.93
海南	498.7	133.69	276.27	44.39	17.54
河北	2091.21	339.96	3085.83	296.04	108.17
河南	1537.52	309.89	1552.24	203.53	165.4
黑龙江	858.9	152.18	1204.34	451.05	194.12
湖北	3144.25	788.91	1604.16	307.14	144.83
湖南	2555.5	271.36	2472.66	290.4	219.98
吉林	1323.51	546.72	1288.18	223.46	71.67
江苏	5940.92	1296.14	1834.39	913.06	515.24
江西	1210.76	229.47	817.59	434.25	240.4
辽宁	2619.16	1372.42	1518.15	364.7	200.77
内蒙古	1380.68	307.08	880.73	307.27	184.96
宁夏	118.97	20.69	226.95	74.49	43.61
青海	143.41	59.72	276.91	100.1	41.21

续表

省份	市政建设	土地收储	交通运输设施建设	保障性住房	农林水利建设
山东*	2936.07	371.49	1388.21	480.28	343
山西	581.23	41.87	2414.46	159.5	63.34
陕西	1282.81	354.65	2771	359.84	169.71
上海	4090.36	1905.49	883.09	520.96	55.19
四川	2755.78	759.25	1755.24	699.06	220.62
天津	2417.11	927.13	264.61	566.26	57.2
新疆	609.12	49.6	836.79	227.6	176.36
云南	1237.3	560.37	2080.98	290.19	292.16
浙江*	3073.57	954.94	1525.45	1005.56	515.6
重庆	2297.25	1237.2	983.23	683.35	157.5
合计	57861.98	18705.54	40887.15	10928.25	5430.96

注：表中各省份地方政府债务数据来源于 2014 年 1 月各省区市政府审计机关发布的省份地方政府债务审计结果。其中西藏没有公布地方政府债务数据。北京、上海、天津和重庆四个直辖市市级数据即为其他各省级数据，为了表述清晰，仍将该数据记为市级数据。

附表 2－7 2013 年 6 月底各省份地方政府债务余额支出投向情况 单位：亿元

省份	科教文卫	生态建设和环境保护	工业和能源	其他	合计
安徽	399.9	299.06	51.63	644.1	4769.89
北京	96.12	81.46	25.03	356.18	7057.24
福建	183.53	35.3	33.93	362.09	4046.46
甘肃	189.33	46.38	12.62	292.65	2684
广东	451.87	90.01	98.02	894.73	9384.44
广西	241.27	88.66	40.4	286.65	3821.8
贵州	522.75	67.46	152.07	557.45	5813.87
海南	103.75	25.13	7.36	144	1250.83
河北	434.41	144.9	36.97	737.44	7274.93
河南	540.81	75.59	24	594.59	5003.57
黑龙江	153.8	97.84	20.87	269.05	3402.15
湖北	310.56	106.85	93.1	608.08	7107.88
湖南	531.05	134.18	41.3	602.3	7118.73

续表

省份	科教文卫	生态建设和环境保护	工业和能源	其他	合计
吉林	146.32	59.5	76.96	359.51	4095.83
江苏	863.18	1037.59	148.89	1601.01	14150.42
江西	249.8	61.58	47.04	356.75	3647.64
辽宁	257.49	110	124.84	697.29	7264.82
内蒙古	561.88	162.48	39.98	388.71	4213.77
宁夏	100.35	55.77	23.49	74.32	738.64
青海	93.84	14.57	2.89	98.77	831.42
山东*	739.65	409.63	112.8	1108.52	7889.65
山西	362.02	75.87	6.6	167.4	3872.29
陕西	239.66	186.73	41.53	542.08	5948.01
上海	107.6	146.92	111.13	408.58	8229.32
四川	541.25	194.17	225.27	1482.83	8633.47
天津	127.07	72.19	8.75	188.31	4628.63
新疆	126.69	67.01	39.87	369.73	2502.77
云南	464.24	195.22	106.08	371.32	5597.86
浙江*	341.32	222.51	144.23	1426.59	9209.77
重庆	231.22	171.14	389.66	726.59	6877.14
合计	9712.73	4535.7	2287.31	16717.62	167067.2

注：表中各省份地方政府债务数据来源于 2014 年 1 月各省区市政府审计机关发布的省份地方政府债务审计结果。其中西藏没有公布地方政府债务数据。

附表 2-8　　2013 年 6 月底各省份地方政府未来偿债情况　　单位：亿元

省份	2013 年 7 月至 12 月	2014 年	2015 年	2016 年	2017 年	2018 年及以后	合计
安徽	813.42	1040.43	966.16	822.09	523.27	1131.95	5297.32
北京	815.4	2168.08	1020.55	1117.9	362.76	2069.45	7554.14
福建	557.65	849.58	690.59	548	308.13	1427.93	4381.88
甘肃	626.29	473.33	401.38	285.85	196.15	978.52	2961.47
广东	1311.37	1666.44	1704.37	1087.74	1063.64	3331.81	10165.37
广西	449.08	750.08	697.4	516.3	420.2	1496.19	4329.25
贵州	1332.35	1321.57	1063.06	612.84	382.74	1609.05	6321.61

省份	2013 年 7 月至 12 月	2014 年	2015 年	2016 年	2017 年	2018 年及以后	合计
海南	95.49	163.31	170.98	158.21	178.21	644.64	1410.84
河北	1809.69	1172.78	984.62	682.81	605.92	2258.94	7514.76
河南	1230.16	1062.22	848.81	588.75	445.29	1366.71	5541.94
黑龙江	566.89	537.28	419.69	349.06	293.79	1421.41	3588.12
湖北	1482.31	1404.45	1303.51	753.74	503.47	2233.3	7680.78
湖南	1470.61	1231.94	1086.48	704.42	661.45	2582.39	7737.29
吉林	864.2	857.67	566.1	368.56	240.4	1351.43	4248.36
江苏	2857.43	4090.04	2767.31	1695.24	1132.1	2226.61	14768.74
江西	767.42	747.49	621.24	445.6	308.86	1041.88	3932.49
辽宁	1471.67	1538.69	981.3	750.3	594.43	2254.48	7590.87
内蒙古	1758.41	576.99	546.09	369.88	289.42	1001.28	4542.07
宁夏	256.7	73.56	88.72	67.22	60.3	244.5	791
青海	105.66	207.17	172.84	101.45	153.08	317.45	1057.65
山东*	2014.51	1556.04	1422.24	984.58	690.39	1617.84	8285.6
山西	694.68	626.26	660.04	535.43	399.19	1262.9	4178.5
陕西	1231.09	954.44	726.82	460.21	428.59	2292.64	6093.79
上海	928.88	2045.04	1258.98	911.47	755.57	2555.91	8455.85
四川	2465.07	2001.43	1471.87	907.77	667.52	1715.96	9229.62
天津	486.75	1035.23	616.2	401.54	426.73	1867.29	4833.74
新疆	550.21	386.87	378.67	295.12	231.72	903.56	2746.15
云南	1291.76	899.79	993.52	516.78	448.48	1804.5	5954.83
浙江*	1459.46	2440.74	1824.22	1471.09	887.51	1822.03	9905.05
重庆	1117.99	1663.48	1243.23	854.23	592.27	1889.07	7360.27
合计	32882.6	35542.42	27696.99	19364.18	14251.58	48721.62	178459.4

注：表中各省份地方政府债务数据来源于 2014 年 1 月各省区市政府审计机关发布的省份地方政府债务审计结果。其中西藏没有公布地方政府债务数据。

附录 3 估算 2010 ~ 2018 年全国各省份 地方政府债务余额

附表 3 - 1 2010 年至 2013 年 6 月底全国各省份地方政府债务余额　单位：亿元

省份	2010 年	2011 年	2012 年	2013 年 6 月底
北京	3745.45	5358.21	6970.96	7554.14
天津	3863.92	4060.19	4578.80	4833.74
河北	4407.40	5619.04	6830.67	7514.76
山西	2452.37	2998.16	3543.94	4178.5
内蒙古	2841.70	3459.72	4077.73	4542.07
辽宁	3921.60	5435.43	6949.25	7590.87
吉林	3033.00	3531.41	4029.82	4248.36
黑龙江	2247.74	2755.91	3264.08	3588.12
上海	5682.49	6973.12	8263.75	8455.85
江苏	9081.54	10973.99	12866.43	14768.74
浙江	5877.78	7142.86	8407.93	9905.05
安徽	2475.90	3481.94	4487.98	5297.32
福建	2218.44	3116.33	4014.22	4794.45
江西	2255.72	2903.74	3551.76	3932.49
山东	6097.15	6764.22	7431.28	8285.6
河南	2915.74	3834.51	4753.28	5541.94
湖北	4520.18	5521.00	6521.81	7680.78
湖南	4286.78	5630.73	6974.68	7737.29
广东	7502.96	8526.97	9550.98	10165.37
广西	2756.13	3339.11	3922.09	4329.25
海南	952.92	1091.91	1230.90	1410.84
重庆	2159.00	4426.83	6694.66	7360.27

续表

省份	2010 年	2011 年	2012 年	2013 年 6 月底
四川	5336.04	6669.41	8002.78	9229.62
贵州	3581.63	4597.92	5614.22	6321.61
云南	3524.68	4429.75	5334.82	5954.83
西藏	—	—	—	—
陕西	3536.75	4499.50	5462.24	6093.79
甘肃	1414.90	1938.66	2462.42	2961.47
青海	561.92	751.38	940.83	1057.65
宁夏	622.11	672.68	723.25	791.00
新疆	1362.63	1868.31	2373.98	2746.15
总额	3745.45	5358.21	6970.96	7554.14

注：表中 2010 年和 2013 年 6 月数据来源于审计署审计结果，2011 年和 2012 年数据均为估算值。

附表 3 – 2　　　**2014～2018 年全国各省份地方政府债务余额**

（基于融资平台负债视角） 单位：亿元

省份	2014 年	2015 年	2016 年	2017 年	2018 年
北京	23671	25208	27317	32443	35686
天津	19833	21166	21293	22221	21963
河北	9718	9623	10138	11973	12948
山西	3684	3856	4650	5406	5662
内蒙古	8225	8261	7524	8132	8440
辽宁	10940	11151	11427	11123	10584
吉林	4844	5037	5489	6289	6986
黑龙江	3877	3506	4664	5428	5602
上海	14268	12997	11506	11554	12121
江苏	40375	47067	54459	60011	64285
浙江*	21338	22360	26506	31531	36813
安徽	9401	12693	14831	17453	18981
福建*	8499	10658	11847	13222	13931
江西	6875	9013	10736	12639	14260
山东*	17231	16233	18708	21446	23892

续表

省份	2014 年	2015 年	2016 年	2017 年	2018 年
河南	9121	11595	12893	13475	15172
湖北	12054	13055	16316	19744	21922
湖南	19371	20256	18382	21171	22246
广东	20989	21894	22080	24285	27664
广西	11799	12320	13817	13010	14635
海南	1909	1663	1740	1889	2056
重庆	14660	13278	15628	16636	17041
四川	19280	22775	26197	29998	33571
贵州	9191	10732	17824	19245	18682
云南	9220	12581	15012	16913	17413
西藏	83	142	312	408	339
陕西	10341	11090	13212	15303	15956
甘肃	8076	8367	6329	7173	8658
青海	2075	2782	2963	2769	3263
宁夏	1748	1568	1576	1638	2263
新疆	5799	4813	5498	7349	7625
全国	358495	387740	430873	481875	520664

注：地方政府债务为地方政府负有偿还责任的债务与地方政府隐性债务之和。此处地方政府隐性债务为从融资平台负债视角计算得出。

附录 4　估算 2010～2013 年各省份
地方政府债务构成

附表 4－1　　　　2010 年全国各省份地方政府债务构成　　　　单位：亿元

省份	政府负有偿还责任的债务	政府负有担保责任的债务	政府可能需要救助的债务	债务余额
北京	3170.83	279.02	295.60	3745.45
天津	1809.59	1183.54	870.80	3863.92
河北	2647.97	1151.65	607.78	4407.40
山西	949.26	1374.21	128.90	2452.37
内蒙古	1978.30	760.60	102.80	2841.70
辽宁	2676.90	998.00	246.70	3921.60
吉林	1858.80	999.00	175.20	3033.00
黑龙江	1279.26	657.69	310.79	2247.74
上海	3490.67	357.76	1834.06	5682.49
江苏	4695.33	600.88	3785.33	9081.54
浙江	4445.81	475.42	956.54	5877.78
安徽	1438.27	280.99	756.63	2475.90
福建	1286.49	145.53	786.42	2218.44
江西	1391.84	477.57	386.32	2255.72
山东	1703.58	1246.09	1068.1	6097.15
河南	1924.53	281.70	709.51	2915.74
湖北	2908.00	1287.95	324.23	4520.18
湖南	2042.34	818.32	1426.12	4286.78
广东	5891.76	897.76	713.44	7502.96
广西	1440.66	920.78	394.69	2756.13
海南	685.03	224.12	43.77	952.92

续表

省份	政府负有偿还责任的债务	政府负有担保责任的债务	政府可能需要救助的债务	债务余额
重庆	1782. 00	252. 00	125. 00	2159. 00
四川	3775. 84	954. 46	605. 74	5336. 04
贵州	2619. 01	551. 67	410. 95	3581. 63
云南	2263. 39	260. 09	1001. 20	3524. 68
西藏	—	—	—	—
陕西	1585. 94	550. 06	1400. 75	3536. 75
甘肃	626. 30	674. 00	114. 60	1414. 90
青海	328. 00	216. 54	17. 38	561. 92
宁夏	371. 64	170. 24	80. 23	622. 11
新疆	812. 11	487. 08	63. 44	1362. 63
总额	63879. 45	19534. 72	19743. 02	105236. 58

注：表中 2013 年 6 月数据来源于审计署审计结果，2010 年、2011 年和 2012 年部分省份数据来源于审计署，部分省份数据均为估算值。

附表 4 - 2 　 　 　 　 　 **2011 年全国各省份地方政府债务构成** 　 　 　 单位：亿元

省份	政府负有偿还责任的债务	政府负有担保责任的债务	政府可能需要救助的债务	债务余额
北京	4614. 80	107. 85	635. 55	5358. 21
天津	1901. 50	1243. 66	915. 03	4060. 19
河北	2962. 74	709. 93	1946. 37	5619. 04
山西	1091. 39	1674. 48	232. 28	2998. 16
内蒙古	2583. 69	660. 60	215. 43	3459. 72
辽宁	4055. 21	900. 84	479. 38	5435. 43
吉林	2145. 37	808. 76	577. 28	3531. 41
黑龙江	1568. 47	806. 38	381. 05	2755. 91
上海	4283. 48	439. 02	2250. 62	6973. 12
江苏	5673. 76	726. 09	4574. 13	10973. 99
浙江	4918. 89	607. 66	1616. 31	7142. 86
安徽	2022. 69	395. 17	1064. 08	3481. 94
福建	1807. 18	204. 43	1104. 72	3116. 33
江西	1791. 68	614. 76	497. 30	2903. 74

续表

省份	政府负有偿还责任的债务	政府负有担保责任的债务	政府可能需要救助的债务	债务余额
山东	4368.94	1098.91	1296.37	6764.22
河南	2441.31	189.25	1203.95	3834.51
湖北	3702.53	558.43	1260.03	5521.00
湖南	2531.00	533.73	2566.00	5630.73
广东	5814.44	856.31	1856.22	8526.97
广西	1597.17	949.37	792.56	3339.11
海南	812.77	174.34	104.80	1091.91
重庆	2150.24	1383.26	893.33	4426.83
四川	4719.35	1192.96	757.11	6669.41
贵州	3362.16	708.21	527.56	4597.92
云南	2844.58	326.88	1258.29	4429.75
西藏	—	—	—	—
陕西	2017.65	699.79	1782.05	4499.50
甘肃	799.38	276.78	862.50	1938.66
青海	529.13	114.04	108.20	751.38
宁夏	427.08	153.54	92.06	672.68
新疆	1117.35	549.51	201.44	1868.31
总额	80655.95	19664.94	32052.00	132372.89

注：表中 2013 年 6 月数据来源于审计署审计结果，2010 年、2011 年和 2012 年部分省份数据来源于审计署，部分省份数据均为估算值。

附表 4-3　　　　2012 年全国各省份地方政府债务构成　　　　单位：亿元

省份	政府负有偿还责任的债务	政府负有担保责任的债务	政府可能需要救助的债务	债务余额
北京	5972.34	159.22	839.4	6970.96
天津	2144.38	1402.51	1031.91	4578.8
河北	3657.18	933.6	2239.89	6830.67
山西	1327.41	1921.99	294.54	3543.94
内蒙古	3070.26	761.07	246.4	4077.73
辽宁	5148.65	1212.07	588.53	6949.25
吉林	2573.5	916.28	540.04	4029.82

续表

省份	政府负有偿还责任的债务	政府负有担保责任的债务	政府可能需要救助的债务	债务余额
黑龙江	1834.65	967.52	461.91	3264.08
上海	5184.99	538.22	2540.54	8263.75
江苏	6523.38	964.26	5378.79	12866.43
浙江	5827.39	708.36	1872.18	8407.93
安徽	2559.86	565.29	1362.83	4487.98
福建	2267.52	275.34	1471.36	4014.22
江西	2227.28	803.96	520.52	3551.76
山东	4741.5	1335.88	1353.9	7431.28
河南	2993.45	273.68	1486.15	4753.28
湖北	4262.5	736.06	1523.25	6521.81
湖南	3157.31	691.85	3125.52	6974.68
广东	6554.41	1008.56	1988.01	9550.98
广西	1946.4	1125.12	850.57	3922.09
海南	916.93	226.5	87.47	1230.9
重庆	3294.41	2095.84	1304.41	6694.66
四川	5533.59	1585.07	884.12	8002.78
贵州	4105.31	864.74	644.17	5614.22
云南	3502.41	409.46	1422.95	5334.82
西藏	—	—	—	—
陕西	2403.76	920.53	2137.95	5462.24
甘肃	942.9	410.26	1109.26	2462.42
青海	697.73	121.85	121.25	940.83
宁夏	448.2	168.84	106.21	723.25
新疆	1435.78	687.64	250.56	2373.98
总额	97255.39	24791.57	37784.58	159831.54

注：表中 2013 年 6 月数据来源于审计署审计结果，2010 年、2011 年和 2012 年部分省份数据来源于审计署，部分省份数据均为估算值。

附表 4 - 4　　　　　**2013 年 6 月底全国各省份地方政府债务构成**　　　单位：亿元

省份	政府负有偿还责任的债务	政府负有担保责任的债务	政府可能需要救助的债务	债务余额
北京	6506.07	152.05	896.02	7554.14
天津	2263.78	1480.6	1089.36	4833.74
河北	3962.29	949.44	2603.03	7514.76
山西	1521.06	2333.71	323.73	4178.5
内蒙古	3391.98	867.27	282.82	4542.07
辽宁	5663.32	1258.07	669.48	7590.87
吉林	2580.93	972.95	694.48	4248.36
黑龙江	2042.11	1049.89	496.12	3588.12
上海	5194.3	532.37	2729.18	8455.85
江苏	7635.72	977.17	6155.85	14768.74
浙江	6821.06	842.64	2241.35	9905.05
安徽	3077.26	601.2	1618.86	5297.32
福建	2780.34	314.51	1699.6	4794.45
江西	2426.45	832.56	673.48	3932.49
山东	5351.59	1346.07	1587.94	8285.6
河南	3528.38	273.52	1740.04	5541.94
湖北	5150.94	776.89	1752.95	7680.78
湖南	3477.89	733.41	3525.99	7737.29
广东	6931.64	1020.85	2212.88	10165.37
广西	2070.78	1230.89	1027.58	4329.25
海南	1050.17	225.26	135.41	1410.84
重庆	3575.09	2299.88	1485.3	7360.27
四川	6530.98	1650.9	1047.74	9229.62
贵州	4622.58	973.7	725.33	6321.61
云南	3823.92	439.42	1691.49	5954.83
西藏	#	#	#	#
陕西	2732.56	947.75	2413.48	6093.79
甘肃	1221.12	422.8	1317.55	2961.47
青海	744.82	160.52	152.31	1057.65
宁夏	502.2	180.55	108.25	791

续表

省份	政府负有偿还 责任的债务	政府负有担保 责任的债务	政府可能需要 救助的债务	债务余额
新疆	1642.35	807.71	296.09	2746.15
总额	108823.68	26654.55	43393.69	178871.92

注：表中 2010 年和 2013 年 6 月数据来源于审计署审计结果，2011 年和 2012 年数据均为估算值。

附录5 金融机构人民币存款基准利率

附表5-1 金融机构人民币存款基准利率—中国人民银行货币政策司　　单位：%

调整日期	活期存款	定期存款					
		三个月	半年	一年	二年	三年	五年
1990. 04. 15	2. 88	6. 3	7. 74	10. 08	10. 98	11. 88	13. 68
1990. 08. 21	2. 16	4. 32	6. 48	8. 64	9. 36	10. 08	11. 52
1991. 04. 21	1. 8	3. 24	5. 4	7. 56	7. 92	8. 28	9
1993. 05. 15	2. 16	4. 86	7. 2	9. 18	9. 9	10. 8	12. 06
1993. 07. 11	3. 15	6. 66	9	10. 98	11. 7	12. 24	13. 86
1996. 05. 01	2. 97	4. 86	7. 2	9. 18	9. 9	10. 8	12. 06
1996. 08. 23	1. 98	3. 33	5. 4	7. 47	7. 92	8. 28	9
1997. 10. 23	1. 71	2. 88	4. 14	5. 67	5. 94	6. 21	6. 66
1998. 03. 25	1. 71	2. 88	4. 14	5. 22	5. 58	6. 21	6. 66
1998. 07. 01	1. 44	2. 79	3. 96	4. 77	4. 86	4. 95	5. 22
1998. 12. 07	1. 44	2. 79	3. 33	3. 78	3. 96	4. 14	4. 5
1999. 06. 10	0. 99	1. 98	2. 16	2. 25	2. 43	2. 7	2. 88
2002. 02. 21	0. 72	1. 71	1. 89	1. 98	2. 25	2. 52	2. 79
2004. 10. 29	0. 72	1. 71	2. 07	2. 25	2. 7	3. 24	3. 6
2006. 08. 19	0. 72	1. 8	2. 25	2. 52	3. 06	3. 69	4. 14
2007. 03. 18	0. 72	1. 98	2. 43	2. 79	3. 33	3. 96	4. 41
2007. 05. 19	0. 72	2. 07	2. 61	3. 06	3. 69	4. 41	4. 95
2007. 07. 21	0. 81	2. 34	2. 88	3. 33	3. 96	4. 68	5. 22
2007. 08. 22	0. 81	2. 61	3. 15	3. 6	4. 23	4. 95	5. 49
2007. 09. 15	0. 81	2. 88	3. 42	3. 87	4. 5	5. 22	5. 76
2007. 12. 21	0. 72	3. 33	3. 78	4. 14	4. 68	5. 4	5. 85
2008. 10. 09	0. 72	3. 15	3. 51	3. 87	4. 41	5. 13	5. 58

续表

调整日期	活期存款	定期存款					
		三个月	半年	一年	二年	三年	五年
2008.10.30	0.72	2.88	3.24	3.6	4.14	4.77	5.13
2008.11.27	0.36	1.98	2.25	2.52	3.06	3.6	3.87
2008.12.23	0.36	1.71	1.98	2.25	2.79	3.33	3.6
2010.10.20	0.36	1.91	2.2	2.5	3.25	3.85	4.2
2010.12.26	0.36	2.25	2.5	2.75	3.55	4.15	4.55
2011.02.09	0.4	2.6	2.8	3	3.9	4.5	5
2011.04.06	0.5	2.85	3.05	3.25	4.15	4.75	5.25
2011.07.07	0.5	3.1	3.3	3.5	4.4	5	5.5
2012.06.08	0.4	2.85	3.05	3.25	4.1	4.65	5.1
2012.07.06	0.35	2.6	2.8	3	3.75	4.25	4.75

资料来源：中国人民银行网站。

附录6 各省地方政府隐含资产价值
及其波动率模拟 VaR 值

附表 6-1　各省区地方政府隐含资产价值及其波动率模拟结果 VaR 值

省份	隐含资产价值		隐含资产的波动率	
	95%	99%	95%	99%
北京	1760.78	1677.29	0.0991	0.1164
天津	2246.62	2094.21	0.1320	0.1578
河北	5306.33	5007.02	0.1044	0.1156
山西	2449.79	2339.82	0.0795	0.0912
内蒙古	3605.46	3386.77	0.1101	0.1280
辽宁	5821.99	5457.92	0.1151	0.1429
吉林	2296.26	2096.61	0.1698	0.1928
黑龙江	2381.43	2235.39	0.1134	0.1254
上海	1424.33	1338.28	0.1075	0.1352
江苏	8733.39	8258.87	0.1014	0.1219
浙江	4389.32	4101.59	0.1293	0.1504
安徽	4165.82	3929.32	0.1038	0.1235
福建	3176.57	2987.93	0.1040	0.1156
江西	2989.73	2773.10	0.1357	0.1667
山东	8714.25	8178.81	0.1111	0.1293
河南	5784.74	5434.21	0.1099	0.1227
湖北	4030.83	3784.86	0.1303	0.1531
湖南	3923.27	3686.24	0.1205	0.1486
广东	5379.11	5083.24	0.1040	0.1171
广西	2716.94	2585.28	0.0871	0.0980
海南	501.98	463.57	0.1407	0.1587

省份	隐含资产价值		隐含资产的波动率	
	95%	99%	95%	99%
重庆	2515.04	2372.72	0.1025	0.1127
四川	4626.73	4340.20	0.1087	0.1229
贵州	1325.23	1218.55	0.1731	0.2023
云南	2022.59	1914.92	0.0979	0.1068
西藏	#	#	#	#
陕西	3176.98	2983.51	0.1074	0.1170
甘肃	1270.34	1182.86	0.1479	0.1701
青海	422.22	387.30	0.1743	0.1927
宁夏	516.79	475.86	0.1675	0.1980
新疆	1446.44	1350.40	0.1156	0.1332

参考文献

［1］ 财政部财政科学研究所课题组：《我国地方政府债务态势及其国际借鉴：以财政风险为视角》，载《改革》2009 年第 1 期，第 5～24 页。

［2］ 陈本凤：《乡镇债务的制度成因及其化解》，载《农村经济》2006 年第 1 期，第 122～124 页。

［3］ 陈健：《财政联邦制、非正式财政与政府债务——对中国转型经济的规范分析》，载《财经研究》2007 年第 2 期，第 90～99 页。

［4］ 崔军：《我国地方政府债务治理：近期目标与长效机制》，载《财经问题研究》2011 年第 7 期，第 14～18 页。

［5］ 刁伟涛：《国有资产与我国地方政府债务风险测度——基于未定权益分析方法》，载《财贸研究》2016 年第 3 期，第 99～105 页。

［6］ 范佳杰：《我国地方政府债务存在的问题及对策研究》，安徽大学硕士学位论文，2012 年。

［7］ 封北麟：《地方政府投融资平台的财政风险研究》，载《金融与经济》2010 年第 2 期，第 4～7 页。

［8］ 封北麟：《地方政府投融资平台与地方政府债务研究》，载《中国财政》2009 年第 18 期，第 43～45 页。

［9］ 伏润民、缪小林、高跃光：《地方政府债务风险对金融系统的空间外溢效应》，载《财贸经济》2017 年第 9 期，第 31～47 页。

［10］ 伏润民、王卫昆、缪小林：《我国地方政府债务风险与可持续性规模探讨》，载《财贸经济》2008 年第 10 期，第 82～87 页。

［11］ 高自强：《关于地方融资平台贷款风险的认识与思考》，载《中国金融》2010 年第 16 期，第 21～22 页。

［12］ 宫晓琳：《宏观金融风险联动综合传染机制》，载《金融研究》2012 年第 5 期，第 56～69 页。

［13］宫晓琳：《未定权益分析方法与中国宏观金融风险的测度分析》，载《经济研究》2012 年第 3 期，第 76～87 页。

［14］龚强、王俊、贾坤：《财政分权视角下的地方政府债务研究：一个综述》，载《经济研究》2011 年第 7 期，第 144～156 页。

［15］顾建光：《地方政府债务与风险防范对策研究》，载《经济体制改革》2006 年第 1 期，第 10～15 页。

［16］顾宁：《化解我国地方政府债务风险的对策研究》，载《经济纵横》2011 年第 1 期，第 74～77 页。

［17］郭玉清：《逾期债务、风险状况与中国财政安全——兼论中国财政风险预警与控制理论框架的构建》，载《经济研究》2011 年第 8 期，第 38～50 页。

［18］郭玉清：《化解地方政府债务的目标设计与制度选择》，载《天津社会科学》2009 年第 6 期，第 74～111 页。

［19］韩增华：《地方政府债务风险管理的机制性缺陷与克服：改进预算过程》，载《地方财政研究》2012 年第 3 期，第 15～42 页。

［20］洪源、胡争荣：《偿债能力与地方政府债务违约风险——基于 KMV 修正模型的实证研究》，载《财贸经济》2018 年第 5 期，第 21～37 页。

［21］洪源、刘兴琳：《地方政府债务风险非线性仿真预警系统的构建——基于粗糙集 - BP 神经网络方法集成的研究》，载《山西财经大学学报》2012 年第 3 期，第 1～10 页。

［22］洪源、李礼：《我国地方政府债务可持续性的一个综合分析框架》，载《财经科学》2006 年第 4 期，第 96～103 页。

［23］华晓龙：《基于宏观压力测试方法的商业银行体系信用风险评估》，载《数量经济技术经济研究》2009 年第 4 期，第 117～128 页。

［24］黄春蕾：《中国地方政府债务管理动力问题研究》，载《经济纵横》2006 年第 4 期，第 20～23 页。

［25］黄春蕾：《中国地方政府债务管理"弱动力"问题研究》，载《现代经济探讨》2006 年第 4 期，第 55～59 页。

［26］黄燕芬、邬拉：《地方债务风险：现状、成因及对社会的影响》，载《经济研究参考》2011 年第 23 期，第 3～13 页。

［27］吉富星：《地方政府隐性债务的实质、规模与风险研究》，载

《财政研究》2018 年第 11 期，第 62 ~ 70 页。

［28］贾康：《地方债务应逐步透明化》，载《中国金融》2010 年第 16 期，第 13 ~ 15 页。

［29］贾康：《深入研讨国债风险与成本管理》，载《财政研究》2010 年第 12 期，第 72 ~ 73 页。

［30］贾康、孟艳：《运用长期建设国债资金规范和创新地方融资平台的可行思路探讨》，载《前沿论坛》2009 年第 8 期，第 9 ~ 11 页。

［31］贾晓俊、顾莹博：《我国各省份地方债风险及预警实证研究》，载《中央财经大学学报》2017 年第 3 期，第 16 ~ 24 页。

［32］姜超、朱征星、杜佳：《地方政府隐性债务规模有多大？——地方隐性债务系列专题之一》，海通证券宏观债券研究报告，2018 年。

［33］考燕鸣、王淑梅、王磊：《地方政府债务风险预警系统的建立及实证分析》，载《生产力研究》2009 年第 16 期，第 182 ~ 184 页。

［34］孔德明：《地方政府债务风险预警评估分析及对策研究——以河北省为例》，载《经济与管理》2013 年第 4 期，第 94 ~ 97 页。

［35］类承曜：《我国地方政府债务增长的原因：制度性解释框架》，载《经济参考研究》2011 年第 38 期，第 23 ~ 32 页。

［36］李升、杨武、凌波澜：《基础设施投融资是否增加地方政府债务风险？》，载《经济社会体制比较》2018 年第 6 期，第 67 ~ 76 页。

［37］李斌、郭剑桥、何万里：《一种新的地方政府债务风险预警系统设计与应用》，载《数量经济技术经济研究》2016 年第 12 期，第 96 ~ 112 页。

［38］李江、刘丽平：《中国商业银行体系信用风险评估——基于宏观压力测试的研究》，载《当代经济科学》2008 年第 6 期，第 66 ~ 124 页。

［39］李升：《地方政府投融资方式的选择与地方政府债务风险》，载《中央财经大学学报》2019 年第 2 期，第 3 ~ 12 页。

［40］李蔚、王素青：《我国地方政府债务风险管理的对策研究》，载《科研管理》2006 年第 5 期，第 150 ~ 154 页。

［41］李永刚：《地方政府债务规模影响因素及化解对策》，载《中南财经政法大学学报》2011 年第 6 期，第 3 ~ 6 页。

［42］梁丽萍、李新光：《我国地方政府债务风险测度研究——基于资产负债表的视角》，载《宏观经济研究》2016 年第 12 期，第 102 ~ 111 页。

［43］梁帅：《地方政府债务管理、财政政策转向与经济增长》，载《管理世界》2017 年第 4 期，第 174 ~ 175 页。

［44］刘蕾：《地方政府债务预算约束的制度逻辑、规范控制与实践检验》，载《财经理论与实践》2018 年第 2 期，第 154 ~ 160 页。

［45］刘海虹、陈进：《地方融资平台风险控制的整合路径研究》，载《财政研究》2012 年第 6 期，第 37 ~ 41 页。

［46］刘骅、卢亚娟：《转型期地方政府投融资平台债务风险分析与评价》，载《财贸经济》2016 年第 5 期，第 48 ~ 59 页。

［47］刘慧婷、刘海龙：《基于 KMV 模型的中国地方政府债务风险评价研究》，载《上海金融》2016 年第 6 期，第 52 ~ 59 页。

［48］刘蓉、黄洪：《我国地方政府债务风险的度量、评估与释放》，载《经济理论与经济管理》2012 年第 1 期，第 82 ~ 88 页。

［49］刘尚希：《财政分权改革——"辖区财政"》，载《中国改革》2009 年第 6 期，第 74 ~ 75 页。

［50］刘尚希、孟春：《公共政策与地区差距》，中国财政经济出版社2006 年版。

［51］刘尚希、赵全厚：《政府债务：风险状况的初步分析》，载《管理世界》2002 年第 5 期，第 22 ~ 41 页。

［52］刘文琦、何宜庆：《系统动力学视角下地方政府债务风险研究——基于我国地区面板数据的仿真》，载《江西财经大学学报》2017 年第 3 期，第 3 ~ 12 页。

［53］刘星、岳中志、刘谊：《地方政府债务风险预警机制研究》，经济管理出版社 2005 年版。

［54］刘谊、刘星、马千真、陈元春：《地方财政风险监控体系的建立及实证分析》，载《中央财经大学学报》2004 年第 7 期，第1 ~ 5 页。

［55］刘煜辉：《高度关注地方投融资平台的"宏观风险"》，载《中国金融》2010 年第 5 期，第 64 页。

［56］刘煜辉、张椠成：《中国地方政府融资平台分析》，载《银行家》2010 年第 6 期，第 48～52 页。

［57］马恩涛、李鑫：《PPP 政府或有债务风险管理：国际经验与借鉴》，载《财政研究》2018 年第 5 期，第 36～45 页。

［58］马海涛、马金华：《解决我国地方政府债务的思路》，载《当代财经》2011 年第 7 期，第 43～49 页。

［59］马金华、王俊：《地方政府债务问题研究的最新进展》，载《中央财经大学学报》2011 年第 11 期，第 16～22 页。

［60］马骏、张晓蓉、李治国：《中国国家资产负债表研究》，社会科学文献出版社 2012 年版。

［61］聂新伟：《政府信用、地方政府债务风险与信用指标体系构建的思路》，载《财政研究》2016 年第 3 期，第 15～26 页。

［62］牛霖琳、洪智武、陈国进：《地方政府债务隐忧及其风险传导——基于国债收益率与城投债利差的分析》，载《经济研究》2016 年第 11 期，第 83～95 页。

［63］［美］诺思：《制度、制度变迁与经济绩效》，杭行译，上海三联书店 1994 年版。

［64］潘志斌：《地方政府债务规模、资产价值与债务风险》，载《华东师范大学学报》（哲学社会科学版）2014 年第 3 期，第 89～97 页。

［65］潘志斌：《基于或有权益模型的我国地方政府债务风险度量》，载《系统管理学报》2015 年第 6 期，第 847～853 页。

［66］庞晓波、李丹：《中国经济景气变化与政府债务风险》，载《经济研究》2015 年第 10 期，第 18～33 页。

［67］裴育、欧阳华生：《我国地方政府债务风险预警理论分析》，载《中国软科学》2007 年第 3 期，第 110～114 页。

［68］裴育：《构建我国财政风险预警系统的基本思路》，载《经济学动态》2003 年第 9 期，第 26～29 页。

［69］秦德安、田靖宇：《地方政府融资平台研究综述》，载《地方财政研究》2010 年第 4 期，第 9～13 页。

［70］屈宏斌、张之明、孙珺玮、马晓萍、黄朵：《政府资产负债平衡、债务、资产和财税体制改革宏观》，香港上海汇丰中国经济及信贷研究报告，2014 年。

［71］ 冉光和、李敬、管洪：《地方政府负债风险的生成机理与预警研究》，载《中国软科学》2006 年第 9 期，第 29～37 页。

［72］ 沈冰洁：《浅析化解地方政府债务风险的途径——资产证券化途径》，载《中国证券期货》2013 年第 3 期，第 67 页。

［73］ 沈明高、彭程、龚橙：《地方融资平台远虑与近忧》，载《中国改革》2010 年第 5 期，第 38～42 页。

［74］ 沈沛龙、樊欢：《基于可流动性资产负债表的我国政府债务风险研究》，载《经济研究》2012 年第 2 期，第 93～105 页。

［75］ 时红秀：《财政分权、政府竞争与中国地方政府的债务》，中国财政经济出版社 2007 年版。

［76］ 时红秀：《地方债的风险有多大》，载《中国经济时报》2010 年 7 月 6 日第 12 版。

［77］ 时红秀：《地方债的成因是什么》，载《中国经济时报》2010 年 7 月 7 日第 5 版。

［78］ 时红秀：《地方债的出路在哪里》，载《中国经济时报》2010 年 7 月 9 日第 5 版。

［79］ 时红秀：《地方政府债务规模究竟有多大》，载《中国经济时报》2010 年 7 月 5 日第 5 版。

［80］ 时红秀：《中国地方政府债务的形成机制与化解对策》，载《山东财经学院学报》2005 年第 1 期，第 3～11 页。

［81］ 宋立：《市政收益债券：解决地方政府债务问题的重要途径》，载《管理世界》2004 年第 2 期，第 27～34 页。

［82］ 苏健、姬明、钟恩庚：《我国银行业整体风险的度量——基于 CCA 方法的定量测算》，载《金融理论与实践》2012 年第 10 期，第 12～17 页。

［83］ 孙洁、魏来：《基于或有权益资产负债表的中国上市商业银行风险分析》，载《武汉大学学报》（哲学社会科学版）2009 年第 4 期，第 462～466 页。

［84］ 孙琳、桑宁：《中期预算、权责发生制与政府债务控制——基于跨国面板数据的分析》，载《财贸经济》2018 年第 11 期，第 36～52 页。

［85］ 汤婷婷、方兆本：《商业银行信用风险与宏观经济——基于压力测试的研究》，载《当代经济科学》2011 年第 4 期，第 66～71 页。

［86］唐云锋、刘清杰：《地方政府债务诱发金融风险的逻辑与路径》，载《社会科学战线》2018 年第 3 期，第 65 ~ 72 页。

［87］汪德华、刘立品：《中国地方政府隐性债务：发展现状与未来展望》，载《比较》2019 年第 6 期。

［88］王柏杰：《基于地方政府资产负债表的地方债务规模与风险估算——来自中国七个资源型省份的经验证据》，载《山西财经大学学报》2018 年第 10 期，第 17 ~ 30 页。

［89］王丽娅、余江：《银行与公共部门间的风险分担与转移研究——基于 CCA 方法的分析》，载《中国投资》2008 年第 3 期，第 112 ~ 116 页。

［90］王涛、竹志奇、徐小天：《债务置换背景下地方政府债务信用风险研究》，载《上海经济研究》2017 年第 4 期，第 58 ~ 66 页。

［91］王婷婷：《地方政府债务治理的国际比较与启示——基于建构财政责任规则的视角》，载《当代财经》2017 年第 2 期，第 31 ~ 39 页。

［92］王晓光、高淑东：《地方政府债务风险的预警评价与控制》，载《当代经济研究》2005 年第 4 期，第 53 ~ 55 页。

［93］王叙果、张广婷、沈红波：《财政分权、晋升激励与预算软约束——地方政府过度负债的一个分析框架》，载《财政研究》2012 年第 3 期，第 10 ~ 15 页。

［94］王永钦、陈映辉、杜巨澜：《软预算约束与中国地方政府债务违约风险：来自金融市场的证据》，载《经济研究》2016 年第 11 期，第 96 ~ 109 页。

［95］魏加宁：《地方政府投融资平台的风险何在》，载《中国金融》2010 年第 16 期，第 16 ~ 18 页。

［96］魏加宁：《中国地方政府债务风险与金融危机》，载《商务周刊》2004 年第 5 期，第 42 页。

［97］吴健梅、竹志奇：《中国债务风险的内生因素分析》，载《财政研究》2018 年第 2 期，第 37 ~ 51 页。

［98］吴洵、俞乔：《地方政府债务风险溢价研究》，载《财政研究》2017 年第 1 期，第 89 ~ 101 页。

［99］肖耿、李金迎、王洋：《采取组合措施化解地方政府融资平台贷款风险》，载《中国金融》2009 年第 20 期，第 40 ~ 41 页。

［100］谢群：《国外地方政府债券发行模式借鉴及启示》，载《地方财政研究》2013 年第 6 期，第 71～75 页。

［101］熊琛、金昊：《地方政府债务风险与金融部门风险的"双螺旋"结构——基于非线性 DSGE 模型的分析》，载《中国工业经济》2018 年第 12 期，第 23～41 页。

［102］许成钢：《政治集权下的地方经济分权与中国改革》，载《比较》2008 年第 36 期，第 7～22 页。

［103］许成钢：《中国债务问题》，载《财新峰会：变革世界的中国策》2010 年。

［104］许涤龙、何达之：《财政风险指数预警系统的构建与分析》，载《财政研究》2007 年第 11 期，第 9～12 页。

［105］许友传、刘庆富、陈可桢：《中国政府对上市银行的隐性救助概率和救助成本》，载《金融研究》2012 年第 10 期，第 60～74 页。

［106］杨柳：《银行体系宏观压力测试的评估模型与实证》，载《统计与决策》2011 年第 19 期，第 139～142 页。

［107］叶永刚、宋凌峰：《宏观金融风险分析最新进展》，载《经济学动态》2007 年第 5 期，第 75～78 页。

［108］余应敏、杨野、陈文川：《财政分权、审计监督与地方政府债务风险——基于 2008～2013 年中国省级面板数据的实证检验》，载《财政研究》2018 年第 7 期，第 53～65 页。

［109］袁飞、陶然、徐志刚、刘明兴：《财政集权过程中的转移支付和财政供养人口规模膨胀》，载《经济研究》2008 年第 5 期，第 70～80 页。

［110］詹梦皎、詹正华：《我国地方债务风险成因的制度性分析》，载《当代经济》2012 年第 9 期，第 86～88 页。

［111］张帆：《美国州和地方政府债务对中国地方债问题的借鉴》，载《国际经济评论》2016 年第 3 期，第 69～84 页。

［112］张国云：《地方融资平台：小曲好唱口难开》，载《金融管理与研究》2011 年第 1 期，第 12～16 页。

［113］张梅、辛宁：《地方政府债务风险管控的国际经验及借鉴》，载《亚太经济》2015 年第 1 期，第 27～30 页。

［114］张艳花：《地方政府融资平台风险：化解与反思》，载《中国

金融》2010 年第 16 期，第 88～91 页。

[115] 张玉佩、薛立强：《中国地方政府债务研究述评：理论视角及其发展》，载《经济体制改革》2013 年第 4 期，第 123～127 页。

[116] 张子荣：《我国地方政府债务风险研究——从资产负债表角度》，载《财经理论与实践》2015 年第 1 期，第 95～99 页。

[117] 赵剑锋：《省级地方政府债务风险测度、分解与归因——基于 2014 年省级地方债审计的因子－聚类分析》，载《经济经纬》 2016 年第 3 期，第 144～149 页。

[118] 赵全厚：《我国地方政府债务问题研究》，载《经济研究参考》 2011 年第 57 期，第 2～19 页。

[119] 郑春荣：《中国地方政府债务的真正风险：违约之外的风险》，载《公共行政评论》2012 年第 4 期，第 52～76 页。

[120] 钟培武：《地方政府债务融资的风险治理分析》，载《开发研究》2013 年第 4 期，第 99～102 页。

[121] 周黎安：《晋升博弈中政府官员的激励与合作——兼论我国地方保护主义和重复建设问题长期存在的原因》，载《经济研究》2004 年第 6 期，第 33～40 期。

[122] 周鹏：《经济危机背景下地方政府债务的探究》，载《改革与开放》2010 年第 6 期，第 75～76 页。

[123] 周其仁：《银根与"土根"的纠结》，载《中国地产市场》 2011 年第 5 期，第 88 页。

[124] 朱文蔚：《稳增长与防风险双重目标下的地方政府债务风险评估研究》，载《当代经济管理》2019 年第 2 期，第 68～76 页。

[125] 朱文蔚、陈勇：《我国地方政府债务风险评估及预警研究》，载《亚太经济》2015 年第 1 期，第 31～36 页。

[126] 朱莹、王健：《市场约束能够降低地方债风险溢价吗？——来自城投债市场的证据》，载《金融研究》2018 年第 6 期，第 56～72 页。

[127] Ahmad E., M. Albino – War and R. Singh, "Subnational Public Financial Management: Institutions and Macroeconomic Considerations", IMF Working Paper, 2005, No. 108.

[128] Aikman D., P. Alessandri, B. Eklund, P. Gai, S. Kapadia, E. Martin, N. Mora, G. Stern, M. Willison, "Funding Liquidi-

ty Risk in a Quantitative Model of Systemic Stability", Bank of England Working Paper, 2009, No. 372.

[129] Andreas A. Jobst and Dale F. Gray, "Systemic Contingent Claims Analysis – Estimating Market – Implied Systemic Risk", IMF Working Paper, 2013, No. 54.

[130] Andreas A. Jobst, "Measuring Systemic Risk – Adjusted Liquidity (SRL) – A Model Approach", *Journal of Banking and Finance*, 2014, Vol. 45, pp. 270 – 287.

[131] Bailey S. J., D. Asenova and J. Hood, "Making Widespread Use of Municipal Bonds in Scotland?", *Public Money and Management*, 2009, Vol. 29, No. 1, pp. 11 – 18.

[132] Balassone F., D. Franco and S. Zotteri, "Fiscal Rules for Subnational Government in the EMU Context", Societa Italiana di Economia Pubblica Working Paper, 2003, No. 196.

[133] Black F. and M. Scholes, "The Pricing of Corporate Options and Liabilities", *Journal of Political Economy*, 1973, Vol. 81, No. 3, pp. 637 – 654.

[134] Boadway R. and J – F. Tremblay, "A Theory of Vertical Fiscal Imbalance", *FinanzArchiv / Public Finance Analysis*, 2006, Vol. 62, No. 1, pp. 1 – 27.

[135] Boadway R., K. Cuff and M. Marchand, "Equalization and the Decentralization of Revenue – Raising in a Federation", *Journal of Public Economic Theory*, 2003, Vol. 5, No. 2, pp. 201 – 228.

[136] Boss M., "A macroeconomic credit risk model for stress testing the Austrian credit portfolio", *Financial Stability Report*, 2002, Vol. 4, pp. 64 – 82.

[137] Cai H. and D. Treisman, "State Corroding Federalism", *Journal of Public Economics*, 2004, Vol. 88, No. 3, pp. 819 – 844.

[138] Castren O. and I. K. Kavonius, "Balance Sheet Inter linkages and Macro – Financial Risk Analysis in the Euro Area", ECB Working paper, 2009, No. 1124.

[139] Cepiku D. and R. Mussari, "The Albanian Approach to Municipal Borrowing: From Centralized Control to Market Discipline", *Pub-*

lic Administration and Development, 2010, Vol. 30, No. 5, pp. 313 – 327.

[140] Chan – Lau, J. and T. Gravelle, "The END: A New Indicator of Financial and Nonfinancial Corporate Sector Vulnerability", IMF Working Paper, 2005, No. 231.

[141] Christian Keller, Peter Kunzel, and Marcos Souto, "Measuring Sovereign Risk in Turkey: An Application of the Contingent Claims Approach", IMF Working Paper, 2007, No. 233.

[142] Čihák M., "Systemic Loss: A Measure of Financial Stability", *Czech Journal of Economics and Finance*, 2007, Vol. 57, No. 1 – 2, pp. 5 – 26.

[143] Collins D. J., "The 2000 Reform of Intergovernmental Fiscal Arrangements in Australia", International Symposium on Fiscal Imbalance: A Report, 2002, pp. 113 – 44.

[144] Crosbie Peter J., "Modeling Default Risk: Modeling Methodology, Moody's KMV", 2003, pp. 1 – 31.

[145] Dafflon B. and K. Beer – Toth, "Managing Local Public Debt in Transition Countries: An Issue of Self – Control", *Financial Accountability and Management*, 2009, Vol. 25, No. 3, pp. 305 – 333.

[146] De Mello Jr. and Luiz R., "Fiscal Decentralization and Intergovernmental Fiscal Relations: A Cross – Country Analysis", *World Development*, 2000, Vol. 28, No. 2, pp. 365 – 380.

[147] De Nicolò G. and A. Tieman, "Economic Integration and Financial Stability: A European Perspective", IMF Working Paper, 2006, No. 296.

[148] Drehmann M., S. Sorensen and M. Stringa, "The integrated impact of credit and interest rate risk on banks: A dynamic framework and stress testing application", *Journal of Banking and Finance*, 2010, Vol. 34, No. 4, pp. 713 – 729.

[149] Van den End, J. W. and M. Tabbae, "Measuring Financial Stability; Applying the MfRisk Model to the Netherlands", DNB Working Paper, 2005, No. 30.

[150] Farber G. , "Local Government Borrowing in Germany", *In*: *Dafflon B.* (*Ed.*), *Local Public Finance in Europe*: *Balancing the Budget and Controlling Debt*, Edward Elgar, 2002, pp. 135 – 164.

[151] Gapen M. , Gray D. , Cheng Hoon Lim, and Yingbin Xiao, "The Contingent Claims Approach to Corporate Vulnerability Analysis: Estimating Default Risk and Economy – Wide Risk Transfer", IMF Working Paper, 2004, No. 121.

[152] Gapen M. , Gray D. , Cheng Hoon Lim, and Yingbin Xiao, "Measuring and Analyzing Sovereign Risk with Contingent Claims", *IMF Staff Papers*, 2008, Vol. 55, No. 1, pp. 109 – 148.

[153] Gauthier C. , T. Gravelle and X. Lui, "What Matters in Determining Capital Surcharges for Systemically Important Financial Institutions?", Bank of Canada Discussion Paper, 2011, No. 9.

[154] Gauthier C. and M. Souissi, "Understanding Systemic Understanding Systemic Risk in the Banking Sector: A MacroFinancial Risk Assessment Framework", *Bank of Canada Review*, 2012, pp. 29 – 38.

[155] Gray D. and A. Jobst, "New Directions in Financial Sector and Sovereign Risk Management", *Journal of Investment Management*, 2010, Vol. 8, No. 1, pp. 23 – 38.

[156] Gray Dale F. and Bodie Zvi and Merton Robert C. , "A New Framework for Analyzing and Managing Macrofinancial Risks of an Economy", HBS Finance Working Paper, 2006, No. w12637.

[157] Gray Dale F. and Bodie Zvi and Merton Robert C. , "New Framework for Measuring and Managing Macrofinancial Risk and Financial Stability", NBER Working Paper, 2007, No. w13607.

[158] Gray D. , "Modeling Sovereign Default Risk and Country Risk Using Moody's MfRisk Framework with Specific Country Application", MfRisk Working Paper, 2004.

[159] Gray D. , "Macrofinancial Risk Country Report: Thailand, MfRisk and Macro Financial Risk Framework", MfRisk Document, 2001.

[160] Gray D. , "A New Framework for Sovereign Wealth Management",

In: J. Johnson – Calari and M. Rietveld, *Sovereign Wealth Management*, *Central Bank Publications*, 2007.

[161] Gray D. F. and S. W. Malone, "*Macrofinancial Risk Analysis*", John Wiley and Sons, 2012.

[162] Gray D., H. L. Cheng, E. Loukoianova, and S. Malone, "A Risk – Based Debt Sustainability Framework: Incorporating Balane Sheets and Uncertainty", IMF Working Paper, 2008, No. 40.

[163] Gray Dale F. and Bodie Zvi and Merton Robert C., "A New Framework for Analyzing and Managing Macrofinancial Risks of an Economy", NBER Working Paper, 2006, No. 12367.

[164] Gray D., R. Merton and Z. Bodie, "A New Framework for Analyzing and Managing Macrofinancial Risks", Conference on Finance and the Macroeconomy, NYU, 2002.

[165] Gray Dale F., Bodie Zvi and Merton Robert C., "Contingent Claims Approach to Measuring and Managing Sovereign Credit Risk", *Journal of Investment Management*, 2008, Vol. 5, No. 4, pp. 5 – 28.

[166] Polackova H., "Contingent Government Liabilities: A Hidden Risk to Fiscal Stability", *Finance and Development*, 1999, Vol. 36, No. 1, pp. 46 – 49.

[167] Hoggarth G., S. Sorensen and L. Zicchino, "Stress tests of UK banks using a VAR approach", *Bank of England Quarterly Bulletin*, 2005, Vol. 45, No. 4, p. 478.

[168] IMF, Monetary and Capital Markets Department, "Global Financial Stability Report, April 2009: Responding to the Financial Crisis and Measuring Systemic Risks", International Monetary Fund, 2009.

[169] Niels Jorgen Mau Pedersen, "*Local Government Debt Financing in Denmark*", Edward Elgar, 2002.

[170] Kearns A., "Loan Losses and the Macroeconomy: A Framework for Stress Testing Credit Institutions", *Financial Stability Report*, Vol. 5, No. 1, pp. 111 – 121.

[171] Korani J., "The Soft Budget Constraint", *Kyklos*, 1986,

Vol. 39, No. 1, pp. 3 – 30.

[172] Lane T. , "Market discipline", *International Monetary Fund Staff Papers*, 1993, Vol. 40, No. 1, pp. 53 – 88.

[173] Leigland J. , "Accelerating Municipal Bond Market Development in Emerging Economies: An Assessment of Strategies and Progress", *Public Budgeting and Finance*, 1997, Vol. 17, No. 2, pp. 57 – 59.

[174] Martinez – Vazquez, J. , "The Assignment of Expenditure Responsibilities", Intergovernmental Fiscal Relations and Local Financial Management, 1999, No. 93880.

[175] Musgrave R. A. , "*The Theory of Public Finance: A Study in Public Economy*", New York: McGraw – Hill Press, 1959.

[176] Oates W. E. , "*Fiscal Federalism*", Edward Elgar, 1972.

[177] Olli Castrén and Ilja Kristian Kavonius, "Balance Sheet Interlinkages And Macro – Financial Risk Analysis In The Euro Area", European Central Bank working paper, 2009, No. 1124.

[178] Paul A. Sabatier, "Governing the Commons: The Evolution of Institutions for Collective Action", *The American Political Science Review*, 1992, Vol. 86, No. 1, pp. 248 – 249.

[179] Robert C. Merton, "An Analytic Derivation of the Cost of Deposit Insurance and Loan Guarantees: An Application of Modern Option Pricing Theory", *Journal of Banking and Finance*, 1977, Vol. 1, No. 1, pp. 3 – 11.

[180] Rodden J. , G. S. Eskeland and J. Litvack, "*Fiscal Decentralization and the Challenge of Hard Budget Constraints*", MIT Press, 2003.

[181] Saldías M. , "Systemic Risk Analysis Using Forward – Looking Distance – To – Default Series", *Journal of Financial Stability*, 2013, Vol. 9, No. 4, pp. 498 – 517.

[182] Singh R. J. and A. Plekhanov, "How Should Subnational Government Borrowing be Regulated? Some Cross – Country Empirical Evidence", *IMF staff Papers*, 2005, Vol. 53, No. 3, pp. 426 – 452.

[183] Sorge M. and K. Virolainen, "A Comparative Analysis of Macro Stress – Testing Methodologies with Application to Finland", *Journal of Financial Stability*, 2006, Vol. 2, No. 2, pp. 113 – 151.

[184] Swianiewicz P., "Local Government Borrowing: Risks and Rewards", Open Society Institute – Budapes, 2004.

[185] Tiebout C., "A Pure Theory of Local Expenditures", *Journal of Political Economy*, 1956, Vol. 64, No. 5, pp. 416 – 424.

[186] Virolainen K., "Macro Stress Testing with a Macroeconomic Credit Risk Model for Finland", Bank of Finland Discussion Paper, 2004, No. 18.

[187] Wilson T. C., "Portfolio Credit Risk, Part I", *Risk Magazine*, 1997, Vol. 9, No. 10, pp. 111 – 117.

[188] Wilson T. C., "Portfolio Credit Risk, Part II", *Risk Magazine*, 1997, Vol. 10, No. 10, pp. 56 – 61.

[189] Wong J. H., Choi K. F. and Fong P. W., "A Framework for Stress – Testing Banks' Credit Risk", *The Journal of Risk Model Validation*, 2008, Vol. 2, No. 1, pp. 3 – 23.

[190] World Bank, "Should Borrowing by the Public Sector Be Decentralised", Decentralisation Thematic Team Report, 2004, pp. 68 – 75.